U0060486

超級人類
新文明的誕生
Übermensch The Birth of New Civilization

超級人類 新文明的誕生
Übermensch The birth of New Civilization

The Birth of
New Civilization

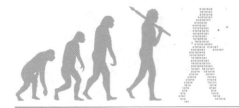

AUTHOR'S WORDS .

本著作是我近 30 年在職涯中身體力行、對成功幸福的學說，與人類傾斜物化文明發展的隱弊及人生的意義，目的、人性和存在每個人身上的三大意識系統融構而成的自體文化，對自己一生的成敗影響所做出的階段性研究與探索，是我向世界獻上的最大敬意。

期望每個人都能在深度學習和本質思考上受到覺性心學系統明智靈活的指引，在第三化真自由的向度，突破定型化心智、破除定見成規、有效更新自體文化，在生前轉識的演算機制下扭轉宿命、超越現行人類以大腦為主體的偏執及所依賴的相對思惟，找到掙脫五感從物，意念從眾的精神高度，在獨立創見下帶領自己從學習者的身份成為創造者，為人生找到矛盾中的和諧，對立而統一的上帝科學，從物化文明往內發展第三化精神性空間，開創新人類、新文明的新世界。

O Ching Ying

超級人類 新文明的誕生
Übermensch The birth of New Civilization

The Birth of
New Civilization

Content

目　錄

PART 1 人類心智的力量

PART 2 人類意識維度的層次

PART 3 第三化精神性空間發展的途徑

PART 4 上帝科學 新文明的誕生

Content

The Birth of
New Civilization

超級人類 新文明的誕生
Übermensch The birth of New Civilization

The Birth of
New Civilization

推薦序

　　這是一本相當特別的書，它涵蓋的面向很廣，層次很多。從人的心靈的內在覺醒，到政治、社會、經濟、文化乃至人類命運的終極關懷。需要耐心的閱讀，但必有所獲。這應是作者博覽群書，深刻反思之後的關懷與分享。

　　人類歷史中充滿了各種危機與災難，也有無限的成就與生機。如今科技日新月異，看似應允著許多新機，但也蘊含著不可知矛盾與陷阱，有理由樂觀，也有理由悲觀。我們無法預知未來，唯有藉著良善的心靈與有意義的行動去往好的方向走。青鷹兄的這本書是敏銳的眼，超越的心。是暮鼓晨鐘，更是有實踐意義的啟發，是一本值得細讀深思的好書。

逢甲大學 董事長　高承恕

2023 年夏

超級人類 新文明的誕生
Übermensch The birth of New Civilization

The Birth of
New Civilization

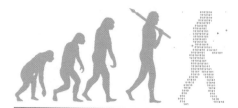

推薦序

————————————

　　歐青鷹老師多年致力超心理行為管理學研究與教學，並帶領將其應用於生活之中。歐老師將多年研究心得彙整，創造「超級人類・新文明的誕生」的不朽巨著。這本著作是關於人類文明、社會、心理狀態和自我成長的議題。

　　當我們細讀這本書的文字時，我們被引導進入一個關於人類現代生活和精神探索的思考空間。這是一個對於過去、現在和未來的洞察，對於我們在文明進程中所經歷的變革和挑戰的深刻反思。

　　作者以筆觸將我們引向一個充滿紛擾的時代，其中快節奏的生活、物質慾望和瞬息萬變的商業環境交織在一起，為我們帶來新的可能性，同時也產生了無數的疑問和焦慮。在這個資訊充斥的時代，我們是否已經失去了對自我、環境和社會的真正理解？我們是否正處於一種過度追求物質進步卻忽略內在進化的情況下？

　　本書強調了內在的深度學習和精神性的進化，它們超越了僅僅擁有知識和學歷的範疇。我們被提醒要超越表面，進入我們的心靈深處，以發掘那些潛藏的創造力、智慧和直覺。正如作者所說，只有讓自己由內而外的強大，我們才能在這個充斥挑戰的世界中建立引力場，吸引資源、引導方向，並實現可持續的成功與幸福。

　　藉由對歷史、文化和科技的探究，我們被帶入了第三化思考

空間,即我們是否能夠在這個以物質為導向的社會中找到內心的寧靜和平衡?我們是否能夠在追求物質成功的同時,保持我們的心靈活力和人性的純淨?

在這個充滿挑戰和可能性的時代,我們有著機會反思我們的價值觀、生活方式和目標。這份文字提醒我們,超越物質進步,內在的成長和智慧同樣重要。它們共同塑造了我們的生活,指引著我們的方向。

願我們能夠在追求成功的同時,保持對內心世界的探索。願我們能夠在現實的喧囂中找到心靈的寧靜。願我們能夠超越表面的追求,探索那個更深刻、更充滿智慧的自我。謝謝歐青鷹老師的筆鋒文字,讓我們開啟一段內在的旅程,一段超越物質的追求,一段尋找真實幸福的旅程。願我們都能在這個追求內心平靜的過程中,找到我們真正的目的和意義。

台灣大學經濟系 孔祥科 博士

台灣大學經濟研究所碩士

台灣科技大學管理研究所博士

台灣職工教育和職業培訓協會 理事長

中華工商經貿科技發展協會 副理事長

台灣中華儒學會總會理事長

中華經典與時代價值學會 理事長

推薦序

————————

　　學習是充實的改變、有意義的對話是最有效的改變之一，歐青鷹老師的新文明的對話，就像是小王子 (The little prince) 故事裏的對話一般，可以帶來充實的改變，遇見未來的自己。

　　「小王子」裡反映著大人們的本位迷思，他們除了數字成就以外，對其它就不太感興趣了。小王子說「假如一個人喜愛著一朵花。而這一朵花是在千萬個星星中唯一綻開的一朵，只要看著這麼多星星，就足以使他感到高興了。因為他可以說" Somewhere, my flower is there…."小王子純真、很可愛、有著一顆真善美的心，來自 B1612 號小行星。而真、善、美，三位一體，更高抽象的存在，不就是「到位」的永恆？文明的腳步，到底是真，是善，還是美的歷史嘗試錯誤，所留下的美好呢？

　　從心理學家榮格的著作「人類及其象徵」與 古羅馬詩人 Ovid (43 BC – 17/18 AD) 可以知道 - 美感是人類尊嚴之所繫，所以美是善的城堡，或許如古德所言之「美 德」。「真」不易明，為了權力的存在，偽善與假美，不經意地容易成為了工具。

　　歐青鷹老師的新作，是一本值得深刻對話的作品，書中闡明了不少人性與社會和世界的真相，深度反思存在的意義性與文明所帶給人類的幸與不幸，我們有充分的理由為人生找到更

17

高層次的價值型態。

　　他 30 年來從反求諸己的自省、自覺、自察而覺悟的修鍊，不假外求，捫心自問，盡信書不如無書，清楚地與自己對話著；人生的意義和目的以及人性為何？從心智的力量；意識與潛意識維度的層次；第三化精神新空間發展的途徑；探討新文明誕生的可能。 這本書裡面的對話，提供了理解文明的最小分析單位 ，值得深刻對話。例如「世上根本沒有可見物質這種東西」(Planck, page 209) 。物質的本相 99.9999999% 是空的；意識的底層是受潛意識驅動，潛意識的低層又有非意識的天生載體，這概念形成了心理學家榮格的集體非意識理論。

　　安東尼的小王子插畫已成為歐元紙幣的其中一張，也象徵著新文明的一顆閃亮的星星，帶來了自在、自由。晚上看著遙遠閃亮的星星，放下雜念、打開胸襟的天真快樂，也許就是歐青鷹老師著述的新文明誕生的一種心境吧！

國際科技與管理學院　簡士超　副院長

英國威爾斯大學　國際行銷博士

推薦序

────────

　　首先，我要恭喜歐青鷹老師順利完成編寫和出版　"超級人類，新文明的誕生"。

　　當我從中華工商經貿科技發展協會接過這本書，對它的主題感到特別好奇，翻開第一頁後，就開始愛不釋手。

　　歐青鷹老師那創新的教育理念，曾經協助不少人突破自我修煉成功，我估計馬來西亞沒有這類型高維度的超心理行為管理學；幸福成功學，這裡許多人從未真正思考過自己的人生意義，或自我探索，又或對自己產生全面性的瞭解，這本書面市後將會顛覆大馬成功學的傳統價值觀念。　歐老師將自己30年的經驗，用很科學的方式整理起來開啟讀者的心靈之窗，這本書啟發了我，突破我原有的思維，對生命有了新的詮釋，它是一本有深度的書，一本值得擁有的好書。　我想，在當今看似文明卻是浮躁的社會，每一個人都必需靜下來好好拜讀，給自己一個機會喚醒內心深處的靈魂，開啟大腦，重新認識自己，從而領悟，尋找幸福的成功之道。

　　AIS 覺性心學系統，八大自我策動法，幫助學員擺脫慣性與經驗的束縛，拓展腦力與智慧，如果每一位創業者或專業人

士能學以致用，實踐在自己的事業和生活裡，就能打破定型化
心智，超越極限，在第三化精神性空間建立高度文明的社會，
共同實現歐老師的期望 ——新文明的誕生。

　　這是一本值得推薦的好書，只要用心閱讀，將會啟發你做
出好的選擇、好的改變，改變自己從來沒有太遲的開始。

　　　　　　　馬來西亞《企點世界》文化傳媒創辦人　拿汀彭于玲

　　　　　　　　　　　　　　《世界華人楷模》典籍發起人

推薦序

《尚書泰誓上》有言：惟天地萬物之母，惟人萬物之靈。宋《接花吟》約：人非物不活，物待人而興。人作為地球上最具靈性的生命體，創造了絢爛多彩的物質精神文化，代表著地球上最先進的科技水平和文明形態。

文明是什麼？文明是人類在認識世界和改造世界過程中沉澱下來的有益增強人類對客觀世界的適應和認知，符合人類精神追求，能被絕大部份人認可和接受的人文精神，發明創造以及公序良俗的總和。文化是什麼？文化是人類歷史文明的積澱，是表現人類社會發展的歷史，文化是推動社會發展的一種不可輕視的巨大力量。古今中外，幾乎一切進步和發展都源于新文化、新知識、新觀念和新需要的發現和傳播。因此，越是發達的文明，越是需要先進文化的指引；越是先進的文化越要符合人類社會的發展方向，越要體現先進生產力的發展要求，越要代表最廣大人民根本利益。

21 世紀的今天，科學技術高度發達，人類文明空前進步。但與此同時，我們以面臨著比以往任何時代都要嚴峻的歷史考驗—全球變暖、異常天氣、局部戰爭衝突、經濟下行，以及核戰爭威脅。人類要如何生活？社會如何發展、國家如何共存？

人類文明有向何方？要解決這些問題，離不開先進文化的引導，離不開對現有的政治經濟制度的創新，離不開人類主觀實踐和思維方式的變革。

越是民族的就越是世界的。在當前全球化、經濟一體化大潮之下，沒有任何一個國家或組織可以單打獨鬥解決這些事關人類生存繁衍的重大課題。我們每一個家，每一個民族、每一個個人，都有責任和義務貢獻自己的智慧和力量，幫助人類尋找一條光明的、走向幸福生活的、致力於共同繁榮的生存發展之路。

國民之魂。文以化之；國家之神、文以鑄之。中華民族是一個有著五千年悠久歷史和文化的文明，其博大精深，瑰麗燦爛的傳統文化，為我們提供了豐厚的文化滋養和歷史底蘊，鑄就了我們"各美其美、美美與共"的審美理念和價值追求，奠定了我們"面向世界、面向未來"的自信與底氣，也累積了去蕪存菁的大中華民族的經驗和師法自然的智慧精華，流竄於後代子孫的血液中造就著未來世界的美麗藍圖。

歐青鷹老師所著『超級人類 新文明的誕生』正是一本生於東方智慧之魂融合於西方哲學的與科學，揭示了物化人類盲從於五感，困頓於三維立方在現象中不見真相，在短視中失去無限思惟的機制，為自己帶來成功中的失敗，進步中的危機，其中也為人類帶來了一種新文明新思惟的文化啟蒙，是一本值得

用心探索品味的好書。在每個篇章中都蘊藏著對心靈的一種喚醒，引領著讀者深思卓見，並從中挖掘和尋找到未來人類文明的發展方向，開闢出中華民族偉大復興的光明前景。

國務院國資委國有大型企業監事會原主席　韓修國

現任中國集團公司促進會常務副會長

超級人類 新文明的誕生
Übermensch The birth of New Civilization

The Birth of
New Civilization

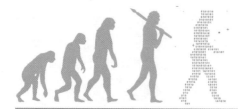

推薦序

　　欣聞歐青鷹先生新書《超級人類新文明的誕生》即將付梓，我非常高興。

　　作為知名的心理專家和教育學者，歐青鷹先生的教育理念和教學模式一直深受學生推崇和喜愛。通覽《超級人類新文明的誕生》一書序錄，可以深刻感受到歐青鷹先生在心理學研究以及新興教育領域的深厚造詣。

　　相信本書一定能夠幫助更多人走出迷惘，走向成功幸福之路，並且在這個物慾橫生、知識混濁、真假難分的網路資訊流量世代，找到透視本質的智慧，在心靈的高度上跨越自己，有效發展別於過往的生存文化，重物入微，深刻體悟人生真實意義，引領自己究竟歸屬。

　　新時代新征程新使命，透過學習化識成智，經由師法自然的心學才有機會引發人類超越物化意識的屏障，嶄新未來新文明的契機，這似乎是作者在字裡行間所要傳達的一種訊息。

　　新教育新思惟新格局才能淬鍊出新人類的新未來。為了中華民族的偉大復興，為了人類文明的繁榮昌盛，讓我們一起攜

超級人類 新文明的誕生
Übermensch The birth of New Civilization

手展開心扉，恭迎新文明的誕生。

滕道陽

經濟學家 滕道陽教授

中國國際經濟技術合作促進會秘書長

中國企業信用論壇組委會主席

癸卯年秋月　劉精松

東方智慧

中國軍事科學院院長　上將　劉精松

超級人類 新文明的誕生
Übermensch The birth of New Civilization

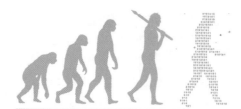

The Birth of
New Civilization

推薦序

明心見性

知行合一

商務部原副部長　周可仁

29

超級人類 新文明的誕生
Übermensch The birth of New Civilization

The Birth of
New Civilization

文明之花

歲次癸未夏日興發書

海軍副參謀長、中將　趙興發

超級人類 新文明的誕生
Übermensch The birth of New Civilization

The Birth of
New Civilization

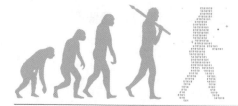

引言

　　出生於偏鄉村落，非常幸運在一個健全而無後顧之憂的家庭背景成長，然而早熟的我在學時期，叛逆的性格和『我思故我在』的主觀行為常為希望犯錯、不少時間都過著自己想過、做自己想做的事情，那些事當然不會是用功讀書或循規蹈矩、做個聽話的好學生，而是帶著無數的問號對人生產生疑惑與不解，好奇的在生活中對人我事物進行觀察與想像和追根究底的探尋，過程中『為什麼』這三個字經常出現在我的大腦中迴盪，在一連串另有它想的腦力激盪與目標導向和理想的催促下，最後既然踏上讓家人跌破眼鏡的身心靈研究與教育的旅途，在 26 歲出版了第一本成功勵志書籍，從此定調了我的職涯與人生方向，之後陸續在與時俱進的時空推移轉換下出版一系列教科叢書，更在一門深入的專研中成立了 AIS 國際教育研究機構，建立了體制外的系統化教育，在多方協助與夥伴們的努力下為學

員創造終身學習的環境，改善了上萬人的家庭與生活品質，也正式取得中國管理科學研究院職業教育研究院的認證，成為國際發照單位；並獲聘任首都師範大學管理學院客座教授。

職涯 28 年的過程經我所研究的超心理行為管理學，在覺性心學系統 - 八大自我策動法的身心作用下受到心靈啟發，打開五感六意的敏銳、強化學習力與思考續航力、穿透意識屏障在超驗 (Transcendentalism) 的第三化空間與直覺下理性執行具有意義與信念的目標，在努力堅持與各方助緣及運氣加持下實現社會價值共識的成功樣貌，也為賽局外的人生贏得了幸福。過程讓我明白：「成功只是在學習與信念和知所導正的堅持下滿足了市場需求所產生的結果；幸福是在有利於他人的友善關係所生化來的安樂與精神滿足，」然而追求成功是為了贏得幸福，不是為了成功而輸掉人生。最終我了解缺乏自體價值文化的努力只是白費力氣或只是一種勞力，所回饋只是工錢，不會是可複利的財富。

任何個體社會化的卓越成就都是由一群相關性的人，在各方面的有效作為下所彙集來的成果，然而這一群人的結集就是來自具有獨特性與目標性和信念，在過程中優化自我的個體所建立起來的『社會資本』，它是關係管理來的弱連結所形成的強度關係，是個體社會化所產生的關係價值，一路走來深刻體認，缺乏社會資本的努力無法打造出有效的社會成就。

　　28 年來應用科學方法研究，在職人精神下印證了：一個人自體文化的素質與價值含量所產生的意識頻率，才是人生回饋價比與幸福指數的關鍵，因為「人與希望之間在微觀世界裡，只是心態與意識頻率的距離，並不是外在條件上的問題。」值得一提的是無論成功與否，在我多年的觀察與研究和親身體驗發現：「只要跨越不了人類現行慣用的二元相對思惟，使精神意識凌駕在三維立方 (物化)，找到高層次的自己，即使成功致富也掙脫不了受控於外力下的內心塌陷所產生來的缺稀感 (scarcity)，」它就是人類特有的匱乏感「貧窮意識，」是低層次自我的專屬。近代極端重物的人類也因為內心更加的塌陷之故而感到前所未有的焦慮不安、而且無論怎麼富有也無法使內心感到滿足，但我們確會將這種精神變質來的問題歸究於是外面造成的，而用盡各種自作聰明的手段往外解決問題，這種行徑就像在屋內掉了一根針，卻跑到外面尋找一樣，理由既然是外面比較亮；這一直以來都是我們用來解決問題的途徑。

　　但事實說明：人生所有讓人感到焦慮不安和煩惱及恐懼的內在問題依然牢固存在；從人類血跡斑斑的野蠻歷史長廊至當代科化先進文明的今日，已告訴了我們真正的問題並不在外面；如果是，那近代工業與科化知識文明所帶來的大躍進，早為人類解決了所有歷史上無法解決的問題；但結果是從相對思惟中所發展來的知識文明在為我們解決問題的同時，也為人類製造出更多新的問題與更大的麻煩，外在進不進步、是貧還是富與能否解決人我對立與戰爭和內心的焦慮不安、煩惱痛苦及不正

常壓力所造成的身心疾病並沒有太大關係。

　　人類問題的根源是在內部的精神性意識維度至始至終還是停滯在三維立方體、在受控重物引力下使內心處在塌陷的低層次生態、造成精神無法超物化的高度文明、使人生一直處在匱乏缺稀的錯覺之中；特別的是，從我長期的研究與觀察發現，它很可能就是刺激人類大腦神經元發展新皮質，為人類帶來前所未有的聰明與系統化知識、往外大量開發形成近代世界化文明的推手，目的當然是為了填補內心塌陷下的匱乏與不安的錯覺，不過確也因此生化出貪婪的人造慾望，在過度開發與功利消費主義，和國際化競爭社會下產生各種相對的惡性循環。人類在全球化的國際聯合通法，以各自需求和立場所產生的共同利益連結做為世界和平與秩序維持的手段，至今似乎已出現了明顯的失衡，在和平的裂痕中接下來很可能就是失控。人類一切的發展在本意上都是為了幫助自己解決問題，但在人造慾望的不可控下，最後都為自己製造出更多的新問題，顯然人類真正的問題是在裡面的微觀世界、不是在外面的宏觀世界，數千年來人類始終無法明白這件事，問題是低層次的物化自己造成的，只有高層次的精神化自己可以拯救您。

　　成功與幸福在超心理行為管理學研究中只是學習與執行上的過程，解決受控於重物引力下所造成內心塌陷的缺稀（貧窮）意識和焦慮不安，在進化下使精神成就超物化的新文明、在高層次上有效管控治理低層次的自己，才是超心理行為管理學研

究的目的；它將有系統的帶領學習者進入「知識繼承」，在覺性心學系統作用下「化識成智（創意）」、「智而成新知識（創造）」的三大階段，有效表現「知識整合」與「專業」執行和科學「研究」的批判性省察精神與做為，使自己可能性踏上超人化 (Übermensch) 的途徑。

　　根據上述本書研究與動機和論述如下：

（一）、探討自體文化素質的高低對人生所產生的整體影響。

（二）、探討人生成功致富的原因和幸福的本質。

（三）、如何改變定型化心智、提昇整體意識的高度，獲得成功幸福的具體方法。

（四）、對如何解決人類根本的問題提出假設性：預測新人類新文明的誕生與可能的途徑。

超級人類 新文明的誕生
Übermensch The birth of New Civilization

The Birth of
New Civilization

導　　讀

Introduction

　　重物輕道、捨本逐末的西方無緣讓東方經典智慧文化參與近代文明這一場盛會，竭盡所能的在有限的相對思惟空間進行著經由文藝復興時期和 17 至 18 世紀的啟蒙運動接續工業革命三大階段洗禮而來的歐美教堂藝術和貴族文化及知識科學專業的全球化發展，只是這顆人造球在國際通法和貨幣與經貿重商業政策的數百年壓縮式運轉下，至今似乎已讓人類在各自系統分工和各持己見的穀倉 (Silo effect) 效應下達到了文化極限，造成無論是外在環境還是內部心理都漸漸感受到一種前所未有的擁擠，在人口密集、商業緊張、生活忙碌、舉債消費、工作繁雜、環境污染的生態壓迫下使我們在精神面上感到前所未有的焦慮不安，在生理上出現了氣入不了丹田、只是梗在胸前的窒息感。

　　敏感的人類似乎也警覺到發展空間與生活範圍已到了臨界點，在生存危機與異想天開的刺激下了不起的開始執行著各種太空任務，其中一項就是試圖尋找另一顆地球；只是這項太空任務對人類雖然只是萌芽階段，在科技狂想上卻定向了人類對於星際科幻的期待。

　　不過前往外太空另尋空間發展的行徑就算如願，也只是造本宣科將在地球上違反自然卻不往內升級的物化經驗與自古以來不變的人性問題移植到另個星球，再次進行著相對性的環境破壞與污染和無止盡的人我對立、甚至戰爭。事實告訴我們對地球環境而言，近代工業文明下的人類只是問題與麻煩的製造者並非互利的共生者，在極端重物與本位化的社會行為和人造慾望的生態上更成為自己的天敵。

　　只求外在進步、不知內求精神性進化的人類無法有效管控治理內部的自己，所造就出的物質世界或許只是高出動物一級的低度文明，根本不能算是真正的高度文明。從內升級超物質的在高層次境界決定低層次的自己、保持與環境生態平衡共生才是真正高度文明的生態系統；在有利於人類自己的各種破壞性創造與發明的相對系統下，另一端必定存在著得不償失的後果；利而後弊的成功與享樂和進步這種超越不了對立面的行徑充其量只能算是一種低度文明。

　　在意識創造實相的量子力學理論基礎上，已知的外太空宏

觀世界或許只是人類在自我與非我的相對意識中所創造出來的有限宇宙，真正的無限宇宙只存在內太空的微觀世界，看得見的存在只是看不見的存在冰山一角，超越相對的能見度或許才是現行人類面對當前的世界危機與未來最需要的一種內部進化。

工業革命約於 1760 年代發源於英格蘭中部，經歷第二次到第三次機器化時代，至今數位化被部分學者專家稱之為第四次工業革命的當代，近三百年來傾斜於物質演化的過度發展所帶給人類的近代文明，無論是在外部環境還是內部的心理空間似乎已來到了發展的臨界點，呈現著一種消化不良的反常迴圈，在秩序中混亂、在看似明確中模糊、在各自利益所產生來的世界和平中控制有利可圖的地緣性戰爭、在富裕中擔心貧窮、在先進的醫療體系中帶病長壽、在民主自由中承受各種精神與生活壓力，這些都是只求進步不求進化的低度文明才會產生的現象。

在歐洲主導下的資本主義所帶來的大規模世界經貿，使城市與工廠大量吸引鄉村人口造成都市化現象和都會區繁榮的出現，使知識與資訊溝通更為便利，人們更加的見多識廣，大腦神經元也隨之在工業與專業知識下受到前所未有的刺激，在中心化下相對的發展而且也在商品經濟化的消費心態下，追求利已不一定利人的生活慾望，促使思想活動生起了不再單純的變化。

　　造成更多人因為腦力中心化的相對發展開始強烈的追求個人利益、建立個體上的社會尊嚴與名望，誤以為只要成功致富就可以用錢買到幸福，孰不知用錢買到的幸福只是商品交易下的虛假幸福，因此導致在重物慾的引力下使內心產生越來越嚴重的塌陷，生化出更嚴重的匱乏感，落入不需要卻只是想要的惡性循環之中；資本主義的興起和中心化知識的發展，讓人辛勤努力的方針已不再是一種單純的部落與宗族群體利益或天真的順從族靈和宗教信仰，追求那看不見、只是信者恆信的死後靈聚天堂…。

　　迄今在極端的歐美化資本主義與生化科技和數位資訊全球化的自由經濟運轉推動，毫無疑問人類一切不分日夜而複雜的社會行為與智能動向，肯定都是以各自利益和金錢貨幣為競合活動的中心，然而在這近代傾斜於物利發展的經濟文明在有限而擁擠的相對空間，無論是國際化政治與軍事活動和商業行為等大環境的變化，已不再像過去可透過經驗、數據、參數和成熟的鐘擺理論分析便可找出解決方案、獲得有效的控制。

　　當今世界的變動與社會及一切的商業活動充滿著易變的不確定性與複雜的模糊性和不可抗力的變質性，這些都是因為受限相對思惟長期不單純而消化不良的過度發展，在擁擠中缺乏空間流動力的衝擊所產生的一種不可控制現象。

　　從近代人類工業化所造就而來的國際化世界與對地球一無

是處、只有相對破壞與污染環境的交惡關係，人類與自然間已失去了共處上該有的平衡，近年來地球環境與氣候非常反常無情的對人類世界做出的各種史無前例的反噬，或許就是人類在地球上所造化的相對空間在有限的迴圈運作模式與規範中可被使用的相對智能與發展空間可能已達到了極限；另一種原因就是人類所創造出的全球化世界，對地球來說根本就是個無法互利共生的大違建，會被獨立於人類法制與認知之外的自然公權暴力強行拆除，那是一件再自然不過的事。

缺乏精神性進化的物質進步所產生的極端文明，為人類帶來的致災性傷害勢必是您我所要關注、對它有所作為的大事；它攸關著人類未來的命運，當然超越現行人類賴以為生的相對思惟與各持已見的殼倉系統，也關係著在這個充滿不確定性與模糊性和高知識普及化的擁擠世代您能否繼續成功與幸福的關鍵。

在這凡事講求速率又急功好利、物慾橫生、讓社會人士競無可進又難以安然自處的世代，人的心幾乎很難單純的沉靜下來，在深度中受心靈藉體、高掛明智、以神領形、以形傳神的推昇人生的高度，維持著身心靈生態上的自然平衡，這就是造成即便頂著高學歷與看似豐富的經歷和基本關係力也難以在社會群體中成功致富的原因；而且就算成功也不一定可以為人生帶來安樂與幸福，在這個令人焦慮不安、相對時空越來越擁擠的時代背景下，成功的擁有期限似乎也越來越短。

在自由經濟的國際社會演化下，為普羅大眾帶來的必然是
不可避免的個體競爭與競合和越來擁擠的腦力使用，對名利和
物質毫無節制的強求及各種相處往來的變質。過去鄉村農業化
世代，一般人普遍只是為了基本生計而勤奮於單純的農忙，在
知識不普及下多數都是文盲，當時只要懂得基本知識就會與多
數人區隔開來被個體化的看待，保有相當程度的存在優勢而且
還會受人尊敬與信任，這也是 50、60 年代，只要是讀書人或具
有老師身份就會受到一般人愛戴，學生面對師長通常也會言聽
計從，而且只要成功致富期限都可以高達數十年、甚至一輩子，
因為當時只要在時間軸上努力與學得基本知識，再加上一點運
氣就可以是一生成就的保障。

但往事不堪回首，迄今在這個知識普及學歷與資歷、經歷
和社會關係，對長期成功致富這件事已不再是一種突顯的優
勢，只能算是邁向成功的基本條件，面對社會群體與無限賽局
的商業市場，如果您的身心不優質、核心價值不足、社會資本
不夠、在表現上缺乏獨特性和不可被取代性，您的努力只會是
一種勞力或是一般的職能表現，最多也只會在運氣的加持下獲
得一兩次性的短暫成功，不會是不斷複利累加財富的行徑、更
不會是終身的保障。

知識與學歷的普及讓活躍於社會平台上的多數人幾乎都具
有一定水準的聰明才智和生存上的專業與基本的社會關係，如
果只想憑藉這些外力來的條件在群雄中勝出或成功一輩子，那

是不太可能的事。面對人生與社會最大的競爭力已不再是學歷、經歷和勞動力，而是存在您身上尚未被發現的覺性潛能；它是深度學習來的化識成智、是靈感、是創意、是超驗直覺、是思考續航力、是與他體文化融通來的社會資本、是人生正確的導航；它是生命最優雅的一種理性抽象的藝術；這些超越聰明的靈明智慧只存在內在的第三化空間，它就是高層次的自己，它具有絕佳的創造力。

　　只有讓自己由內而外的強大，在質量的提昇下才有機會成為社會群體中的引力場，吸引社會資源與別人對於您的關注，在無限賽局的商業市場上有效進行著弱連結的強度關係，品牌化自己在複利下累加您的人生財富與幸福。它不只是憑藉著一般學習與知識繼承和專業複製就可以做到，這些外強中乾的生存配置，在這知識白熱化，資訊量體爆炸的世代已無法形成有效的成功引力場。在這個讓人焦慮又不安的時代，希望成功致富、擁有身為人的幸福更需要往內深度學習，在沉靜的心中使大腦受心靈藉體，在以神領形下超越相對思維的屏障獲取正確導航人生的智慧，從學習者的身分成為創造者。

　　面對這個看來慢一步就會失去機會，在高知識化中理盲再多經驗也不精準的價值錯亂世代，只要可以化識成智的深度學習、把心沉靜下來、啟動覺性心學系統的靈活機制、高掛明智，您的存在就贏了一半了；因為當今存在社會上的各種現象，無論是網路各交友平台與充滿誘惑和詐騙的投資和不再單純的重

商業活動，各持利益的情感訴求與政客政治化、慈善經濟化、宗教商業化大半都存在著假相、謊言與欺騙。

　　只有透過深度學習進一步的思考、退一步的反思，在理性中感性、在現實中抽象、在自我中無我、超越現行人類慣用的相對思惟，才能在這不確定和模糊不可控的生態中發展出高度的理解力，透析真相、明辨是非、做出知所導正的合理選擇與決定，在執行面上縮短與成功和希望的距離。

　　蘋果 (Apple) 創辦人賈伯斯 (Steve Jobs) 曾說：「如果創意是用想的將侷限在意識所想的範圍內；創意若不是用想的就能穿透意識屏障，看見無限的可能；」禪修就是超越您的大腦思惟、站在高度上用一顆開放的心、超越相對，看見現象背後的真相、從知識中找到新的知識，只有追隨您的真心與直覺才能感受到真相的全貌。顯然賈伯斯的成功除了憑藉努力與才能表現之外，另一關鍵就是學不來、也非知識繼承與專業複製的超驗直覺；它是從穿透大腦相對的意識屏障進入內在第三化空間所產生來的精神性力量；它就是賈伯斯所說的真心之處。只是要如何才能做到讓超驗的靈感直覺伴隨在您的工作和生活之中？雖然賈伯斯意有所指是禪修；那什麼又是禪修？又要修什麼？修的當然就是沉靜下的心，在這個物慾橫生使人心動蕩不安的時代，靜不下來將會成為人類致命的問題；打坐冥想是一種既傳統又古老的禪修方法，當然在物化文明的今日它還是實際可行的功法，不過比較適合過去非物慾消費也非商業競爭的

世代，那時人心與大腦在知識匱乏與互利才能活下去的均貧社會生態下普遍不爭、相對單純而善良；在這個讓人時間不夠用、處處誘惑、心猿意馬、在自我中心下所造成的高壓讓內心過度塌陷而不安的意識困境，要一般人花時間在特定場所打坐冥想，還真的不容易⋯。

即便聽話照做多數也帶著一顆有所貪求的自利之心和早已成形的焦慮不安、複雜又定型的偏誤心態進行有模有樣、有所企圖的打坐冥想，在如此複雜的身心磁場中，希望透過打坐冥想沉靜下來、穿透大腦思惟進入第三化精神性空間找到真心（高維度意識），在以神領形下靈感出創意和超時空的能見度、仁慈的與他體產生融通那幾乎是不太可能的事。只是靜心真的只能靠打坐冥想嗎？沒有其它符合當代的科學途徑嗎？從工作與日常動態中尋求靜心使大腦受心靈藉體，高掛明智其實是可行的，一般化的聰明只需要透過知識性學習刺激就可獲得，但不一樣的聰明靠的就是第三化智慧的加持；它的原始點並不在大腦，是在高維度的真心裡面，人類的特別在於腦力發展更在於具有可超越生物基因設定的精神性靈魂，可惜一般人根本不知道他的存在性，所以很少利用它高度的發展人生，因為鮮少在生活與學習上透過觀想往內啟動覺性心學系統機制，所以無法超越相對，穿透不了意識屏障進入第三化空間，獲取獨特的靈感智慧和仁慈自由的宇宙意識。

一樣約莫三磅重的大腦卻造就出不同、甚至天差地別的人

生價值，**原因就在思考續航力的不同，關鍵是心學還是不學；**從宏觀中化識成智，在微觀中創造人生，即是心學的效應，繼承化的知識學習、複製專業所得只是生存上的聰明；覺性心學系統所產生來的超象限意識才是製造智慧的原力；腦學與心學所得來的結果是截然不同的兩種境界，只要覺性靈活將心學有效系統化，任何學習與觀想都有機會被化識成智，智而成新知識產生一種具有價值的創見與有意義的作為。

舉凡在社群中那些少數的超凡卓越者在某種意義與層次上，都可被稱之為是一種超級人類；他們的共同點就是：擁有一顆不太受世俗與現實綁架的自由心思，他們總是懂得從非慣性思考中打破定型化心智、穿透大腦屏障獲取前所未有的創見、推動自己有效率而有意義的發展。

尼古拉特斯拉 (Nikola Tesla)、愛迪生、達爾文 (Charles Robert Darwin) 與愛因斯坦等等天才之所以可以超人化的存在，是因為具有一門深入的研究態度與跨學科的博學精神，同時從觀察想像中往內省察而覺性靈活的啟動心學，心流化的將自己帶入宇宙審察假說中的奇異點；它是一個體積無限小、密度無限大、重力無限大、時空曲率無限大的點；人類現行的相對思惟及量子糾纏力學理論都會在這個靈界奇異點處失效，它就是通往第三化精神性空間的玄化之門。

The Birth of
New Civilization

超級人類 新文明的誕生
Übermensch The birth of New Civilization

The Birth of
New Civilization

第一部 人類心智的力量

The Power of Human Mind :
Unleashing the
Potential Within

第一章 / 人類近代意識

The modern human consciousness

超級人類 新文明的誕生
Übermensch The birth of New Civilization

The Birth of
New Civilization

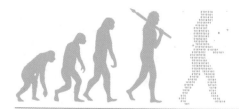

　　近代國際化社會雖然是在知識強權下造就，但在深遠的背景底下卻是從過去美索不達米亞 (位於今伊拉克)、古埃及、古印度及華夏，四處古文明的地方神話、傳說與民俗傳統社會文化的各自分流進程，在根深柢固的迷信下遭受侵略性與殖民，才漸漸受到於 1760 年代由英國所興起的工業革命 (Industrial Revolution) 至 20 世紀以來的第三次工業革命和變質來的資本主義、民主政治、階級鬥爭、科學知識、及西方貴族文化體制的影響，在充滿人工智慧與政權手段下彙集而成，人性的單純與複雜、善良和邪惡在這條歷史的長廊上，經過近代文明社會的強度刺激更是表露無遺。

　　雖然近代西方強權打破了宗族、種族和國族間的楚河漢界，在知識發展下破除了過去毫無科學根據、光怪陸離的民間鄉野傳奇和神鬼的迷信，將人類帶進一個前所未有的世界化文明，卻在以文藝復興時期 (14 至 17 世紀歐洲文化運動 The Renaissance) 教堂幾何、宗教藝術美學文化為基礎的理性工業和科學知識，在自由民主化政經制度下完勝法西斯主義 (Fascism) 和共產主義 (Communismus)，給了我們一個全新的當代迷信，它迅速的發展出一個快到讓人還來不及反應、也看不清楚、想不明白、錯綜複雜、不斷在變質甚至墮落的資本主義社會，在我們的心理量能和生命素質根本還沒準備好，就必需被迫接受多次工業革命所造而來的資訊化和生物科化進步。

　　事實說明：在理盲知障迷惘與人性的脆弱中，心智根本經

不起物慾化的誘惑，只能不聽使喚的驅使自己將一生努力和心血，全用在拼命的賺錢與高物價的消費，還可能過著以債養債、一輩子為銀行工作、過著被資本家剝削的生活、每天還要面對與承受心靈深處非常不樂見的社會競爭、職場鬥爭和大環境所給的各種面向上的高壓，這一切只為了要符合近代西方民主化的社會體制和功利主義自由競爭的商業制度。

但傾斜於物化和一切以人為法治和知識為社會依歸的文明背後，隨之而來的卻是讓我們反應不過來的不公平和不平等的對待，甚至受到各種防不勝防、避不可避的身心傷害，物化文明社會最重視的法治，在保障人民的背後其實是資本家最大的保護傘，這或許是西方強權政治掌控社會甚至是世界的一種取巧。

從歷史軌跡上不難發現，人性這種以自我意識為基石的有機化合物，無論是在 1776 年蘇格蘭哲學經濟學家亞當史密斯 (Adam Smith) 所發表的《國富論 The Wealth of Nations》、還是在 150 年前由卡爾馬斯克 (Karl Marx) 所提出的《資本論 Das Kapital》、和當代的經濟學家如何立意良善，提出多了不起的社會經濟理論和系統分工制度的社會建構，在人類極度貪婪的性情下，任何公平公正的給予和對待在弱肉強食、物競天擇的強權意識基因底下都會變質，逐漸傾斜往圖利少數人的方向發展。我認為世界的問題不在知識的匱乏和制度上的完不完善，而是面對巴蛇吞大象的人性貪婪根本不會有完善的那一天，真

正的問題是人類意識維度太低、進化速度太慢，在太快的進步下使人性越來越饑渴、內心越來越匱乏、造成人吃人的社會現象，群體貪婪的社會行為所造成的世界進步最後會是什麼樣的結局？

單一象限多次革命的工業發展逐步形成的資本化功利主義與自由階級鬥爭的國際化社會，將我們帶進一個在高知識之中理盲、在聰明中失去理智、在擁有中不滿足、在富裕中受精神折磨、在先進的醫療體系下帶病長壽、在高學識的中心化腦力發展下扭曲了社會價值觀與人格，造成一個不仁不義、使一切關係只因利益而結合的權謀社會。西方文明在自許偉大為人類帶來前所未有在傾斜於外的聰明進步，為知識帶來一日千里的絢麗光影下，根本沒有引領人類往內進化意識維度、發展出可駕馭科化文明的高度智慧，駕馭不了手上的武器，它就是兇器，是藥也會漸漸的變成毒。

縱觀 21 世紀在多邊性發展的國際情勢下似乎出現不再是美國說了就算的去中心化世界趨勢，各先進國家越來越不穩定的政局和物價嚴重通膨造成世界經濟衰退、人心越顯不安的跡象都在示意我們非常可能將要面臨一個箭在弦上、只要再向前走上一二步就會失去控制的世界，人類在越來越控制不了自己、又為了滿足永不滿足的慾望對地球環境進行過度開發所造成的永久性傷害、中美全面性競爭、世界強國間的邊境領土拉鋸、科技爭戰、政治角力、階級鬥爭、與存在功利主義社會各角落

的商業競爭、為謀取利益和權力不計代價的相殘手段，這一切以合法民主政權立場支持不法的行徑，都在導引世界渦漩化的形成一股將要失去控制的氣流。

　　以文藝復興時期教堂幾何、宗教藝術美學文化為基石所造而來的機械化工業知識和資本功利主義與民主政治之間的媒合，在一開始的立意良善，最後卻在人性貪婪變質的發展機制過程中，逐漸導向只為了圖利資本家和少數人的一種變調社會制度；同時從西方教育體制的學校工廠中，不斷的生產出一匹又一匹有學識專業、有著局部聰明和設定的才能技術、又會努力工作的窮邊人；因為這套民主自由經濟的社會制度，如果沒有這一匹又一匹被系統程式化控制的知識份子和一大群社會窮邊人倉鼠化的配合，就不可能產生世界化運轉。活在當代國際化社會中的我們都是被這一套自由民主的社會體制和資本家中的大資本家控制，您我在看似自由的另一面，其實只是被設計好的社會制度圈養的經濟奴隸，幸運的話最後還可以存點錢、退休養病和養老、然後在餘生中等死。

　　近年來地球對人類無情的反噬現象和天災人禍的摧殘歷歷在目，這些血染大地血跡斑斑的景象，都是大自然與高層次的靈性對我們的嚴厲控訴和提醒。可怕的是人類在進步太快、意識維度進化太慢的生命水準下，面對著金錢物慾和權力與有心人士所給出的各種希望所產生的美利光影，似乎讓人目空這一切致命的危機，或是毫無招架能力經不起現象迷惑，在失去理

性下根本看不見背後的真相，就算看見也會像著魔般、不畏因
的將錯就錯，只求進步不求意識維度進化的人類存在，根本無
力駕馭近代傾斜於物化文明的發展，卻自大的認為一切都在自
己的掌控，在失控中自大，或許就是造成人類可能滅絕的原因，
這正是由西方科學知識極端的資本功利主義與民主政經強權所
創造出來的美利物化 ----- 疾樂世界。

　　這是我對近代國際化社會與脆弱人性受到相對有色知識的
刺激渲染和物慾誘惑的不正常變化，進行的觀察和研究所得來
的一種微觀之見與解釋。我認為在獨立思考下所產生來的知識
重組與化識成智的創見是在這個成功不易、幸福難得、社會漸
漸走向失控的當代必需具有的高度智能、主題性觀察與專注性
研究，也是現今國際化高端人才 (Supreme endowment) 必要的一
種養成，它是發展獨立創見、自我控制、成就人生的途徑。

　　人在受到成長環境的影響與學習和不同接觸及經驗累積的
過程，在時間推移下形成自體上的信條文化產生特有的態度與
行為，因此造成人生回饋與樣貌和層次上的不同。除非活出存
在的專注性、一步步的走上專業化研究發展出對學習與知識上
的思辨和轉化力對自體文化中的定型化虛擬實境，所給出的視
頻認知有所改變，否則努力一生終究是自體文化下的目錄、章
節與內容的一場宿命。

　　然而專業是一種職業，是將某種系統化知識運用在特定的

事情與特定的人員身上所產生的有利結果；它是遵守紀律與規範的一種表現，簡單一句：只要遵照特定知識規範執行就是專業。規範的系統化是一種有效率的體制、是科學化的統計與學理的驗證、加上在歷史進程中的有效經驗所得到的最佳方法。知識體系化的紀律與規範就是一種專業法則，但學得知識專業若不能堅持執行與反覆訓練和變通就不能產生專業的成效，任何有效率的學習都必須在專注的思辯上被融會貫通、成為自己的一種本能、再將學問與知識透過反芻有利的拆解、重組、轉成可被進化的使用法則，這對一位真正的專業人士至關重要。

多數人因受控於定型化的心智成規，頂著大腦想來想去、說來說去、做來做去，終究還是被設定在一個無形的數據圈套之中習以為常，但所謂的執行效益與成效和人生的發展性，往往都在這個圈套與大腦既定的相對虛擬視頻之外，這就是為何現代專業知識雖然相當公開透明而普級，能夠表現出高端專業、成就卓越的人只是少數的緣故。

一般人面對學習總是「知其然，而不知其所以然，」因為缺乏對知識的轉化機制、對成規破壞性創新的能力，心不力學再多學習和知識的擁有與繼承終究是枉然。觀察一個人是否能成大器、能否成就高端人才、卓越人生，基本要件就在專注力和持續性紀律與自律強度的生活養成，根本上必需具有鮮明的公民意識、對家庭與社會和國家有著一定程度的責任與使命感、在研究心理上驅動自己走向超物化的精神文明，缺少以上

特有的靈性素質，學得知識專業、面對希望都是空談虛晃，因為裡面沒有機轉自體文化和高端智能的元素。

一個人的先天與後天成長過程所積合而成的自體心智文化所給出的訊息，通常是一種缺陷性認知、會造成偏誤性觀念、成為特有的態度，直接影響您在為人處事上的行為，因此產生相對性回饋的結果。這就是自體文化認知因果循環體系鏈，也因為它的存在，強而有力的將每個人的社會層次、成就的大小、人生問題的造成與一切發生的差異性分化開來；從養成的專注中專業所做、在微觀中研究所為、在人我連結上建立強度關係、累積社會資本，這就是成就卓越人生的途徑。

從知識專業中進行非常態性思考的深入研究，在定序意識和心流質量體系的高度中帶給自己精準創見、而意義性的發展出符合人性與市場需求、提昇他人價值、改善生活與優化社會的方法，只要具有創見思惟的智能，在高端專業下自會成為市場上的獨角獸 (Unicorn)，創造去中心化的區塊鏈場域。創見思維是心腦交會才會產生的高度智能，在這個極其複雜的競爭化社會生態下，面對未知、希望成功的立足在金字塔頂端，必需要有能耐掌控領域性市場，最佳方法就是有效率的開發金頭腦、創造符合人性和社會需求與世界趨勢，具有意義性和價值性的市場。

賈伯斯的智能手機 (Apple)、祖克柏的臉書 (Metaverse)、馬

斯克的特斯拉電動車 (Tesla) 革命、馬雲的阿里巴巴 (Alibaba) 電商平台，無論是他們所創見出的藍海還是所表現出的獨角獸姿態都在說明；掌控領域性市場的關鍵不在跟從市場的迴路，是在精準的創見下造就可引領先驅的市場；先決條件必需具有對世界動向與趨勢和市場變化的敏銳度、在心中發展出對他人與社會甚至世界的一份責任和使命感、只有具精神性、意義性和內在多元的激勵性專研態度，在靜心智慧、動腦聰明的心腦交會觸及下才有機會受到高維度的靈性加持，有效開發出會發亮的金頭腦。

所謂研究是應用科學方法、探求問題解答的一種過程；是運用養成的專注力所產生的系統化思見，對特定的事物產生的疑問，進行追根究底的探索與反覆性的實驗，在充份的證據解釋下找到答案與應用方法、進行改善與解決現實上的缺陷和向度上的偏差，有效達成個人及群體社會所預期的結果。

Research(研究) 源自中古法語，意指徹底檢查 (追根究底)；它是卓越者用來成就人生、造福他人與社會的精神表現和必要的執行。日本經營之神稻盛和夫說：「每一天都極度認真。」這句話非常簡單，卻是成就人生最重要的原則與原理，他說的極度認真；就是具有對社會責任與使命感的活出：研究精神和紀律性專業的做事態度，我們的大腦通常必需透過外在刺激和專注性思考動作才會產生有效率的進步；生命是需要經由靜下來的意識定序，所產生的無邊際性的心流質量，才會產生進化

的可能；這即是研究的態度與本質，缺少這兩種作用的存在個體，就算學習、獲得知識，充其量也只是來到了一般專業，擁有的只是生存上的職業才能，期望成為真正專業化的高端人才、成就卓越，那是不可能的事。

只有在動態腦力和靜態心力兩大力學的交會作用下進行專業性研究，才可能開展出高端人才應有的智能：在心中自我決定、有效解決問題或創造出領域性成就、在其中凡事如果可為他人著想，任何執行與事情的發展總會一再再的出奇致勝；這是稻盛和夫用一輩子教會我們的成功商道。他說：在成功的路上遇上難以克服的困難，對一般人很可能是不能再前進的終點，對具有使命感又有專研精神的人，反而是另一條通往成功之路的起點，心腦交會這兩大力學專研出的高度所產生的質量強度，是扶持一個人在人生路上步步高昇，帶給他人獲益的靈性表現。

原始察終、見盛觀衰、用心探究事物發展的起源與結果；找出它的道理、通透它的本質；在靈明智慧下提昇心理素質、升級靈魂品質、體現高雅氣質；端正自己合乎世間情理與大道真理，從中獲取永久的成功與幸福，我認為這就是深度教育的精神；英國哲學家法蘭西斯·培根 (Francis Bacon) 說：知識本身就是力量 (psa scientia potestas est)，但如何運用知識的技能，才是這句話的關鍵；西方科學普遍性認為：思考力的運用就是獲取知識力量的技能，它就是可以獨立帶著自己往前發展的能

力，是人類超自然演化的一種功能，近代工業與科學的發展、
與西化文明的體現也證實了這件事。

只是經研究發現：缺乏心力學的運作所產生的中心化思考
續航力，無法超越相對的象限，最後都會遇上文化極限，終歸
原點。人類近代中心化思考的表現似乎已到達了上限，使社會
文化呈現內捲的現象，這問題出在心力學的不足；它是先天的
智慧所在，**思考力**在人類發展史與社會競爭的平台上，的確扮
演著重要的角色。

只是一般人的思考在心學力道不足下，無法取得有效突
破，最終只能成為沒有效率的想法，迴路於經驗，造成人生知
見上的迷失，顯然這是個用腦不用心、有知識而遠離智慧的世
代，在缺乏超象限的知識體系下所形成的世界，肯定會為人類
集體帶來進步中的災難。

這件事早在科學知識成為人類的社會思想與文化，使多數
人深陷理盲之中的那一刻就揭開了序幕，人類在近代西化知識
體制教育下，漸漸遠離初心、不再大用內在高度的心靈智慧與
仁慈，失去對身心的管理權，將人生交給了對科學的認識（知
識），不是對自己存在的了解，但我們對失去內在的自己這件
事很無感，像極了機械人 (Robot) 不知道自己就是機械人。

覺性心學系統的核心是『自己』，它將協助人們從積極樂

觀的態度中，以省察自己的微觀途徑開啟心的力學、有效的反
芻知識、得之智慧、不再理盲的受控於知識；經 28 年長期的
觀察與研究發現：人一生命運的走向與變化的質性，主導權並
不在您的學識和想法與期待，而是科儀測不到的潛意識和先天
的載體這兩套系統所構成的歷史文化，它是存在您身上的大數
據，是一套無形的意識糾纏。佛家說：萬般皆命，冥冥中自有
安排，那個冥冥說的就是無形、卻又真實存在您身上的自體歷
史文化，它是命運的軸心，是體現人生的基本依據，然而人生
雖然是自體文化的體現，確可以因為原始察終的微觀和覺性心
學系統的合成作用與後天學習、努力改變命運，甚至在心力學
的大用下超越象限，找到最高維度的自己，使人生充滿能量。

　　從社會現象中顯示：成功是努力、才能和運氣所產生來的
結果，但事實也說明了，幸福的本質並不在成功的任何意象之
中，它只存在超越了現實與經驗的第三化精神性空間，幸福的
質性是內心的安樂與自由，它是高維度的意識能量態。不快樂
的有錢人、焦慮不安的成功人士，這些社會現象足以證明成功
與幸福，並不是一種對等關係。

　　當然成功致富對大腦的刺激，的確會帶給人幸福感，但事
實也證明快樂嗎啡蒸發掉的速度很快，而且慾求所得來的幸福
感，還會讓人在對腦內嗎啡上癮的狀態下更加地不滿，使心理
產生空虛和貪婪，因為人性只要擁有了想要卻不需要的東西，
在重物的內心塌陷下就會出現更多想要，不知不覺掉入無止盡

又毫無意義的物利化配套效應（the Diderot Effect），產生不良的生活循環，造成揮之不去的附著性壓力，接踵而來的就是各種身心上的傷害與疾病。

近代知識雖然為我們帶來嶄新的文明，刺激人腦越來越聰明，確悄悄偷走了我們的靜心力學智慧，使內心失去該有的自我決定，不知不覺變成一個有知識沒有自己的人，活像一具被程式化的 AI，或許這就是造成人越來越沒溫度的原因，活在 21世紀中的我們，知識幾乎決定了我們要怎麼活，已不是自己決定要過什麼生活。

往內開啟覺性心學系統才能覺醒的活出自己，超越相對、跨越象限的先天智慧才是偉大的，因為祂是上帝的科學；後天知識是自大的，它只是人類相對的偽智慧，不過卻在近代扮演著上帝的角色，帶領世界進步與發展，地球異常的變化，所造成的溫室氣體暖化效應 (Global warming)、各種社會問題都在提醒著人類，上帝是不可被取代的。

亞里斯多德 (Aristotle) 認為：人一生所追求的共同標地就是幸福；它是最高之善；是靈魂合乎德性的一種生活；是尚美的精神所在；它就是第三化精神性空間。人求之於財物、名利與權力都只是為了達到這個目標的手段；但從社會觀察中發現：幸福這種高維度的情境並不一定是在傾銷化的成功裡頭，或是說財物給人的幸福感只是表面的假象，裡面充滿了慾求不滿和

不少的禍害，因為只要擁有了想要卻不需要的東西，就會出現更多想要，不知不覺掉入無止盡配套效應（the Diderot Effect）的惡性循環之中，更會在金融體系的巧妙安排與商業社會化的程式設計下，舉債消費一輩子為銀行工作、成為債務的奴隸、在精神面上失去自己。

過度慾望的湧現就像海水只會讓人越喝越脫水，而感到越來越渴，人類的大腦雖然在特殊的新皮質演化下成為萬物之靈，但發展至今一般人還是受限在三維立方的物化心智程式，所以還是認為：安樂幸福的希望就在財物性的成功裡面，尤其在 19 世紀 (1990 年以來)，資本主義的興起更刺激了人類的大腦，在個體存在意識的發展下生化出更多不需要，只是想要的人造慾望，諷刺的是那些東西最後都成了破壞地球、污染海洋及環境的垃圾。

不過自此資本主義、經濟社會化的思想也成了人類的普世價值，包括中國、印度、日本等許多國家紛紛效法，推動著世界的運轉，但金錢貨幣所產生的全球化卻像毒品般的控制著全人類的身心與生活，將人類心智導向唯物化主義的發展、忽略迴返內心、發展高維度的精神意識、傾銷化的使身心嚴重的失去平衡，同時在過度開發下造成生態浩劫。

從觀察中不難發現：表面而虛假的東西往往比真實還要吸引人，但無奈人類在動物生存性的演化與被知識程式化的背景

下，無法站在更高層次的意識維度上看見真相，才會著迷於現象化的形下世界，以它為存在主義，不知存在的背後存在才是真實的存在，活在必須外求與財物的刺激，使腦內分泌出血清素、多巴胺、催產素及腦內啡才會感到快樂和滿足的幸福感。

但這些美好的感覺蒸發速度很快，而且還會讓人像吸毒般的上癮，對財物與掌聲和身份地位及成就感的需求量越來越大、使精神不知不覺的扭曲變形、在能量不足下漸漸失去控制情緒、決定心情、自制所慾及秩序化意識的能力，即使頂著高學歷、高知識，過著富裕生活也擺脫不了衝突、對立、憂鬱、焦躁、不安等等精神熵 (psychic entropy) 的糾纏。

雖然不少證據顯示，成功所帶給人的幸福只是華而不實的虛榮裝飾，而且從來就沒有一個有錢人在人生中獲得真正的安樂和滿足、自此高枕無憂。但工業革命 (產業革命) 至今 300 年來，追求唯物化的成功依然是普羅大眾所認為的幸福來源。孰不知從財物、名利中所得來的幸福感只是心智所需要的現象文化，與社會尊嚴和認知缺陷所給人的一種錯覺，只能說物質文明讓人類的明智只開了一半，精神文明這一半還在沉睡。

根據維也納大學 (Technische Universität Wien) 康士坦丁梵艾克諾摩博士 (Constantin von Economo) 估算人類的腦神經細胞數量約有 1500 億個，有高達 95% 以上神經元處在未被精密而複雜使用的狀態，其中原因是一般人的精神能量所給的續航

力，根本不足夠發展出更高級的神經元作用，最後只能將它放在頭上當裝飾品。除非超中心化的進入心中，向更高維度的心靈意識借用能量、強化思考續航力、將生命的質量往上提昇，知所意義在高度上往下決定自己。

顯然身體只是大腦的藉體、並非人生的主體，但進一步研究發現：一直被科學認為大腦就是主導人生的看法可能是科學理盲上的一種定見，存在自體上的組織型文化系統，也許才是決定人生整體的關鍵。慾求不滿、有了之後更不滿的心理空洞感，這種精神扭曲與人格的變調和不斷在實驗性的知識中製造成之有害的進步行為，或許會為人類帶來一連串的致命風暴，然而這件事現在正在世界各地上演。

覺性心學系統的功能與作用將協助讀者的定型化心智產生擴散性流動、突破中心化的腦力發展、有效更新自體文化系統、重整命運的軌跡、不再將人生希望單一的寄託在腦力開發、無知的迷信科學、無奈的落入中國命理哲學所論述：一命、二運、三風水、四積德、五讀書、六名、七相、八敬神、九貴人、十養身的宿命之輪。雖然人生是大腦的藉體，但整體發展與呈現卻是決定在自體中的信條文化，這套組織型能量體，它就是存在每個人身上的信息場。

人類用著很有限的精神能量與缺乏超驗智慧的聰明，在傾斜化努力中製造出各種甜蜜的陷阱給自己，但我們看見的只是表面上的蜜糖。當蜜糖舔完後的另一端點上出現的就是銳利的

刀鋒；Covid-19 新型冠狀肺炎不就是其中一把刀鋒嗎？受著慾
求不滿的驅動、著迷於大腦開發和激素所致幻出的美好感覺與
極端經濟世界化的形成，刀鋒早林立在我們的周圍，只是上面
被糖蜜蓋住了，它就是人類所造而來的全球化世界，邪惡不一
定長相醜陋，但肯定會讓人著迷，甚至不可自拔的失去自己；
顯然人類最大的敵人就是尚未精神文明的自己，最大的困境就
是超越不了三維立方的定型化心智。

　　經哈佛大學 (Harvard University)25 年調查發現：在社會平
台上成功的佔比只有 3%，成功後能獲得真正幸福的人更是少
之又少；因為物化性成功給人的幸福感只是短暫的假相。而且
從觀察中發現：不少人的不幸竟然是成功造成的，這件事引發
了我高度興趣和研究動機。

　　每個人與生俱來在看似一張白紙底下，基因中早有一套
科學難以理解的無形大數據，它是人生定向的基本依據，如不
將後天環境與各種學習、努力和改變及品德修為養計算進去的
話，一生值多少錢？會走上什麼路、過什麼生活，大概就是由
它決定了。心理學認為人生是一連串的選擇所構成，但在超心
理的研究中發現：我們所做出的任何選擇與決定在背景下其實
早被潛在意識的頑固程式系統所安排，已顯化的事物都是由未
顯化的數據型能量所造成，這即是存在的背後存在。

　　環境具有影響人一生的力量；每個人天生就存在一個充滿
資訊糾纏的意識環境，它是專屬的能量場域；這個潛在的意識

環境對一個人具有難以抗拒的主導性，即便不少心理學和物理學家用盡各種科學研究與調查，找出了各種證據佐證，只要靠後天努力與學習就可以改變既定的命運軌跡。但生命歷史大數據的封存詭譎與複雜性不是片面研究與證據或調查就可完全說明的事，知識給人力量；科學給出證據、但其中的主客觀性不少也存在著對人類思見上的誤導，因為科學與先驗和後驗的經驗文化所帶給我們的認知裡面，在生命歷史與浩瀚的宇宙面前充滿著不完整的缺陷與衝突，我們所處的近代相對文明世界說穿了就是知識的實驗室，從生到死、無論在那個階段我們都是被人設的實驗者。

話說孟母三遷到學堂邊，最後孟子在勤學下成就了中國一代大儒，更為後人稱之為亞聖。不過好奇的是當時如果換成阿狗的母親也三遷到學堂邊，阿狗會不會成為亞聖呢？還有孟子只是搬到學堂邊就可成為亞聖，裡面那些勤學讀書的孩子們，個個不都成了齊天大聖了嗎？

就宿命論看來，人一生幾乎是被先天上的組織化意識環境（基因大數據）所決定，不過這也提供了一個重要訊息：是否改變了先天的數據，人生與命運就會跟著改變？答案是肯定的；這就是後天學習與多方努力對成功會如此重要的原因，但裡面如果缺乏開放面對、接受與改變、承認和知所利他；從意識揚升的高度累積與他人和環境的正向關係，就算努力，高學歷和豐富的經歷也掙脫不了宿命所帶給您的程式規範，因為裡面缺

乏無私的意義和高維度意識才可以做到的自我決定。

　　雖然人類歷史上一直以來都只有少數人的生活重心放在往
內滿足精神上的需求，但歷史上的大進化卻全是靠看不見的意
識揚升和思想與觀念的革新所帶動來的；例如達爾文的演化論
便是促成科學、宗教、經濟、社會學等等學術的刺激，大大促
進了人類文明的發展，這正是一切唯心識所造的最佳實證，那
個心識所指就是心智上的意識均值數，也是精神科醫生、靈性
研究院創始院長大衛霍金斯所提出的意識（能量）振動頻率回
饋法則。

　　佛教經典中也有「一水四見」的詮釋：一樣江水溪流，人
類看到的是水；據說天人所見是高貴的琉璃寶物；餓鬼所見卻
是惡臭的血水；對魚蝦而言所感知到的則是溫暖的家；這就是
內在意識頻率高低結構的不同，所見與回饋就會有所不同。

　　這並非無稽之談，若以實證科學或大家都有感知的經驗來
看，任何人只要心情非常好，那時就會像天人一樣，看什麼都
順眼，甚至看見醜的人都會將之美化；但只要失戀或被檢查出
癌末時，就算美食當前看來也會像難以下嚥的豬飼料…顯然意
識頻率的高低所帶給人的精神狀態對人一生是否幸福與成功、
甚至健康有著密切關係。

　　當然想從一個天生意識的均值數上昇到另一個更高的意識
均值數，將無形的自體文化數據（環境）改變是需要巨大能量

的推昇，那很像要昆蟲轉化為鳥類，再從鳥類轉化為哺乳類動物一樣的困難和不可思議。

何其幸運身為人的我們得天獨厚，具有覺知自我存在的能力，在思考推進和大腦新皮質的多元性演化下，可從學習與改變中自我優化、更進一步的在靜態的心靈體驗中促使意識揚升、借助更高維度的精神能將五感六意的敏銳打開，跨越定型化心智上的自我設限、發展出更高級的神經元，創造出具有意義性的希望，這種現象我稱它為：「生前轉識。」

從社群觀察中發現，那些為意義、為內在的尋找勝過為利益的藝術家通常會創作出可感動人心的作品，因為那是心靈的創作、是高維度意識的精神能量作品。文藝復興希臘傳統文化時期，多才多藝的天才達文西就是個例子，他善於從反世俗的思考力與超我的心靈體驗，活出高維度的精神能，常在意識定序中決定自己。

不少事證據也說明一旦脫離了初心，開始唯物定向的為錢、為利、為功名而做，作品便很難讓人感動，因為那只是被中心化大腦利用的普通心智、甚至是低頻意識的工匠畫作，感動人心只在受心靈藉體的神性作為，它就是超越相對、跨越象限的宇宙心流。

德國哲學家尼采認為，達爾文似乎忘了人類在本質上除了動物性，更具有高維度的精神性，人在背景下其實是一種超越大腦的神性（高維度意識）存在，祂才是帶給人真正幸福的來

源。

就大衛霍金斯博士所提出的意識能量學的角度看來，人在唯物主義與自我型塑下所能成就的只是生存與生活上的小事，大事只有無私的天（高意識振動頻率）可以成就，那個天所指就是心中的神，只有神可以成就人所做不到的事，當然無形的神性也必須藉由人的心智轉換，才可以體現祂的創造力和偉大。

遠古時代巫師也深知此道，便透過植物性致幻劑（毒品）讓大腦呈現半昏迷狀態，強迫自我短暫退位、甚至不見，在松果水晶體的作用下瞬間使內心底層的靈魂不經理智的出竅、直接附體，表現出怪異行為或超能與預知的特殊能力，在那毫無民智與科學知識的古代，幾乎是被神一樣的看待，握有著最大的權利。

巫師在當時可說是部落人民生活上的信仰中心，以現代看來那是缺乏獨立思考和聰明才智與科學證據的怪力亂神。但在當時的時空背景下，也許是人類獲取安全感與未來指引的最佳選擇，我們現在相信系統化知識、依賴科技、以社會競爭資本主義為動力、以物慾和金錢貨幣為人生安全的主體，為它們勞心勞苦、甚至為它們生死，或許在 500 年後的人看來也可能是一種愚昧無知的生態。

歷史演化至今，高端維度的精神意識一直伴隨著人類，在生活困頓和危急而專注與靜思忘我之時，渡過一次又一次的世

代危機，扮演非常重要的角色，祂確實具有超越科學知識與中心化大腦的超人化力量。

超級人類 新文明的誕生
Übermensch The birth of New Civilization

The Birth of
New Civilization

第二章 / 創世紀精神意識

The Genesis

超級人類 新文明的誕生
Übermensch The birth of New Civilization

The Birth of
New Civilization

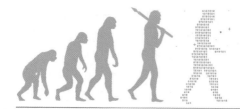

第一節 感性化的精神力

亞里士多德說：人類具有動物所沒有的自覺覺他的均衡理性，自我控制是一種複雜精密演化的產物，不過其中如果缺乏超越五感、抽離現象(抽象)的感性空間，理性上的聰明很多時候只會成為情緒失控、行為脫序的一種失敗演化；大腦所演化來的中心化聰明或許可以解決問題，但無能為力化解內心的焦躁與不安，為自己帶來安樂與幸福，內化靠的是抽象的感性空間，這是心思受制在五感與三維立方體的人類很缺乏的一種心靈智慧，近代文明給人前所未有的知識，同時也受控於知識，造成社會尊嚴的壓抑，使人類生活在一套又一套被知識程式化的生態之中，在被學識、想識、潛意識控制中過著看似自由的生活，這就是我們的處境。

人類在生命質量(意識頻率)的進化速度遠不及物質進步的心理負擔下，就算富有還是很害怕貧窮，因為意識頻率和生命品質沒有被提昇，心智會被定型在一個非常有限的範圍，在重物的內心塌陷下使精神能量偏低，就心理層面而言，它就是一種貧窮意識，這才是讓人怕窮、無法使安樂感常在的原因。

反之意識頻率只要越高越趨向於精神性的人，心智空間就會變大，內心的滿足感相對會很高，就算沒什麼錢也可以安然自處，因為自身精神能量的指數高於財物價值的量能，就意識

頻率吸引力法則,這種人就算不強求也會磁吸具有高價的事物,所以在很大的成份上只要努力便可以名利雙收,這也是我一路走來的教學印證。

　　一般人牽掛於世俗凡心、努力一輩子為的就是想要成功,不過事實說明:多數人卻以失敗收場,就算有幸成功的人也不一定可以贏得賽局之外的幸福,這件事早引發了我高度興趣,在一探究竟的好奇心下,實務的在日常中對人產生觀察與學術研究、更踏入社會創業、親自體證迄今 28 年。

　　人類學家科林・特思布爾 (Colin Turnbvll) 發現剛果伊圖里省 (lturi) 的俾格米人 (pygmy),在這個幾近原始部落中他們一天用來工作覓食、求取生存的時間約 3 至 5 個小時,用來唱歌、跳舞、歡樂、相聚、行之信仰儀式的時間遠超過工作時間,他們一生可能的煩苦被內在的滿足感淡化,他們的安樂指數高於生活在文明富有中的人類。

　　顯然知識文明與進步帶給人們經濟富裕的生活,但代價必須用內心的安樂與幸福來換取;越文明、越富有卻造成更高指數的精神熵 (心情低落) 現象,這似乎是人類今日的寫照,這原因很可能是出在內耗能量換取物量所產生的內捲 (內耗) (Involution) 效應,這是由美國人類學家亞歷山大古登威澤爾 (Alexander Goldenweiser) 所提出。

　　當然這不表示要把人帶回原始過著不文明的生活，這問題並不是文明與進步造成的，是人類的意識維度（生命素質）並沒有隨外在的進步有效走向精神文明的境界，使內在精神能的進化趕不上外在的進步，失去意識上的自主權，這才是人生問題的根源。

　　每一世代似乎就只有少數人在成年之後還保有著揚升意識的覺醒，可抽離現象發展第三化感性空間，使心智不斷的發展繼續走在生命進化的軌道上，保有這種赤子心的人最後都會成為引領先驅的人、他們就是各領域的超卓者、在意識均值數上高出一般人許多，他們就是精神文明的人。

　　從養鴨人家或牧羊人身上，不難發現他們只需要一根棍子，就可以讓千百隻鴨子隨自己的意志方向，面對這些被圈養的動物，人類手上的棍子如同神杖般的神奇；再強壯兇猛的鬥牛犬和獒犬，就算主人是乞丐，牠還是得乖乖的聽話；大象力大無窮；老虎凶猛無比，人類終究還是可以馴服牠們為自己所用。

　　這些現象說明了一件事，人類所演化來的神經元和意識頻率均值數（生命質量）比動物還要高出許多；顯然在人群中真正具有深遠影響力的人並不是有權或有錢的人，但一定是意識均值數高人一等，他們就是精神意識凌駕在物質文明之上的人，他們作用人生、在抽象的揚升意識中超越相對思維發展意

識高度，成為引領人類的先驅；一般人將人生目的化，不知往內在作用化的賦予人生更高層次的意義。

孔子是流落於民間的「儒」（官府官員），生活簡樸到接近貧窮，也不是什麼皇親國戚，但不少有錢人和具官職要位之士卻寧可跟從或請益於他、成為他的學生，他的思想學說也深遠影響皇朝帝制、科舉制度、和中國歷史的演化，顯然孔子的影響力來自：意識頻率的高度活出了精神上的文明；這也是中國春秋時代《管子小匡》所提：將民依次分為士、農、工、商的原因；「萬般皆下品，唯有讀書高。」這也是宋朝《神童詩》對於意識高度的一種註解。

然而高知識並不等於具有高維度意識，這也是古代皇朝不少武藝高強的武官會冤死在文官手上的原因，缺乏高維度意識的高知識份子在社會上才是最可怕的人。一個缺乏崇高信念、不知人生意義的求利者，聰明之中必有邪惡，這正是高學歷、高知識普及化的今日世界所要面臨的難解問題，它就是去中央化的中心化腦力發展所產生的心智內捲效應。

從人我間的爭鬥衝突、對立、失去快樂與家庭和諧和對物慾無止盡的貪求，所造成的環境破壞及大部分的人生問題與煩惱痛苦，幾乎都是從唯物主義、金錢至上的行為而來，就可證實這件事，但西方功利主義的強勢卻同化了全人類，走向知識越高等、意識就越低等的心智內捲的死胡同之中。

　　不知從動態靜心中走上生命進化之路的人，在很大的成份上還是會受制於動物演化的原始性基因，造成在進步快速的今日，無論貧富都會成為受精神折磨的對象，在人生中通常扮演著受外力左右、甚至被擺佈的份，會很像被豢養在貨幣系統、經濟文化和被知識管控的高等動物，無能為力在心中完整的決定自己。

　　而且內在精神意識進化太慢或停止進化的人類，在社會高壓下所產生的集體負能，在量子磁能光索的力學下將與環境產生不正常的糾纏關係，自然會對人類做出相對的回饋，異常的氣候變遷、不定時卻定量的區域性天災人禍，很可能就是人類集體負能對環境所引動來的磁場力學效應。

　　德國哲學家尼采 (Nietzsche) 曾說：「人因夢想而偉大」；愛因斯坦也說：「夢想因人而實現」；只是成就夢想似乎只是少數人才可做到的事。從研究中發現，這種人幾乎都具有不太受世俗眼光控制的創世精神，他們都是從意義中找到了逆人不逆天的理由和勇氣，為自己建構出一套超越社會價值觀的內在價值，那是對生命質量的提升，使自己的意識具有超乎常人的高度。他們善於像達爾文一樣，對人生總是有著細膩而獨道的見解；或像達文西一樣超越脆弱的社會尊嚴，對自我存在有著特別的詮釋，不被傳統價值觀與他人眼光所左右，在對自己高度的期待下發展超乎常人的心智容量、刺激著大腦、重新編碼舊觀念與思惟結構，在受心靈啟蒙與指引下知見未來世界的樣

貌，從現實中創新現實，從知識中再創知識。

　　一般人只是唯物的受限於形體感官定型於心智的次等文化、無力抽象性反世俗思考，只有少數人在意識揚升下，超越形體事物，知見現象中的真相、創新未來、引領先驅。從當今的馬斯克 (Elon Reeve Musk)、比爾蓋茲（Bill Gates）、賈伯斯 (Steve Jobs) 和近代歷史上的愛因斯坦、弗洛伊德、榮格 (Carl Gustav Jung)、哥白尼 (Nicolaus Copernicus)、愛迪生、霍金 (Stephen William Hawking) 等等頂尖的人物…，這些可從實現中創新實現再創知識、具有影響世人能耐的人都有某種程度上的逆人不逆天，將人生交給智慧和勇氣與內在超我的自己，而不是低等的將自己交給財物、慾望和脆弱的社會尊嚴。

　　在他們人生經營哲學裡頭除了獲利與功成名就的世俗想法，內在都有一套超越社會價值觀的創世精神，那是一種受心靈啟蒙的思見、是一份超越現實卻不離現實的高度意識（靈光）指引、它會形成內部空間推動心智超越大腦中心化的設限，持續的擴散性發展、刺激著新皮質和鏡像神經元的開發，使大腦充滿靈感創意與共情商數。

　　然而一般人則深陷在逆天不逆人、委屈求全的形下生態，過著受控於物質和別人眼光的心智內捲的糾纏與心理內鬥的精神熵現象之中，顯然人生的痛苦不在外面，是內在意識頻率的低能。從古至今所有的先驅者都可以在高意識頻率的加持下超

越物慾化的心智、做到排除低能的精神熵、在心中自我決定，只有不太受眼前現實與 DNA 控制的心智才有機會發創出不同的價值作為，為人生創新出不同的經濟產值，它就是賦予心智持續再發展的超驗智慧。

以物化經濟為人生價值的人類，金錢、貨幣、身份、地位、權力，外在種種已成了人生的一種目的性，它幾乎主導人類一切活動甚至生死。而且從不少嚴重失智者身上發現，他也許忘記了家人和曾經所發生的事件，卻怎麼也忘不了金錢，就可知道金錢這東西似乎已扎根在人的靈魂裡，死要錢對人還真是一句經典之語。這也說明了：人對於身外物與社會流俗價值的依賴已不可自拔，也表示人會因為物利而失去對自己意識上的主導性。

面對物慾化的社會型態，人在精神面上顯得非常脆弱，心理過度敏感在既得利益與權力鬥爭和損及尊嚴面子下，很容易表露出如動物般的低等、甚至失控行為。不過人卻以為一切都在自己的控制中，但那只是缺乏意識高度、看不見自己的渺小所產生的自大心理；它曚蔽了人看見自己無知、與事實真相的靈明眼光，未察覺早已身處在受控物慾，鮮少有自主權的低能生態中；人在心上早失去了自由的意識高度、想快樂卻快樂不起來、希望安心卻不得安心，這就是內在由不得自己的證明，也是不幸福的原因。

　　近 300 年來的歷史軌道上，人類在工業與唯物化的進步中
不斷賦予物質價值，更在集體意識下推升了金錢貨幣的意識高
度，勝過一般人存在的核心價值，讓人顛倒了人生真實的意義。
對多數人而言幾乎忘了或根本不知道，往內發展高維度的精神
意識高於金錢物質的重要性，很明顯人類是被自己所創造出來
的進步控制，這矛盾的背後似乎隱含著進步這件事，在精神向
度上很可能不完全是人類所能為。

　　人類存在的巨大意義不該只是扮演著寄生感官，將物質目
的化的高等生物角色，應該學會在心靈體驗中揚升意識、在高
度上看見真相、定序意識和自我決定的高等行為、超越寄生的
物種宿命，使自己在現實中得之精神文明的智慧與美感、極樂
化內心的幸福，這才是心之所向、身之所往。

　　人生的目地與幸福的本質如果是那些流俗於無常變化的財
物和名利，穿金戴銀的貴婦就不會憂鬱纏身了；住豪宅、開名
車的人就不會煩苦了；權高位大、頂著碩博士的社會菁英們就
不會恐懼不安了，如何在成功中擁有安樂與幸福，相信這才是
人一生的渴望。

　　但事實告訴我們：人生不少快樂與幸福卻是從追求財物名
利的過程中流失掉的，因為一般人還是將物質目的化、將生命
停滯在動物化、不懂將人生意義化、提昇內在的高度，這是人
類至今仍然感到陌生的形上學 (精神文明) 的幸福學問，只有

成就精神文明、發展出高軌道意識的人，才能安然自處於形下
的物質世界。

超級人類 新文明的誕生
Übermensch The birth of New Civilization

The Birth of
New Civilization

第二節 人類三維立方的相對識界

從研究觀察中發現有種行為雖然會使體力消耗，奇妙的是卻可以換來滿足的精神能量，這種奇特的作為就是做自己喜歡做的事情，只要樂在其中的做事一心專注到忘了自己，體力消耗就會被轉化成一種精神能量。不少研究顯示在清醒時只要大量減少腦中的雜訊(有意識的忘我)，在專注下將意識技術性的定序化，暫時關閉本位，就會在靈界點上與高度的心靈產生對頻(合一)作用，得之如睡眠般的能量補給，從心智下載轉化成為一種靈感與創意。

從 3 歲小孩的童言童語裡面不少具有非常精準的思見，可為大人報上明牌和胎內記憶、甚至前世記憶，這就是與高維維度心靈同在一個位元的心腦效應，諷刺的是這些如特異功能的表現在大腦越來越複雜聰明和心智本位與社會尊嚴的形成後，就很難繼續與心靈通聯使高維度的靈感出現，自得其樂而心滿意足的赤子心也會漸漸的消失。

在這高知識的時代要找到看來聰明的人非常容易，但要找到可以心境安樂自在生活的人少之又少；人的體力與腦力表現之所以會很有限、內心的滿足感之所以會因過度擁有越來越低，部分原因就是無法在意識清醒時與心靈繼續對頻充電；高維度的心靈沒有重物塌陷和本位區間隔離上的問題，所以和宇

宙有著微妙的通聯關係，或是說祂們是同在一個振動頻率的位元上，心靈才會像宇宙一樣具有源源不絕的能量。

德國物理學家馬克斯普朗克 (MaxPlanck) 所發現的量子力學 (Quantum Mechanics) 證明了每個心智個體都用著對頻的磁場在區間範圍相互連繫，區間與區間在磁能光索的作用下也不分彼此的形成一個因緣和合的整體。量子力學說明了每個個體都存在看似有分卻不可割的磁場共體性，只是在定型化心智區間隔離意識的雜訊干擾下，造成身心靈的意識光索非常不穩定的分化、各自持有位元、無法在平行宇宙的能量場下產生有效的對頻；與他人相處也產生了一種無形的區隔關係，各自持有立場和頻率、不能同在一個位元上；這就是人無法輕易在意識對頻下感受他人的原因，充其量只能對弱勢者表現出以上對下的二位元同情，無法真正的在同一位元上對頻而同理共情，達到共振效應的真愛與慈悲。

經典上指出開悟者所具有的他心通，在很大的成份上是與他人意識對頻的效應。顯然對頻這件事只有降低心智本位、使意識維度高端化的人才可以做到，因為在高維度上的意識可以往下對頻，低頻率的人無法往上對頻。只有具高度意識能量的人才有真正的愛，佛陀 (Buddha) 曾說：「世間有情，」但沒有永不變的真愛，它只存在高維度意識能量的世界；顯然人類的意識水準所幻生的物化識界只存在會相對變質的愛，也就是所謂的情，這就是世上男女常會上演著因愛而生恨、因情而受苦

的戲碼。

　　地球萬物同在一個巨大的生存空間，不同的是意識均值數的高低分化出不同的識界維度；顯然生在什麼層次世界，全是各種生物意識頻率的水準所幻化。意識均值數越低所幻生出的維度空間和感知範圍就會越狹窄，觸及面只是點或線或平面，無法意識到三維立方與四維時間軸的存在，生在低維度的生物災難就會越頻繁；螞蟻與其他昆蟲意識層次非常低，最高也只能幻生出二維平面的觸感空間，那裡的世界很狹窄擁擠，每天幾乎都要面臨各種天災與喪命的危機。小雨滴對人類很可能是詩情畫意，對螞蟻卻像是一場可怕的轟炸，極低頻的意識也迫使昆蟲生在食物鏈的最底層，牠們的存在就是食物，這就是昆蟲繁殖力超強、壽命卻很短的原因。

　　生在低維度的螞蟻永遠不會知道有人類的存在，我們活在牠們之上的三維立方世界可觀察螞蟻，但牠們無能為力往上看見我們；這很像傳說中的外星人一樣可以觀察人類，我們卻無法觀察他們；如果將一隻螞蟻抓上來，對其牠螞蟻而言就是憑空消失，這像極了電影情節外星人利用光束抓走人類，在瞬間憑空消失一樣；其實並沒有消失，只是進到另一個向度或更高維度的空間。

超級人類 新文明的誕生
Übermensch The birth of New Civilization

The Birth of
New Civilization

第三節 心智內捲精神熵

人腦是一部具有可精密而複雜演算處理、又可不斷自我更新升級的超級電腦;不過對缺乏學習力、思考力和反思力的一般人來說,是固定在一個非常有限的迴路範圍中窮活動,這種人通常不擅於透過目標設定有效管理時間,使人生完整的四維化,只活在三維立方的已顯化空間,等著被時間利用,成為有目標而善用時間軸製造時空的可控性,轉化產能者的工具。

只是為了求取物質名利和自我證明的人所開發出來的腦力裡面缺乏精神性的同理共情,在獲利的過程很可能會損及他人利益,也可能會破壞環境生態造成各種不良的後遺症,這就是片面性的向外成長使心智產生內捲的人生發展。大腦是中心化的,面對人生無法整體擴張性成長、只能傾斜化的發展出各種局部性的聰明,在不自覺中使心智產生內捲、造成精神負能的現象。永續成功的腦力發展只在內心的覺醒所帶來的精神性能量推動,它即是擴散性的心智發展,只有它可為人生帶來希望的整體性。它會刺激被定型化的心智將心靈能量傳送給大腦,心智是腦與心靈通聯的樞紐,只是一般人的心智已被定型內捲,沒有足夠的未來性空間接收心靈所給的新能量,所以無法傳輸新能源給大腦,讓它有強大的續航力與思考生育力。

人有時候會突然的放空發呆,這個看似無腦的行為其實是

腦在充電；人在睡覺時才可以充電，但關鍵是必須讓腦中的我不見，自我意識如果無法被暫時的關閉，就算躺在床上也無法入睡，人在深度睡眠時意識頻率都很高充滿能量，所以很舒服，人生所有的苦與憂愁和林林總總的問題也會在那時候暫時消失。

這就是不少人很喜歡睡覺或是遇到問題、身體不適就想上床睡覺的原因，因為與心靈同在一個位元上意識頻率會很高，它就是心中的天，在那高頻率的意識界無憂無慮，有的只是和諧、安樂與滿足、宛如天人般的享受，如果說深度睡眠在某種程度上具有療癒身心疾病的效能，這一點也不為過。

法國衛生經濟管理研究中心 (Ministère de l'Agriculture et de l'Alimentation) 所做的一項調查，長期睡眠不足的人每年休病假約 5.8 天，睡眠充足者僅有 2.4 天；前者給企業帶來的損失約後者的 3 倍，為自己帶來的精神與人生虧損更是好幾倍，各證據顯示好好睡覺這件事，可為人生、甚至提昇全人類的生活品質。

假設全世界近 80 億人口在意識清醒時，頻率也能像深度睡眠時一樣的高度，那世界大概也不會有什麼紛擾與戰爭了，那時每個生命都不分彼此在共體的意識中擴散性對流，同在一個位元上不會有自我二元分化上的對立和衝突，這或許是烏托邦 (Utopia) 的理想國度，能否成真關鍵不在法律與社會制度福利和外在傾斜化的進步，是在人類的意識維度與彼此間的密度是

否可以被往上提昇，成就高端化精神文明。希望避免天災人禍、不受精神折磨，依靠知識、科技、金錢和任何權力根本沒有用，內心安樂與滿足的希望需要的是將意識頻率提昇到超四維的高度，而且也只有在高意識端的人可以大量的避免天災人禍的傷害。

人類在知識、物質與科技上雖然不斷的進步，但事實證明疾病、貧窮、人禍所造成的天災和各種身心上的疾病與苦難折磨並沒有因此獲得解決，問題不在人類求生意志與企圖的不足、也不是不夠聰明和物質的匱乏，是缺乏往內在提昇生命質量(素質)的高等行為，科技看似在為人類解決問題，更多的是在為人類製造新問題，物化性進步充滿著過度的慾望和不需要的開發，背後隱藏著太多的傷害。

只要不知內求精神性的發展，人類只會無止盡的在問題中解決問題，就像住在水面上除濕、在茅廁中除臭一樣的沒有意義。只有迷途知返在高意識維度中得之內外兼具的身心靈智慧，才能在化解中解決人生的問題，否則再先進的科技、再多的金錢貨幣與物質，鬥爭和彼此的傷害與天災人禍只會更嚴重的與日俱增，世界進步的方向只是符合了人性想要卻不需要的慾望，但這對渴望自由的靈魂一點也不重要。

螞蟻再如何的自立自強將自己變得多強壯，每天終究還是要面臨可能喪命的危機，因為牠們始終被二維識界給困住；解

脫不了低頻意識維度的框架，努力一生也只是困獸之鬥。

　　無論人類在物質與知識上有多大的進步、創造了多龐大的經濟效能，終究是脫離不了天災人禍與內心的不安和煩苦的折磨，世衛組織 (WHO) 發出警告，21 世紀憂鬱症及精神關係性疾病將會像黑死病一樣成為全球危機，人類不知究竟的邊垂化努力和傾斜於物質發展所造成的心智內捲、壓力、和破壞性的進步，最後到底要去哪裡？這是每個人都必須花時間去思索的生命課題。

　　喚醒覺性、揚升意識維度，成就精神文明，才能得之安樂、掙脫成之有害的相對生態。

The Birth of
New Civilization

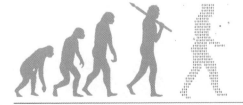

超級人類 新文明的誕生
Übermensch The birth of New Civilization

The Birth of
New Civilization

第四節 心靈藉體的神馳狀態

就中醫理論來說，午時小睡片刻約莫 30 分鐘有助於提昇下午的工作效率；就十二經脈的理論午時 11 時至下午 1 時對應的正是心經；《黃帝內經》說：「心主神明，」這個神說的就是蘊含宇宙能量的靈性意識，祂充滿無限擴散的對流性，當自我這個意識暫時不見的時候就能進入內心與高維度的靈性意識連結、讓自己充滿能量、使大腦生化出靈性直覺，內心也會因此感到安樂與滿足。

祂就是存在心中的高端意識，當然祂的量能也存在臟腑之中，只是主體在心臟部位，所以在其它時間小睡也有一定程度精神提振的效果，體力補給靠食物的養分是不夠的，還需要透過充分的睡眠，才能與內心的靈魂或最高靈性產生交互作用，使身體產生體力與精神能量。俗話說：「睏卡賀吃補」實有它的道理，這就是生病的人會一直想睡覺的原因，而且睡眠不足的人食慾也會不振，因為能量不足，陽氣充足的身體運化能力才會強，而生起食慾與鬥志和運氣。

無法鬆體放心、關閉本位意識，就算躺在床上也會失眠，因為二元分化的區間隔離意識無法使心火下降、引動腎水上昇，使陰陽意識同在一個位元上相交，產生和諧的進入潛意識與高能量體對頻充電。值得一提的是在這凡事講求競爭、自我

高漲的世代裡，一般人就算入睡也只能進到潛意識這個虛擬記憶庫中，它就是製造夢的工場，「靈中魂的世界；」在那裡雖然也可以補給到能量但其中充滿著雜訊並不純淨，這就是有些人睡醒了還是會覺得累的原因。

在高壓的生活型態中，多數人的睡眠層次都在淺中層，最多只在潛意識，很難進入無限擴散性對流的宇宙能量識界，這也是讓多數人陽氣不足、用腦無力、精神不振而造病的原因之一。睡在一邊充電一邊耗電的夢中，起床後體力與精神當然不佳，除非穿透潛在的虛擬意識，進入純意識這個無限對流和諧與共的高能量場，大量減少夢境編輯的機會，否則就算睡著了，不是半夜被腦雜訊叫醒、就是累累的起床。

總而言之無法入睡就算勉強吃了食物也會沒精神，當然如前所提，只要有機會可以做喜歡的事或假藉目標、從做事中找到樂趣、在專注下排除雜訊幾近忘我使腦心靈同在一個位元，事後也會讓人有種通體順暢、神清氣爽、能量充滿的感覺，這種因體力消耗，卻可換來精神能量的奇妙狀態就是『心流』。

它是由匈牙利心理學家米哈里奇克森所提出的正向心理學 (Positive Psychology)，它很像是在清醒時進入與心中高能量交流充電的睡眠狀態，差別只在意識上的清醒與不清醒，這種類似半睡半醒的狀態；我認為就是東方哲學所說的動中禪的理論；這套動態靜心論的內涵意義可能更勝於心流理論，因為外力心

流可能存在著上癮和後遺症的問題。動態靜心論並不需要藉由任何特定的事或目標在技術面上有意識的忘我、短暫的做到自我控制；只需要在日常行住坐臥中往內微觀自我存在，這種習慣一但養成，自然會在覺醒下與高意識的心靈產生對頻、使整體的意識均值數往上提昇；動態靜心的精神性效能顯示：只要退位常態，心流自會常在，那是覺醒的一種效應。

人在功利主義的社會成長過程會逐漸對金錢物質產生根性依賴、變得越來越現實、造成感性空間的萎縮、使心智內捲，在思考設限及心理制約下失去意識揚升的抽象力，只能不由自主流俗於物慾凡塵中，在看似知識文明的社會平台上以明爭暗鬥為存在的生態，表露著另一種樣貌的野蠻；讓大腦與心智得不到更高意識能量的補給與指導，表現出心靈藉體的神馳狀態；多數人的心智就是從這時候被定型，就算不定型也只是為了獲得更大的物利成長，那是唯物化的成長，會在形成的社會尊嚴下造成揮之不去的比較、嫉妒與鬥爭和壓力的糾纏，這就是不少成功者最後更是逃不了憂鬱與各種精神折磨的原因。

在商業競爭、唯物主義的世代，強烈具有社會尊嚴與企圖心的人必然會受到慾意情感的驅動，在多面向的知識與專業學習下開發特定的腦力、強化在工作上的競爭力、不過卻會不自覺的使心靈運轉力在清醒時內捲停滯；就算增長了局部性的聰明才智和利他的心思，裡面也存在各種私心與算計，因為這種腦力是從慾求不滿的物質意識而來，非從和諧與共的高度心靈

所生，所以成功了也無法長久，而且一定會遇到難以突破的瓶頸，更無法因成功而享有真正的幸福，自私得來的成功裡面必定藏禍，這就是凡人的成功學，人生的幸與不幸在很大的成份上與心理空間的大小有著密切關係，它的關鍵取決於為利益而做的同時，是否也可以為意義而做。

不少成功人士總是樂在自我突顯，無法在反思退位下使用心靈藉體的超凡成功學，或許是因為生命素質不夠，根本難以體會自我退位對人生更高層次發展的重要性，然而自我退位，自我既不會消失，反而會在意識揚升下更顯巨大。

不知帶領意識揚升的人，了不起只能假藉對目標的專注、刺激腦內釋放各種激素、短暫的進入無我的精神性心流，但那只是一種外力心流，是精神尚未文明的安慰劑。

The Birth of
New Civilization

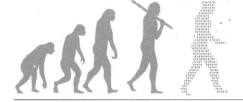

超級人類 新文明的誕生
Übermensch The birth of New Civilization

The Birth of
New Civilization

第三章／超心流研究

The Flow

超級人類 新文明的誕生
Übermensch The birth of New Civilization

The Birth of
New Civilization

第一節 心流迫害者

米哈里奇克森（Mihaly Csikszentmihalyi）教授 1970 年代發現有些人工作一整天之後竟然精神抖擻，而不是深感疲累，這種反常態的精神能量到底從何而來？於是他開始研究特別有「創造力」的人；例如：頂尖運動員、音樂家、學者等等。

每個人都會提到自己有時候會有精神抖擻的狀態，米哈里奇克森教授訪問了一位著名的鋼琴作家，他描述了創作時的心情：「有時候我會進入到一種內心狂喜、外在卻平和的狀態，在那時候我幾乎感覺不到自己、好像就不存在，我的手好像跟意志無關，我坐在那裡帶著平和安靜的心情，音樂就這樣自然而然地從手中流瀉出來。」

這種狀態就是心靈藉體的神馳狀態也是東方哲學所論及的以神領形、以形傳神的境界，那是由高維度意識往下主導自我的狀態；這對沒有目標、沒有機會專注在當下或不知動態靜心與心靈對頻的一般人來說，是非常少有的精神復活的覺醒表現。

在日常中我們是被個性、習性和有限經驗與認知等等，不入心流又定型的本位心智所主導，並不是由內心深處那個最為高尚、高等又充滿靈明智慧的能量所帶領，所以在做事上才會出現難以察覺的漏洞與缺失，在聰明中違反著希望，還會感到

力不從心、面對未知才會恐懼與不安;缺乏心靈藉體的高維度人生創作不出什麼具有超越性的成就,也生不出什麼具有智慧性的慈悲和愉悅自由的心境。

米開朗基羅 (Michelangelo)、達文西(Leonardo di ser Piero da Vinci)、梵谷 (Vincent Willem van Gogh)、張大千、趙無極等等藝術家與各領域的超卓者,如賈伯斯 (Steve Jobs) 所創作出可感動或震憾人心的鉅作,在很大的成份上都是在忘我的時候創作出來的,那時藏於心中的神能就會出現,通俗的說法就是世上任何偉大的作品都是神創作出來的,人只是祂的藉體;特別的是不需要任何怪力亂神的宗教儀式,只需要對目標專注、定序意識、自我退位的渾然忘我,神就會出現、從您身上顯露神蹟,那個神不是別人;**是藏於心中最高意識頻率的宇宙意識(靈性),簡稱高我。**

《聖經》(Bible) 說:上帝依祂的形體樣貌創造出人類,雖然這沒有什麼科學根據,但在意義上似乎隱含著人類的本質是高維度的精神性產物,並非只是單純的動物性存在,身上藏有跟上帝 (宇宙意識) 一樣高維度意識的分靈,只是人在唯物化的成長過程會漸漸使覺知內心存在的機制陷入沉睡狀態、脫離至高無上的神識、同時會獨樹一格自創定型化的心智本位區間隔離與一切事物在本源上的一體關係;不少人常常自覺孤單及無助、很難一個人獨處太久、在生活中要有人陪伴大半原因就在這裡。

人類潛在雖然具有神 (宇宙意識) 的創造力，但多數時間都被醒而不覺的自我意識 (心智) 給阻礙。1975 年米哈里奇克森博士首次發表了他對於這個看似神秘現象的研究，就給了它心流 (Flow) 這個有些傳神意味的名字；祂是穿透大腦相對屏障、超越自我意識的靈性 (高我)；東方哲學認為人心中雖有超我的神識但必須在自我退位或意識不見時才會出現，那很像神職人員透過某種宗教儀式和特殊的藥物使自己在半昏或昏迷狀態下讓外靈附身一樣；不同的是心流是被自己的心靈 (高我) 藉體，所以保有自己清醒的心智意識，而且在心中完全做到自我決定，神壇裡的乩童或靈媒是被外在的靈魂附身或強迫自體靈魂不經理智的出竅，幾乎完全失去自己的意識，那是失控而危險的，對人生並沒有太正向的意義與建設性。

在這新冠肺炎肆虐全球造成數百萬人的死亡 (目前仍持續增加中)，請問媽祖在哪裡？上帝在哪裡？耶穌、眾菩薩們又在哪裡？最後能拯救人類的還是得靠自己，因為問題都是自己造成的，與神佛無關，更何況真神只有一個，就是心中那個最高意識維度的靈性，只是必須在自我不見時祂才會出現。然而自我在心流時並非真的消失，只是幾乎感覺不到它的存在，或是說自我這個小水滴融入了高維度的心靈智海與之相融形成了極大化現象。

不過再進一步研究與觀察中發現，米哈理契克森博士所提出的心流是由外而內的執行特定的事，在極度專注下秩序化了

意識，將自我縮小到好像不見才會發生的一種特殊體驗；而且這種可能覺得美好的感覺並無法維持太久，這些都是屬於因目標或物質等外力所產生而來的精神性心流，在短暫的意識定序縮小自我下會感到的安心和滿足。

而且外力所造而來的心流幾乎都與**成就感**有關，當過度依賴這種腦內嗎啡 (內啡肽)，倘若外力不再、停止分泌，心理憂鬱就會跟著出現，這就是不少長期在喜歡的工作中得之心流或樂在每天運動而進入心流的人，最後會不敢停止這些活動的原因。前總統馬英久先生熱愛慢跑，在任內出國訪問，一大早還是要起床晨跑，與其說是良好的運動習慣，不如說是因為被腦內啡分泌所產生的愉悅和陽氣生發的滿足感給控制。

奧運史上擁有多面金牌，人稱「飛魚」的傳奇游泳選手菲爾普斯 (Michael Phelps) 在如此不凡成就背後，卻身受憂鬱症所苦，尤其是在奧運結束後也用吸大麻、喝酒為治療自己的手段。他天生優異、後天勤奮、專注於泳技的訓練，他在 15 歲時打破了世界記錄，並在 2004 年的雅典奧運 (the Games of the XXVIII Olympiad) 摘下金牌，在 2008 年北京奧運上獲得 8 面金牌，再度刷新奧運紀錄。但幾週後他就被媒體拍到無法自控的吸食大麻，能夠成為如此優異的世界頂尖選手，相信他所背負的壓力不是一般人可承受，然而舒壓最快的方法卻是放肆的違反法律與道德和知識教養及環境文化與常規的框架，在掙脫人為規範和心智本位下從大腦中快速釋放出快樂的激素，吸毒、酗酒、

飆車、變態的性行為、爆怒等種種兇德的不法行為，就是最直接也是最快速掙脫壓力的不良手段。相信在菲爾普斯 (Michael Phelps) 的訓練與專注和每次獲得勝利的過程，除了壓力之外一定也是心流的常客，但合理的懷疑他也是外力心流的被迫害者。

超級人類 新文明的誕生
Übermensch The birth of New Civilization

The Birth of
New Civilization

第二節 蘇格拉底（Socrates）的精神識界

除非能夠在日常生活中重覆而規律地在動態中微觀靜心與心靈接觸，有效發展被定型化的心智，提昇整體的意識均值能量，否則想要安樂和滿足都必須假藉財物和名利的獲取，與目標刺激來的腦內嗎啡餵食才能獲得，但從外力而來的任何心流肯定會讓人上癮，因金錢而鬥爭、甚至殺人放火、失去人性的爭奪家產，客觀來說這些都是毒上癮現象。

然而在自我退位下所生化來的高維度意識，甚至會讓您有一種面對死亡也不太會害怕的感覺；因為在那裡與靈魂幾乎同在一個位元，靈魂不死的意識會成為您的存在意識，而且在兩者合一的作用下，自然在心中創造出希望中的香格里拉（理想中的世界），成就更勝於宗教的歸屬，遇上非人格化的真神；話說初生之犢不畏虎或兒童幾乎都不怎麼怕死，原因可能是涉世未深、經驗不足、更可能是尚未本位化的心智，離不死的靈魂意識很近。

佛家說：一佛一國度；說的就是具有超乎常人意識高度的人都有第三化智慧，在心中創建出理想中的精神識界，人真正怕的也許不是死亡，而是無法知道自己到底要死去哪裡；只要有能力在超驗中抽象、在意識上獲得永生的契機，自可大大的消除死亡的恐懼，甚至無有恐懼而滿心期待那天的到來，那是

與心靈這個不會死的神性同在一個位元上的高意識界、它是超越現實與經驗時空的第三化精神空間。

蘇格拉底 (Socrates) 在死前曾說道：「真正的哲學家會為死亡感到安樂。」獻身於內心哲學的人一生都在為死亡做準備，利用一生服務永生的靈魂從超驗中找回第三化精神性識界，才是人生最大的意義。

將人生用在求之財物、名利只是慾望的行為，客觀來說並不是什麼高等行為；因為裡面充滿鬥爭、虛偽謊言與比較、妒心和彼此傷害的輪迴，但人類卻用了所謂的知識文明包裝了這一切低等心態，在外表上表現得很高等。社會上的罪犯和貪婪的政商名流哪個不聰明，這些人的聰明發展就是來自欲求不滿，工業興起至今推動世界進步力量的來源幾乎是從想要卻不需要的欲望而來；對自然而言，它是多餘而有害的東西，難怪最後都成了地球環境不需要的垃圾，這也造成了人類將要面臨天災人禍的浩劫，人需要的是在高端化的精神意識中找到無害的成功力量。

人一生的成敗、幸與不幸與一個人知識的多寡並無直接關係，不過肯定與一個人心智意識頻率的高低有密切關連；意識頻率高的人運氣自然會很強，因為柔軟度夠、容量大、接受度高、同理心強，常在共情友善的關係之中接收到自體外的磁場，甚至超越知識與經驗的宇宙信息；這種人不僅容易成功、所製

造出的成功裡面也會具有帶給他人幸福的能量，因為積極不著急、要求而不強求、將有限人生無限化，使身心意識定序在第三化智慧空間，超越個體化的存在，處在無餘的能量態中。

這有部分已獲得非主流科學證實，它是由美國科學家大衛霍金斯所提出的意識頻率相對回饋法則理論 (Power vs. Force)；這與米哈里奇克森博士所提出的心流 (Flow) 研究之間有著相當程度的關聯性；在於心流研究理論是一種意識能級 (Level of consciousness) 由外而內突然被拉高的短暫體驗，並非意識均值數 (生命質量) 的整體昇華；高意識頻率這種超越人類自我意識的智慧，就是自我退位與心靈 (高我) 連結所產生的最大作用。

**The Birth of
New Civilization**

第四章 / 打造心流的條件與方法

The factor & method into flow

超級人類 新文明的誕生
Übermensch The birth of New Civilization

The Birth of
New Civilization

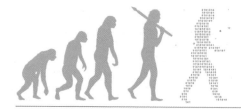

第一節　初階的腦內啡心流

只要學會在日常生活動態靜心，就能帶領自己超越腦內啡餵食的心流，真正達到以神領形、以形傳神的意識高能境界，在人群中自然成為大隱於市的高人，那個高所指就是高維度意識的人。

這也是我近 28 年時間親自執行與操作所得來的一種驗證，也將它編輯成一套教學理論，運用在成千上萬願意相信與學習者身上，同樣在多數人身上得到不同層次的印證；人的命運可以透過學習、努力和毅力而有所改變，但真正可扭轉命運、實現人生幸福希望的關鍵是在**提昇整體的意識頻率**，它是往內開啟覺性心學系統的作用。

以下是米哈里奇克森教授所說明的如何更容易進入心流(Flow) 狀態，目前研究歸納出以下五個條件：

(1)、您要做自己興趣或對您所做的事產生熱情，因為喜歡才會更容易專注，排除干擾使身心合一，而忘我的與至高的神性接觸。

(2)、您要具備一定的技能、對您做的事有主控能力，否則難以順暢進行，人通常在具有充份主導下才會有自信的找到為它奮力一博的理由，人對於自己距離太遙遠的目標或能力所及的事不會產生太

大興趣與執行的動力，不斷縮短與希望的心理距離才是成功的關鍵。

(3)、要有挑戰性但不要太有難度、只需超過您既有能力的 10%，因為難度太高容易失敗會打擊自己的信心，最後會選擇放棄。

(4)、要有階段性的回饋和獎勵，人性的付出背後總是為了獲得某種回饋，它不一定是金錢，可能是被認同與肯定和各種成就感，就算不要錢可能要名，都不要的人需要可能是靈魂的承諾，這通常是宗教給信徒的一種保證或者是情人的一種誓言。

(5)、要有明確的目標並知道大致的步驟，在多數可被自己掌握的行事下信心指數才會提昇，幫助自己更有力量持續下去。

　　當這五個條件都具備的時候，所做的事情將更容易帶您進入心流狀態；心流這種讓人充滿精神能量而滿足的感覺的確令人嚮往，那很像是到了另一個超越現實的第三化世界一樣，那地方似乎沒有什麼煩憂與苦難，很像佛家所說的極樂世界，就是與神同在一個位元的靈性世界。

　　袛具有高意識頻率的能級，特別的是擴散性心流並沒有脫離現實的世界，反而可助人在現實中創新現實；然而每個人一生中或多或少都曾經有過那種精神能量充滿而心滿意足的時

候；如打電競遊戲，數小時而廢寢忘食，甚至渾然忘我；只是
那種美好的感覺會讓人上癮，甚至被阻止後極端者還可能會失
控跳樓。也有賭徒專注在賭博而忘了日夜，也感覺不到身體的
疲憊，還有就是沈浸於美好性愛的過程，時間過得特別的快，
雖然滿身大汗但精神的愉悅與內心的幸福感，在當下很可能更
勝於數克拉鑽石。

　　當然健康的心流必須建立在有意義、有價值、對自己有所
提昇、對他人有所幫助、可增強人生各方面效能又沒有後遺症
的事情上，但這種心流只存在超越外力的心流，不過並沒有捨
棄對外力的需要。雖然每個人在工作或特定的活動與喜歡的作
為中都曾經有過很近似心流狀態的體驗，但在一生中的時數佔
比非常的少，那就像一生貧窮的人，在偶然的機緣下坐上數百、
甚至千萬的賓士車一樣體驗美好，但一生可能就那幾次。

　　當然有些人很幸運找到了一份或創造了自己非常喜歡的事
情與工作和目標，如寫作、畫畫、彈琴、舞蹈、昆蟲研究、歷
史探究、考古、料理、插花、特定的運動，像傳奇游泳選手菲
爾普斯…，讓自己每天都有機會專注於一件事，常常達到廢寢
忘食而渾然忘我的滿足感。但畢竟這是少數運氣很好、原則性、
自律性、專注力強的人才有的機會，而且就算找到了喜歡的事，
如果缺乏受靈魂召喚所致的使命和意義或為尋找內心自我而為
的行事與動機，在過程中只要不符合人性上的期待或相對回
饋，待喜歡感不見、成就感消失，進入心流的機會就會漸漸地

與您無關，接踵而來的很可能就是憂鬱，嚴重的話還可能會有輕生的念頭，因為外力所產生來的腦內嗎啡和各種賀爾蒙激素不再分泌。

更何況多數人每天所做的工作與事情幾乎都是不怎麼喜歡做，或只是為了生存、為了責任、為了養家、為了別人的眼光、為了社會證明、為了有限的賽局；在這種不是發自內心喜歡的生活存在中，不要說心流，要讓自己心情好一些都有困難，又在不知要如何排解過多負能量的情況下，可能還會自殘或找尋最安全的人發洩，如另一半、小孩、下屬或道人是非，批評別人、造成人我與家庭上的種種問題，弔詭的是這些不良行為有時候也會讓人進入心流。

在這個精神進化速度趕不上物質進步的高壓社會型態，人難免會在受氣壓抑或外在混亂的磁場下產生負能，但不少人似乎還沒有為自己找到有效釋放負能的管道或發展出身心靈對頻的覺醒智慧，使負能在日積月累下造成陽氣不足、自體意識低頻的精神熵現象，米哈里奇克森教授的心流 (Flow) 理論為人類的內心幸福與愉悅甚至精神相關性疾病創發了一道曙光。只是米哈里奇克森教授所提出進入心流狀態的理論，使意識在定序中感到內心安樂與滿足的方法，在我 20 幾年的研究中發現是一種特定而短暫的技術性心流，而且是由外來刺激使腦內啡分泌產生的化學能量作用、並非根本性，而且有著上癮的後遺症，因為心流這種高端而神聖的精神性意識與自我既定的心智意識

均值數落差太大。

　　心流這種類似以神領形、以形傳神的高維度開悟境界，是有機會可以成為一種意識上的能量保存，而不是稀有特定又藏有後遺症的體驗；可以確定心流是一種超三維用四維時間軸而有所等級之分的高意識頻率的狀態；初級就是腦內啡心流；希望走向高端化的超心流只有內修動態靜心、喚醒覺性揚升的意識才會逐漸的發生；它是通往高端精神意識的橋樑，只要意識均值數可以常保在高能狀態，心流自然會常在您的生活、帶您進入第三化精神性空間，使安樂滿足由內而外的成為一種人生的常態。

　　相信當一個人得到樂透時，在內心的狂喜下意識頻率在瞬間就會大幅的提昇，那時內心很可能會充滿著如聖人般的大愛、會變得非常容易原諒別人、看什麼都順眼、世界在瞬間彷彿是極樂世界般、討厭的鄰居也會變得很可愛、連身體的疾病都可能因此獲得改善、牙病也可能會暫時不痛了；那就是大愛的能量，它就是高意識頻率；當然就醫學理論來說，它很可能是正腎上線素和腦內嗎啡在瞬間大量分泌的效應、是松果體所分泌的幸福荷爾蒙「血清素」和「二甲基色胺」，俗稱天然致幻劑所產生的催眠止痛效果。

　　有位投資股票，因為眼光獨到、運氣也很好，在低點時買進了台積電股票，在非常短的時間就大賺了千萬的學員，他的

反應就是如此；可以確定的是意識頻率只要越高，慈悲心就會越強；反之便是自私自利與貪婪、甚至殘忍；只是要如何將這高意識頻率化為常態在沒有特定的好事發生下也能處在安樂滿足的幸福狀態，這是值得探討與研究的地方。

事實上人們追求任何物質，真正目的都不在物質本身，是為了在當下使大腦受到刺激在瞬間釋放激素，獲得內在的滿足與安樂，也就是說求之一切都是為了內在的幸福感；這也是台積電前董事長張忠謀先生為成功所下的註解；可惜一般人只能從腦中的化學物質中短暫而有後遺症的獲得，無法從心靈中根本的獲得高維度意識所給的宇宙心流，它是純淨的一種能量。

幸福的假相來自物質，然而它的本質是在掙脫五感六意的低頻意識所得來的意識高位感，那即是心靈的自由；祂就是精神能量凌駕在自我之上的狀態；中國道教有一幅菩薩立足在龍頭上的圖騰，就是隱喻著神性這個高端化的精神意識凌駕在自我之上的神馳狀態，自我是決定不了自己的，只有更高的意識維度可以駕馭自己。我認為：「道降之於世謂之德，德回歸於天謂之道。」顯然道是自由的本體、是萬物之始也是萬有之末，超經驗與現實的高維度意識所形成的第三化精神化空間就是德的樣貌，也是生化內在安樂滿足的能量來源，它就是宇宙的空間。

可以發現因外力刺激所得來的幸福感不會維持太久，對目

標與工作的專注所得來的心流也是短暫，那很像吃了普拿疼的化學效應，而且吃多了還會產生後遺症。一直因外力而感到幸福的人，當外力不在、幸福感不見後所造成的心理壓力與憂鬱不堪設想；如前面所提幸福感多數都與成就感和存在感有關，其中潛藏危機；長期活在掌聲中的人，所得來的社會尊嚴和成就感如果不在，嚴重的話可能會在適應不良下走上輕生的路；已故台灣藝人倪敏然就是個例子。

他熱愛自己的演藝工作，相信在過程中他一定常常在專注排演、訓練下進入心流體驗，當然也會在求好心切的挑戰壓力下使快樂的賀爾蒙生化，但無論如何，假藉沒了、成就感不見了，那一份從腦內啡所產生的安樂幸福感就會跟著消失不見。雖然他的死亡調查被指向是因為糾纏於兩女間的婚外情所造成，但真正的死亡或許是長期的壓力與憂鬱和失去的成就感所導致的精神熵，長期處在低能量的人在心中會傳來憂鬱和死亡的召喚。

對工作的熱愛、看見自己的重要性而專注的常常渾然忘我、讓自己常有內心的安樂與滿足肯定是一件幸福的事；這或許就是王永慶到死都不願退休的原因、鴻海創辦人郭台銘似乎也不怎麼想退休、甚至害怕退休的跡象，不過相信他並不知道自己到底在怕什麼，怕腦內的賀爾蒙激素會停止分泌、怕成就感和掌聲與喝采不見、怕老化速度會變快、怕自我在公眾眼裡和媒體前消失。

　　不少公司的高層主管只要一退休，如果沒有妥善規劃使生活有所導向和心思歸屬、保持自我的重要性、讓意識在專注下有所定序，屆時會很容易落入精神熵的負能狀態，老化速度也會變快；原因就是失去了人生目標與鬥志、停止了學習與成長，在沒有成就感下使自己的精神漸漸的走向萎靡，甚至呈現死亡現象，如同住在家裡的遊民一般沒有未來。

　　這似乎也說明了：只要常刺激腦細胞發展不斷的成長、使腦內啡常常生化，老化速度就會變的緩慢，因為常保愉悅和成就感與重要性的人，在化學能量的分泌下，生命力和精神力相對旺盛；這大概就是中年大叔或年長者談戀愛時也會變年輕的原因；只是外力心流如果太多，在突然大量流失後憂鬱感很快就會上來，那會很像失戀一樣快速的催人老，所以才說：沒有愛老得快，不老的只有愛。

The Birth of
New Civilization

超級人類 新文明的誕生
Übermensch The birth of New Civilization

The Birth of
New Civilization

第二節 自我退位的高層次效應

安樂和滿足的幸福感不該只是假藉外力刺激而來的化學物質，必須根本性從心靈覺醒的效應中產生；只能說外求可以短暫滿足您，內求意識的高度才是永久幸福的泉源。只是在求生於物慾化的形下生態，一般人的意識能級都處在中頻、或是200以下的低頻；憂鬱、傷心、難過、痛苦、恐懼不安、甚至疾病都是意識低頻的負能效應；不少證據顯示：人幸與不幸的關鍵是在您決定了意識？還是意識控制了您？除非找到了高過自我頻率的高維度意識，否則面對人生很多時候您是拿自己沒辦法的，是自己卻決定不了自己，這才是人生最大的問題。

美國著名的精神科醫生，也是心理學教授大衛霍金斯花了30年研究，把人的意識從1~1000分化出了17個等級；任何導致人的振動頻率低於200(2000赫茲)的狀態，會削弱身體與心情的品質，造成各種負面的想法和做出低等行為、甚至生病；200以上至1000的頻率則身心強壯、運氣很好、使幸福感步步高昇，意識頻率所產生的能量高低決定著一個人對未來的能見度和當下的審美能力與生活品質，也關係著健康的狀態。

大衛霍金斯說：很多人的生病原因是出在缺乏高頻率的能量，高能會將心中的失落感和尊嚴上的各種缺陷完整化、讓您的存在覺得滿足；它就是無差別的愛；他每天都要接觸一千多

個病人，他說只要看到病人就知道這個人為什麼會生病，因為從病人身上找不到任何一個愛字，只有痛苦、沮喪、怨天尤人等等負能包覆在他全身。

無差別的愛這種高度能量在戀愛的時候最明顯，那時意識頻率、愉悅指數都很高，它會將心中的失落感和尊嚴上的各種缺陷完整化，讓自己存在覺得滿足，這大概就是天下男女無論歲數都希望有戀愛的原因，但那種兩者同在一個位元、情投意合、互通有無，陰陽合同的美好感覺通常不會維持太久，因為那種愛只是有差別的情愫依賴，是腦內啡呔和賀爾蒙過度甜蜜所製造出來的致幻劑，在受到催眠下產生了情人眼裡出西施的幻覺。

不知自我退位、往內在提昇意識頻率、高質量化生命使自己能量充滿的人，就算高知識得之財富，在心中也不會滿足，而且也無法享有安樂的幸福感，這就是內窮外富的人，而且在德不配位下也可能在富有中受精神折磨或是疾病纏身。然而人的意識能級會隨著所遇上的好事或不良的遭遇有所起伏，但每個人都有屬於自己先天和後天結合而成的意識均值數，也就是所謂的意識潮間帶，它就是決定一個人命運的關鍵所在。當然這個命運並不是沒有理由的存在，它是您過去所為與現在所做積合而成的能量封存所生化而來的心智意識均值數；因封存物與能級各有不同，因此造就出命和運各有差異，它就是存在每個人身上的潛在自體文化。

　　人喜歡群聚聊天、高歌、吃美食、過度消費、找尋各種充滿新鮮感、刺激性活動、虔誠信仰、唸經拜佛、大聲的唱聖歌哈雷露亞的讚美神，這些都是為了讓自己在專注於特定的事下定序意識、消除精神熵（低落的心情）；讓自己在忘我下與內在心靈同在一個位元上、瞬間提昇低頻意識到 200 頻率以上的能量、甚至觸及到最上面的高能，在多巴胺、血清素和正腎上線素的量體分泌下感到愉悅和滿足，藉此短暫的解決煩憂苦悶，不少人喜歡喝酒麻醉腦神經部分昏迷使自我離開心理設限、得之短暫的自由感，在某程度上也是為了提高意識頻率。

　　意識頻率高的人容易抽離對事物的定見性與附著性，使自體能量流動，這就是心情好的時候人會變得比較大方的原因；在高度上做事、在寬度中做人，只要做到了這件事，成功的機率相對會很高，因為活在高度意識的人，大腦中的雜訊很少，在做事與看法上會很精準到位；那是超越我觀的宏觀、微觀和直觀所合成的高端智慧，容易在同理中與人產生真誠的友善關係，裡面充滿愛的能量；它是超越交易的共情關係，那時容易取得他人的信任與支持。

　　在共情意識的關係回饋、同理的為人處事下累積社會資本要成功富有相對容易；反之再努力也可能難以致富，因為頻率低的人或是常常心情不好的人等同身處在貧窮意識之中；每天努力要錢的乞丐終其一生都是乞丐，因為意識與行為太低階了、毫無能力自主性的優化自己、缺乏與他人意識融構的密度、

和為別人著想的同理心，所以助緣與運氣非常不足；就社會行
為理論看來一個人的經濟力肯定與對他人、社會和環境的友善
關係所累積來的社會資本有著關聯性。當一個乞丐開始樂於行
善助人、同理、原諒與寬恕別人時，他的命運很快就會改變，
因為這些高等行為與心態都是意識頻率高、生命高貴的人才會
做的事，他就是有辦法的人。社會上不少雖有才能卻遲遲不能
成功的人，原因很可能就出在有能力卻沒有辦法。**能力是透過
中心化大腦學習所發展來的個人才能和局部聰明；辦法是
具有整合人力與外在資源的影響力。**

戰國時期的劉備有一定才能、更是個有辦法的人；他整合
了比他聰明的諸葛孔明、比他武藝高強的關雲長、趙子龍、比
他兇悍的張飛，在組織下成為一個具有高效率的團隊，為他義
無反顧的打天下；劉備就是個有辦法的人，他懂人性而深得民
心，那即是一種意識的高度與城府。人之所以貴為萬物之靈就
是可在內部的自我決定下做到情緒和態度及行為上的控制，而
做出各種有意義的高等行為，這是富貴者的象徵、亦是高質量
化者的人生態度，劉備在很多時候做到了這一點；它就是**市場
說服力**，超心理行為管理學說明：**成功就是一種市場說服力
的表現**，然而它必需具有：

(1)、影響他人改變內心動向的口才：須具有建設性、獲
利性、未來性及當下需求性。

（2）、超越一般專業的獨特才能：在特定的領域或專業上擁有深度知識和技能與創造力的人，能夠被檢討並及時修正的卓越表現。

（3）個人存在的總體價值：它是為人處事的一種品質所累積來的高度素養，其中包含著誠信、責任、承擔與利他精神。

顯然劉備之所以會是個有辦法的人，主要原因就是他具備了市場說服力。

有首歌是這麼唱的：「愛情的力量，小卒有時候也會變英雄。」當您非常愛一個人，心思對她專注、愛慕、為他而廢寢忘食，在那戀愛期間天生的意識均值數就算普通，在頻率上也會因戀愛的刺激而高出意識均值數，自然表現出過去根本不會做、不敢做、也做不到的事；那很像是對宗教信仰非常崇拜、甚至狂熱的信徒在被刺激下抽離自我、連接上內在高頻的心靈意識，那時非常容易改變自己、為所愛犧牲，只是愛不見了、信念不在了，很快又會回到本來的意識均值數，受固定的自體文化所控制，被原來定型化心智中的經驗與個性、習性和人性所主導；潛在這個意識均值數才是主控人生的關鍵。

心理學家弗洛伊德發現並提出：「潛意識是在我們感知不到的內心底層，」它有如一座沈潛在海面下的冰山神出鬼沒主導著您的生活與為人處事的態度、甚至人生的回饋；榮格（Carl

Gustav Jung）也提出集體潛意識 (Collective unconscious) 如同島
下的海床無感的在影響著每個人，可見除非您有能力放大被定
型化的心智容量、提昇意識頻率、高質量化生命，否則即便透
過慾望的刺激成長了腦力與聰明特別化了自己，就算轉了運人
生最後的總結算還是聽天由命。

　　在我多年的研究中發現，人生的困難並不一定是在事情
上，但肯定是在停止了再成長；有些人可以為事業努力換來事
業的成就，但健康與婚姻和生活品質卻是失敗的，因為在這些
領域上停止了成長心態；只能說哪裡不成長，哪裡就會有困難。
不少人可以為成功致富學習成長卻不願花時間為婚姻、為家
庭、為精神品質和他人成長，因為這些看來都是無利可圖的領
域，但這些領域卻藏了人生的意義所在，是製造人生幸福的最
大來源，困難的是這些成長都跟心智發展、提昇意識有關。

　　心智發展需要的是學習、更是知所反思的面對與承認和知
見自我渺小的謙卑，這正好是一般人最不喜歡做的事；因為
人在社會尊嚴的形成下很怕沒有存在感，最喜歡的就是表現自
己、將別人比下去、使自己凸顯出來，以此彌補自卑上的缺陷。
有時候連親兄弟和另一半也不放過，很顯然反思退位的面對與
承認、知見自我的渺小剛好違反了本位的人性，這就是智慧與
幸福難得的原因。面對現實以大腦為主體的學習所得來的成長
是一種剛性，這種成長反而會使心智產生定型而內捲，這就是
不少社會人士在事業上雖然可以局部的表現出專業才能，在婚

姻或親子關係與生活習慣上卻顯得幼稚、拿自己的心情與情緒
沒什麼辦法的原因。

　　面對群雄競爭和人生的幸福，需要腦成長特化自己，更需
要整體意識均值數的提昇，從物化中精神化自己取得理性與感
性間的平衡，才能在成功中獲得真正的幸福。

超級人類 新文明的誕生
Übermensch The birth of New Civilization

The Birth of
New Civilization

第三節 幸福的研究

（一）、成功與幸福的關係

（1）、隱性基因藍圖

　　根據瑞士信貸發佈了一份 2021 年的《全球財富報告》，世界上 82% 的財富被 10% 的成功富人所佔有，澳大利亞首席投資官安德魯考利 (Andrew McAuley) 對美國的富人和窮人的日常行為和習慣進行調查和分析，他發現富人與窮人很大的一個差異是在「致富的習慣」，考利認為成為富人運氣占比很小，可致富的關鍵是在九個習慣：

　　1、富人認為賺錢很重要。

　　2、富人相信健康是賺錢之本。

　　3、富人相信生活習慣對人生財富很重要。

　　4、富人重視人脈與自我成長。

　　5、富人喜歡結交新朋友。

　　6、富人堅信命運由自己決定。

7、富人致富依賴創造性勝於天生的聰明。

8、富人喜歡他們所做的工作。

9、富人勇於冒險，嘗試新的事物。

考利的結論是：只要增加「致富習慣」就能減少成為窮人的機會，這是非常科學的說法與解析，也符合了史丹佛大學 (Stanford University) 心理學教授卡蘿・杜維克 (Carol.s.Dweck) 教授所提出的積極向上的成長心態理論；她說：基因影響我們的聰明才智與天賦，但影響一個人成功與否的特質並非在出生時就固定，心態才是影響個人學習成長、人際關係、終身成就、人生道路走向的重要關鍵。

我認為考利 (Andrew McAuley) 與卡蘿・杜維克 (Carol.s.Dweck) 教授的觀察研究只是一種相對性並非根本性，更何況這九大致富的習慣，如果沒有某一程度上的潛在特質，要靠後天養成與推動非常困難；如卡蘿維克教授所說的成長心態理論，這些積極向上的個體力量和九大致富的習慣種子，或許大半早被埋藏在隱性的基因底層，在後天成為致富者的一種可被發展的先天文化。而且有趣的是在我研究與觀察的學員對象中，有一些習慣不良、甚至為人品性不怎麼好，卻是個吃穿不愁、房產數間、存款千萬的人，也有習慣和條件都不差、也努力學習，就是遲遲不能成功的人。

　　會成為有錢人的因素牽扯的層面很多，努力與好習慣的養成是成功致富的基本條件，還有另一種雖然隱性、對人一生卻具有極大的影響力就是潛在的意識；與過去跟人關係上的情感與情緒糾纏而來的集體意識；它是個體先天環境所構成的文化，它幾乎決定人一生的運勢與動態趨向和人生大部分的回饋性，也包括了富有這件事。

　　每個人都存在一個非科學可完整解釋的系統結構，自體文化之中，面對人生在看似的自我決定下其實早被安排，我們一生都在配合存在的背景演出，除非您的意識維度比它高，只有站在自己的上面才可以看見自己而有意識的決定自己。

　　20世紀最偉大的心理學家之一：弗洛伊德對人的意識分為表意識、前意識和潛意識三大領域；他強調人深受潛意識所影響，在我的研究與觀察中也肯定了這一點，不過他所指的潛意識是人類原始性的慾望和後天的心智記憶，並未提到「靈魂載體」這個能量型組織體文化；每個人生來各有資質上的優劣，命格層次各有不同原因就在先天數據各有迥異其趣。也許西方主流科學並不重視前世今生的說法，但如果沒有前世造化的行為依據，是誰決定每個人的出生地和父母與智能優劣、樣貌、美醜？出生瞬間如果是零數據的生命起點，為何不是每個人的條件都一樣？可以選擇有誰不想選擇富裕的家庭和充滿愛的父母及種種的優生條件呢？人一生下來就存在基因藍圖上的不公平，這套先天演算程式又是誰設定的？

　　醫學告訴我們是父母，但如果以前世今生看來，那肯定是自己過去一切的造作累積；祖父母的遺傳性基因只是後天上一種百分比的合成物，對個人後天的影響並沒有想像中的大；客觀來說是自己過去決定了今生的命運，命運真的是決定在自己的手上，只是在製造的過程充斥著各種無知盲點與視野上的死角，但無論所做的是善惡還是好壞、對錯是自私還是無私都會構成未來命運的數據、成為來世的基因密碼；行為回饋法則告訴我們：**人生的發展全在自己過去與現在行為合成下的數學公式裡面，它就是體現您人生的演算法。**

　　相信有些人曾有過面臨生死關頭的經驗，據說在瞬間會出現所謂的人生跑馬燈，在短短的幾秒鐘將今生所有經歷的過程與為人處事上的種種行為和態度不由自主的快速倒帶，這可說是人類立體化心智特有的機制，目的就是為了將這一卷無形的磁帶回錄下載到靈魂能量體裡面數據化存檔、經合成後做為來世轉生的基本依據，您的父母就是這麼被演算來的。

　　西方科學講求「證據」、似乎也受限於證據，當然這是研究者和各專家學者需要對社會大眾負責的謹慎態度；但面對未來，在研究的心態面上或許要用更開放的心胸，讓未知卻可先知的心靈視覺帶領科學超越知識、跨越公式、突破思考框架和共體經驗上的天花板。近代科學知識的發展雖然為人類重新定義出文明與存在的道理，但缺乏本源性中的統一性，它帶給我們的認知與共體經驗裡面存在著太多不完整的缺陷，人一輩子

就帶著一套又一套的認知缺陷在面對著自己的生活與未來。

西方單一化的宗教不論及前世今生的因果觀，基督文化只論看得見的這一世，這種一世觀的宗教文化很可能是信仰上的盲點，在神權專制的背景下間接影響西方哲學與科學研究的思維導向；宗教在人類的世界一直以來都用著不同文化型態扮演著讓人的意識在物質之外另有寄託的角色，但是否真能夠讓人感到安然自處，那倒未必，不少宗教帶給人的恐懼威脅與不安更不在話下，歷史上不少戰爭不都是宗教的偏執所引發來的嗎？當然宗教本無罪，真正的罪源是掌權者為個人的經濟利益、民族性和尊嚴與權力維護等等因素，伊斯蘭教極端組織塔利班和分支獨立 ISIS-K 更極端的組織帶給美國歐洲與世界各地的恐懼也不小，宗教本身就是在極其複雜的人性與情感糾纏和地方民情風俗文化在本位心智內捲結構下形成，會引發對立、衝突和戰爭是必然的事，尚未形而上精神文明的人類在心理上必須要有信仰做為精神上的歸屬與情感上的寄託，但信仰不一定是在人為宗教或被人格化的神。

在科學昌明、知識與資訊發達的年代，數千年來不少脫離現實的宗教思維與一成不變的傳統行徑缺乏理性又拿不出證據，只靠概念詮釋和信者恆信的人性操控手法，跟當今的民智發展和實證科學間存在著太多衝突與矛盾，引發不少人對人格化的神產生了懷疑、不再處於信而不覺、覺而不察，任何**相信在本質上都是為了明白**，然而真正的明白並不一定有什麼標

準，答案可能只是在內心的高度上、無限的穿透與容受、靈明出究竟原來如此。

從古至今具有心靈進化驅動力、穿透相對意識的人已無法從宗教信仰與各立門派的人為義理中獲得解答與滿足，也不再將它視為是唯一的精神寄託和死後的歸屬；過去民智未開的盲從與偏執的愚信在科化文明、高知識普及資訊流竄的今日，相信主觀二分邊垂思維的宗教與人格化上帝，對內求明心見性、探究事實真相、求之於本源歸屬的生命進化者來說會漸漸的成為一種舊人類文化。在這逐漸形成集體反思的世代會有越來越多人開始靜下來逆轉人生唯物化意念、得之高維度意識的啟發與指引，發展出對世界的宏觀、對自我的微觀、進而撥雲見日的直觀出人生的真相，超越宗教與不完整的科學知識，找到人生究竟的歸屬。

得之安住其心的靈明智慧、在中道的空性創新出超越實現卻不離實現的嶄新人生觀；找回內心識界的自主權、不再只是寄生化的陷入受控於物、盲信於宗教和受制於認知缺陷的主觀與科學知識之中，帶領自己進入高維度精神文明的新紀元。知識帶給人視野與想像的擴張，但也因此形成定見上的主觀、設限了對現實文化的超越性，造成一種分化、衝突與對立，只有化識成智的心學力量為您帶來新的能量。

人類存活在沒得商量、不可被控制又極不穩定的自然環境

之中，面對著摸不著邊際的宇宙又在本位心智的形成下脫離了高端化的精神能的護佑，生化出低頻意識的恐懼，對未來感到不安與無助，便養成了對外物控制、佔有和不捨的習慣，同時創造出各種奇特的信仰文化和諸多的生活迷信與制度規範。在大腦新皮質的演化下發明出 1+1=2 的固定數學公式，也學會以目標和執行某些特定的事來定序化自己的思緒，使意識感覺安定，讓心理短暫脫離恐懼和低落的精神熵現象，藉助所發明的金錢貨幣及各種創造建構出一個看來可被自己控制的程式化系統與社會體制文化，以此求取群體秩序上的安全感。

(2)、東方精神文化

　　人類一直以來都靠著所養成的自體生存習慣與各種集體文化的創造達到生活控制上的安全感，也透過自我馴化所規範出來的倫常道德、法律、制度和各種商業經濟程式系統構成文明的社會型態，巧妙的讓人的集體生活有所重心，產生有所秩序和依循的生態，形成一個非常巨大的全球化管理中心，這似乎也意味著人的思想與意志和行為，在看似自由的背後其實是在一個被程式系統控制的範圍。

　　顯然無論是誰，其身份都只是配合者；就算是習近平、拜登或世界首富從生到死都只是在配合社會價值觀與所形成的人為世界文化公約在演出；面對人生根本沒有內在的主導權，人一生努力都在配合演出，人真正的問題是缺乏更高維度的意

識，無法在內心中決定自己，人在缺乏共體性的個體中心化腦力發展下的確需要被一套知識與制度管理，否則必會形成群體誰也不服誰的混亂，不過我們的靈魂似乎也因此失去了本性上的自由。由政治權力中心和各金融體制與股市、各類不同的交易平台所建構出的交易投資經濟程式和商業社會化的型態幾乎已成了全人類的一種生活，甚至也主導我們的思想意志，我們一出生就被套在設定好的程式系統裡面，身心自由的範圍也只限於這一套世界中心文化；客觀看來**人在自由的背景下是不自由的。**

人真正要決定只是內在意識的自由，外在太多的現實與大環境的強度勢和複雜的因緣氣流，很大的範圍根本由不得您，人生所有的問題就是出在想扮演主導者的角色，衝突、對立、無法接受等等的壓力與精神折磨才會一直的糾纏著每個人。人類在當代自由民主主義的社會共識與知識程式化的世界文化建立，看來非常聰明卻也說明了進展至今只能藉由對外在虛構型態上的程式控制來獲取生存上的安全感，在渴望內心自由安樂的意志下，人的意識層次與水準更在意的是害怕失去被文化控制的生態，那就是一種很微妙的奴性；因為一般人的心智還尚未發展到可在更高維度的精神識界中往下決定物質化的自己；可以確定人的精神識界尚未高度文明，演化至今人類只來到了物質文明、成就了半人半獸的階段。

老子說：「形而上者謂之道，形而下者謂之器。」在 2500

年前就了不起的指出：真正的脫貧與安心不在佔有龐大的金錢物質，只在迴返內心，從動物型態與物質化的依存生態中找回高維度意識（高我），使心思不再受控於形體事物和人為的程式文化，這就是超越現實、不離現實的精神性文明，亦是第三化空間的歸屬。當然對一般人而言要走上高度精神文明，為生命帶來大進化並不容易，而且「形而上」容易被誤解是放棄物質、離開現實生活，對人來說是令人害怕的事；其實形而上說的只是高維度的精神意識，是讓心思的主體性不再受控物質型態的一種進化性揚升，是心出了物、體不離物的中道力學，那是在心中可自我決定、外在又可與時俱進的超自然進化。

而且從研究觀察中發現，擁有高維度意識頻率的人更容易在現實中成功，因為不易受到外力與低層次自己的干擾，只是要做到必須不可好高騖遠的先具有人性基本上的安全感；它除了信仰與金錢、基本權力和各種固定的生活公式所提供之外，還必須符合人性底層所需要的安全，行之意義獲取社會資本就是其中一種，它就是關係上的安全存款。從學員身上觀察發現，樂於助人與家人和同事及他人關係良好的人在生活中通常會比較有踏實感和安全感；還有另一種就是持續性的知識和才能成長，它會加值對自己的自信，在自我優化下確保不會被未來淘汰的安全感；少了這兩種元素在身的人就算有幸手握財力與權力也會感到不安，而且還會多了一種害怕失去的恐懼。

一般人在缺陷性的認知與無力化識成智的學習盲點及思

想續航不足下無力掙脫受控於形體事物的動物慣性，深受基因數據與經驗文化和社會價值觀的控制與主導，多數時間是失去意識自主權的，生活、情緒和心情幾乎被社會價值信條與不自覺的生活迷信和外力所決定，這就是人難以成就人生的主要原因，而且就算富有也無法享有真正的安樂與幸福；因為心情與情緒主導權不在自己的手上。不可否認擁有會讓人有幸福感，但因物質得來的幸福感蒸發掉的速度非常快，必須想盡辦法、用盡心機手段、不停的再擁有，讓心理上的存在感與快感一直存在才能繼續確保那種到位的安全與化學能量所給的幸福感；不過只要不能再持續擁有，空虛感很快就會出現，接踵而來的就是不安、不快樂和憂愁及各種負面情緒就會一個個的接踵而來…，因為無論如何的追求，得到的只是幸福的影子並不是幸福的本質；這就是當代的有錢人還是必須疲於奔命過生活和不斷的與人建立帶有幾分虛情假義的關係。

在動態中內求靜心的素養使覺性意識揚升、在能量的流動與人友善而真誠的連結，對成功與幸福有著密切關係；只是在功利主義的社會以商業利益為前提的學習和學校老師並沒有教我們這一堂課，內心文化既然是人生的根本定向，那不知教化人心的發展怎會是一種希望呢？充其量也只是一種利之有害的物慾發展，那肯定會為人生帶來嚴重的失衡。其實中國傳統書法藝術就是沉澱內心雜訊的一種功法，它是一項重要的修身養性的柔性文化、是靜心的一種途徑；可惜中國不少取之於自然美學和救贖靈魂的剛柔並濟文化多數都被當時清朝時期受歐洲

人的洋槍大炮的驚嚇和工業與科學知識的震撼與衝擊，從自視高傲的態度中懷疑自己，用著仰慕崇拜的眼神看著西方重物輕道的帝國主義，完全無視中國本源性文化，開始學習西方的科學知識與食、衣、住、行、娛樂的貴族生活文化，甚至還認為老祖宗所留下的中華文化是歷史的包袱、是跟不上時代的老舊傳統；孰不知裡頭富含著西方科學與知識無法超越的根本性智慧，帶領人類高度精神文明的大業只在東方的智慧。

解決西方物質文明的缺陷與對立性知識盲點的藥方或許就在中國儒、釋、道的精神性文化哲學裡面，西方科學是一種無根而片面的知識體現，老祖宗所留下的動態靜心文化是具有穿透人生法根性的精神化哲理，其中具有外在的統一性和內在的本源性，可惜在尚未被化識成智之前就被視為古蹟甚至八股看待。也許是因為後人魯鈍來不及體現先人留下來的精神聖化力量，才會被誤認沒有用；西方的科學知識本來就是從哲學而來，不過西方哲學普遍性來自人格化神權專制的思想深深影響著各學者專家的主觀和心智情感，並不具有宇宙的本源性和自然的統一性，只是以片面的物質思見為科學導向，才會深陷在頭痛醫頭、腳痛醫腳的治標而治不了本的問題輪迴之中。

東方在近代知識文明底下受希望教育影響非常巨大，不過卻一直趕不上西方，原因並不是不夠聰明，是棄之於中國精神文明的教育文化、崇洋媚外於西方的物質性文明，這再怎麼追趕永遠都在後面。西方科學知識與自由民主的政權思想肯定值

得我們學習，但必須利用它來體現東方自然文化的心靈之美與高維度的智慧，造化出超越物質的精神文明，創造出無害的事物，才能在西化世界的缺陷中迎接新紀元的到來。先人超物質的靜心文化與人生哲學裡頭，本身就具有安定人心、發展精神聖化的文明、穩定世界的巨大力量；只要學會人類特有的自我觀察、收回外放的意念，在靜心流動的磁場中自能受到更高維度的能量加持，使大腦發展出強大的思考生育力及靈感，同時帶領生命形而上的進化，讓進步不會造成世界與環境的失衡。

中國千年來舉凡各宗各派的剛性武術和柔性的書法、四書五經六藝、《道德經》等等文化所指導的方向根本性都與靜心有關，那是與心靈連線得之靈感與智慧的來源，用意都在向心靈與自然借助力量，拯救深陷在形體事物與人為方程式的人類，提昇意識更高的維度，成就超物質的精神文明。

(3)、不良的配套效應

社會現象與事實告訴了我們，大部分的有錢人並沒有因富有而獲得真正的安心和滿足、愉悅等等的幸福，反而使內心更加的空虛、變得更加的貪婪，找不到內心的安樂與滿足根本生化不出高維度的幸福感，必須透過各種不需要的社交和做無意義的外力刺激，在行為上玩樂發洩再次得之虛榮，才能獲取短暫的安全感與成就感和泡沫化又含有毒素的變相幸福。

　　哈佛大學教授泰勒本沙哈爾 (Tal.Ben.Shahar) 博士提出：
「成功所得來的幸福感其實只是假象，」真正的幸福是快樂與
意義的兩種價值結合；當我們對自己的行為存在使命感、對他
人與社會有所幫助，內心自然會因意義觸及到無私的神性使本
位發散，在自由的心性中感到安樂和滿足；那是對當下的一種
掙脫感，人不安樂、缺乏幸福感的真正原因就是掙脫不了受控
於形體事物的心智、無法出離個體意識進入集體意識而超意識
的連結宇宙意識，產生一體共振的高密度幸福感。固守本位、
不知開放與承認和面對自己的人非常容易使心智在現實經驗中
呈現定型，缺乏再成長與進步和改變的自由空間阻礙人生的新
發展。行使意義正好可以使本位移動發散，比較容易在自由的
心性中離開個體意識，使大腦分泌出快樂的賀爾蒙，在當下得
之滿足感。素有「世上最偉大乞丐、」「活著的聖人」稱號的
德蕾莎修女 (Mater Teresia)，她畢生為奉獻窮人而活，她從意義
中找到了自我存在的價值，又在常行自我退位的心道之路上與
慈悲的心靈同在一個位元，行之大用生命的精神，在自我找尋
大於自我表現，為理想大於現實的情操下，相信她的內心滿足
所換來的安樂幸福指數肯定比世上任何有錢人都高。

　　從人性觀察中發現擁有越多財物、外在條件越好、天生越
聰穎的人，如不知靜心的往內發展定型化的心智、內求意識高
度、提昇精神性能量、強化生命品質，自我中心只會越來越強，
對事物的需求性和掌控欲就會越顯強烈，那時比較心、妒心、
不滿足與渴望更多物慾配置的指數就會越來越高，因為有機會

被誘發出更多的慾望和更大的貪婪，快樂與幸福的能量也會因此被鈣化流失。

這是美國經濟學家朱麗葉‧施羅 (Juliet B.Schor) 在《過度消費的美國人》一書中所提出的：「配套效應」(the Diderot Effect) 社會扭曲現象，正向看來大量消費與商業需求是刺激人類物質化進步的動力來源；不過所產生來的配套幾乎都是從想要卻不需要的慾望中產生，這些想要的人為產物最終的命運都成了垃圾。說到垃圾它可說是人類世界特有的產物，也說明了人類一直以來都在製造不需要只是為了貪圖享樂、污染心靈的東西，卻也成了破壞地球環境的最大元兇；垃圾現象告訴了我們，人類進步至今只是造就了對自己的傷害，對環境破壞的物質文明，在精神上並沒有明顯進化；很不幸真正的安樂與滿足只在靜下來才會出現的高維度精神性文明中，無止盡的物慾化發展只是人類失去真正幸福的安慰劑，但人類所需要的劑量已嚴重的過量，很可能會產生致災或致命的危機。

這都是過度傾斜物慾、失去自主意識的心智所造而來的不良效應，人類的進步只知道為獲取物利而努力，不知迴返內心發展高度的精神意識，使自己身陷在上不去、也下不來的半人階段，；這時期似乎也是決定人類到底會走向大規模的毀滅還是超物質的精神識界，迎接新紀元到來的關鍵期。

歐美、中國、台灣、日本和世界上各先進國家重視高等知

識強度、以發展腦力為教育，但嚴重缺乏高維度的超心學教育，顯然高度的精神文明教育並不是西方知識所能給予，少了高維度意識的學習在精神能量低於物質量能的情境之中，會被自己所創造出來的立方體世界文化和知識缺陷與信仰盲點所控制。人類因為知識而文明，最後很可能會被低意識的失控所害，人創造了金錢貨幣卻因它而生死，創造了工業、發明了科技、製造了貨幣化政權中心管理卻也因它而戰爭；這就是高知識、低意識所產生的後果。在重商物利化時代人要面臨的最大難題是越來越無法決定自己，以物為主、以過度消費為生活的心思將會失去內在的自主權，人生真正的問題不在物質的匱乏，是在精神能量（意識）已不夠使用。不可否認世界的進步與發展幾乎都是從人類無止盡的慾望、甚至是貪婪而來，但地球環境、世界的失衡、社會與家庭問題、離婚率節節上昇、憂鬱症與精神相關性疾病的蔓延，多數的原因不就是過度的物慾要求自我中心和失溫的相處所造成的嗎？不知帶領精神意識高密度的進化、失去高層次的自己正是一切問題的肇因。

量子力學 (Quantum mechanics) 告訴我們：萬物雖然個別存在，卻在磁場的作用下相互連結共存在整體裡面；也就是說人的行為與起心動念所形成的意識頻率無形中會直接與關係人產生量子力學上的連結，在糾纏下造成互相影響的效應。顯然人類的共同行為所產生的集體意識造成的整體量能會直接與地球的各方環境磁場產生連動，導致糾纏上的回饋關係。大膽的假說天災也許不全然是自然現象，有部分是人類集體自私與貪

婪的負能量所造成的一種人禍，可見有部份天災很可能是人不斷累積來的負能效應。

話說一人得道，雞犬升天；一人倒楣，全家跟著衰；即是所作所為所產生的意識頻率與關係人，有著連動糾纏的效應，每個個體的存在都是被建構在整體之中，牽一髮在量子力學的磁場共振作用下動全身，可見每個人對身邊的任何人就區間關係理論來說都有一分責任與義務。發生車禍撞到您的人肯定不認識您，但偏偏就會撞上您；答案就在量子共體力學裡面，它也是過去關係糾纏，潛伏在集體潛意識 (Collective unconscious) 的負能磁場。客觀說來沒有會過去的東西，只有被彼此封存的量子化記憶，世上沒有巧合，只有曾經的關係糾纏所造成的對頻效應。

（二）、內部控制與成功的關係

（1）、卓越者與一般人的差別

一般人在慾望面前與名利面前控制力都會變得很弱，尤其是在遇上有利可圖和情宿與尊嚴、面子的時候更是難以自己，這也是多數人無法成功或更成功的原因之一。從觀察中不難發現社會上的卓越者除了具有成功者該有的人格特質之外，內在也具有可控制情緒和行為與知所改變的能耐，成功靠努力與才能，但如果少了堅持下去的毅力，努力與才能便發揮不了成功

的作用，但能夠堅持下去的人真的是毅力嗎？其實是因為在過程中有了正向的回應，如果沒有一定程度的回饋任誰也堅持不下去，它就是一種運氣，它是更成功所不能沒有的最大支持。

據美國心理學專家經過幾十年來的研究指出，自我控制能力 (Self-control) 是對自我行為判斷後進行的理性行為；這種理性判斷的執行就構成了自我控制力，特別的是支撐理性發展的力量竟然是具有抽象力的感性，從上千成功人士進行追蹤和研究中發現，他們都有一項成功的共同點就是**自我控制力比一般人強**；它就是感性支配大腦理性的一種修為，也就是說控制力來自具有感性空間的理性，它就是高維度意識空間所產生的精神能量，它也是造就一個人會有好運的原因之一。

美國杜克大學 (Duke University) 以 1000 名孩子為目的，進行一項長達 30 年之久的大規範研究調查得知；小時候控制能力偏低的孩子：30 年後有收入較低、社會地位也偏低的傾向；反之自我控制力偏高的孩子：許多人的經濟狀況與社會地位相對較高；能夠在意識高度上控制慾望、將享樂往後延遲，這是成功者的一種心理素養。然而人的控制力差不一定是低知識或社會水準差的人，反而是那些只求外物或高知識、偏執於自我中心、不知縮小自我往內求取高度意識、控制不了情緒的人。從觀察中發現最有機會造成社會混亂與世界動盪不安的人幾乎都是佔有龐大資源、擁有社會權力的高知識份子，人會失控就是缺乏合理讓度的感性空間；相處上的幸福不少都是生之於讓度

出來的空間，它是揚升來的精神意識，只是真正的幸福不易獲
得。

　　因為人類與動物很像都是從腦幹化的爬蟲類所演化的，即
便人類的大腦已特殊化的演化出可自主性學習與創造性人智和
外部共情而多元化的鏡像神經元 (mirror neuron)，但這些高級腦
對多數人幾乎都處在沉睡，我們對於大腦使用與動物很像幾乎
都在中心化的生存性範圍，當然有時候也會在情感的作用下表
現的比較高級。對於無私或無條件的讓利、甚至犧牲的演化，
這種高尚行為並不存在中心化的大腦，只在人類特有的心靈與
腦的結合作用，它是屬於精神性進化並非來自大腦的演化；只
有高端化的精神性自己可以往下做到自我決定。雖然人腦已演
化出鏡像神經元與感同身受的社會性神經網絡，但這些大部分
都是屬於需要被迫性方能被喚醒的神經，它的開關在內心的覺
醒，只有學會在返視內觀的刺激下才能啟動它，否則那些高等
神經元的存在充其量也只是頭上的一種裝飾品。

　　可以確定內部空間寬裕、控制力強的人在大腦強大過濾能
力的表現下都知道自己要什麼、不要什麼，而且活得很有目標，
不會將時間浪費在無意義、無價值的事情上，也不太輕易受不
相關的外力干擾，心智會被彈性發展使大腦運算與處理能力更
顯強大，微妙的體現出端正而具有貴氣的儀態。這種人的意識
頻率通常比一般人高出許多，貧富貴賤之相幾乎取決於一個人
整體的意識頻率，它就是生命質量 (素質) 的高低；內部控制、

外在管理本來就是高等生物才會有的潛能表現。

　　動物在看到食物的時候幾乎毫無控制力，也不太可能會對自己做出生活上的管理行為，尤其是整齊乾淨這件具有基礎美學的事，因為動物意識頻率低、生命質量差、完全受控於基因與獸性和生存慣性；高等行為只有可受教育而知所改變與轉化思惟模式更新心理途徑的人類可以做得出來。只是不見得每個人都可以做得很好，內控制、外管理做得好的人，生命層次通常高人一等，而且在社群中也是屬於會被尊重與信任，甚至是被仿效與跟從的對象。它不僅是一種有價值的學習，更是在知所退位、縮小自己的內在修煉下所累積來的高意識頻率，這種人具有一般人所沒有的內部空間和意識上的高度，從中散發出一種高貴的氣質；他就是精神意識勝於物質量能的人。只能說層次越高的人越懂得從退位的空間效應中安定內心、受心靈啟蒙與藉體、從不爭中找到大贏的機會；因為帶著不斷精進的實力卻可以不爭的人在自強的過程不會有敵人，成功的機會就會大增，這即是不爭才是大爭的精神所在。

　　以形體來說人與動物的生活型態相差無幾，吃喝拉撒睡、傳宗接代、病故老死⋯，看來真的沒什麼兩樣；唯一不同的是人類在意識維度的層次上比動物高、能見度比動物深遠、更可在過去的記憶與現在的感知和對未來的相對想像空間中創生出時間軸，將自我存在往外延伸一種空間化型態，這就是人類可以馴化動物、圈養牠們、任其使用的原因，這些都是人類特有

的精神性表現。**顯然人與人最大差別不在外表，是在意識均值數的高低**；意識頻率高的人善於觀察自己、會體現在改變自己的行為模式和對事物的抽象力表現、也會用著寬裕的心理空間與人相處、常在意識揚升的向度中享有穿透意識空間的宇宙心流。

然而它不是學了什麼冥想或什麼心靈課程、在自我感覺良好的自我催眠下就可深入做到的事；它得從基本為人處事的學習做起，也就是儒家思想十德所提及的仁、義、禮、智、信、孝、節、勇、忠、和的精神整合。這些看似八股的德目是成就全人的基本功法，尤其是心中可以容下別人的仁義精神；可惜這些使心靈覺醒、精神復活的學習早已被只求高知識、不知內求精神意識的社會價值觀鄙棄到幾乎快蕩然無存的程度。

西方科學知識是常變的唯物化道理；東方哲學是不變的精神性真理，具有內在的本源性與外在的統一性，裡面沒有定見的批評與主觀性的對立和大腦中心化的分別，有的只是無止盡的探尋與無窮的回味，它是真善所渾然天成的尚美、它是厚德的體現、是心靈氣質的散發、是自然中的一種穿透性文化。

相信一般人不會為了掉在地上的一塊肉跟狗一樣的搶食，因為價值與意識層次高過那塊肉，不過可能會為了眼前的數十百萬、甚至幾千元而失控，因為生命質量所產生的意識能級（精神能量）低過於它，內控制、外管理指數高的人顯示生命層

次也高；外管理是腦力成長的效應；內控制是心智發展來的意
識高度，腦力成長、心智發展這是生活管理與內部控制的共運
機制。不少視財如命、生活幾乎被名利慾望控制的人就是意識
頻率太低，這種人就算學識高或有錢也可能是披著人皮的狼。
達文西曾說：「人的殘暴與貪婪勝於所有動物，」人的確是地
球上的禽獸之王在形容的大概就是這個意思。世上諸多不幸都
是錢財與爭權奪利所造成，且知識越高、越有錢有勢而缺乏內
在意識高度的人所製造出的問題肯定就會越多。

當然金錢的存在並沒有罪，只是多數人的生命素質與精神
能級還不足以可以在學習與經驗和環境文化中大量的做到化識
成智，發展出精神性的安樂與滿足。在心理空間的匱乏和精神
能量的不足下貧窮意識相對明顯，只能說人類演化至今雖然高
於所有生物，但似乎只因為在物慾的驅動下進展到生為人的一
半，精神文明這一大半還尚未有效的發展；問題就在被唯物化
的三維思想卡住、被自我中心屏障使心智產生經驗上的定型；
心智是腦與心靈的橋梁，但只要被定型，腦與心靈就會形成分
化使腦停留在中心化的二進位法（二分法），無法高維度的表現
出超我的直覺靈感，帶領自己超越動物化的生態，進階到精神
性的第三化識界，成就全人的高我境界。

歷史上有部分文化認為如果不懂控制自己的思想和情緒、
將生活管理好，在爬蟲類與哺乳類腦的背景下就無法在人智腦
上成為一個完整的人；儒家思想與維多利亞時代及歐洲在 15、

16 世紀被馴化後的貴族們認為學習管控自己的情緒與行為和態度是身為人的一種責任。不懂反省和深度內觀、只憑本位中心和自我經驗與感覺做事的人如同野蠻人，根本沒有機會走入上流意識、受人尊重與愛戴、做出對他人與社會有所貢獻的事；這種人就是素質還不到可以迴返內心、受心靈啟蒙找回精神性的自己、做到完整的自我馴化。中國思想家老子早提出：「為學日益」這種知識性成長對人生雖然必要，但也須深懂為道日損這套精神性進化對生命完整性的重要；失去平衡的學習與追求在獲得的另一端就是禍；世間福禍相倚、苦樂參半原因就在這裡。

　　人生珍貴在於自體上有一套自主性漸進式離開安逸、克服惰性、超越自己、自律生活，在確立自我價值下迴返內心、帶領生命進化的精密系統；可惜人類進步至今似乎沒有明顯的啟動它，將個體精神性，只是廉價的把人生用在追求更多的財物與更大的自我證明和成功上，使自己困在三維立方的物化空間受控於時間軸支中，無奈在相對的天花板中輪迴，沒有究竟的努力最終只是白忙一場。話說抓住的手裡面什麼也沒有、鬆開的手可以擁有一切，這是哲學也是科學，只是大腦演化至今還是一面倒的在學習更精密的想要抓住什麼的聰明才智；鬆開的能力在不斷的物慾化進步下顯得越來越弱，緊抓的心所帶給自己的生活壓迫感和精神折磨更不在話下，人生不少問題都是從這裡引發來的。

(2)、社會資本下的回饋效應

在物質文明之下人類是社會性的高等生物，在大腦新皮質的產生下自然演化出多元立體而複雜的思考性驅動與需求，在為求生的警覺下表現出互助合作與遠距交易等等互利共生的高等社會行為，逐漸在供需下形成以物易物的市場，在物易中為求保鮮與方便發展出聰明的定價性又具保存性的貨幣，產生有效的社會分工，形成資源配置與社會階層，從貝殼、寶石、至金銀銅鐵，到現今的各類紙鈔、證券、債券和虛擬貨幣等等。

貨幣是人類在古文明時期就發明出來的社會性工具，最後它竟為人類奠定了活著的一種共同目標與動力，顯然人類長久下來尤其是在工業革命 (Industrial Revolution) 後，更提高人類對物質和富裕的強烈需求將之目的化，在社會尊嚴的形成下也賦予金錢貨幣存在的價值地位超過人類個體存在的量能和一般人心智意識所能控制的範圍。它充份主控著全人類的意志導向，也就是說在歷史的長廊中與幾百年來西方貿易與金融體系的運作，在各種商業行為的推波助瀾下人類對金錢貨幣的集體認同與信用共識所產生的價值指數已高於一般人存在的精神能量，這就是人一輩子會為它瘋狂、受它控制、甚至為它生死的原因。

當然貨幣管理人類這一套全球化的巨大系統也有效維持了人類社會表面上的秩序，也提供了不知人生真諦，也不明白為

什麼而活的人一個生活重心，讓人獲取不究竟的歸屬與斷斷續續又不真實的安全感，不過卻也造成了人與人、國與國之間的貿易紛爭、甚至愚蠢的戰爭和社會階級與人心分化所產生的一種有秩序的混亂。不可否認世界化的形成基本元素就是在貨幣貿易的流通下所產生的經濟共識，顯然國際化的軸心就是經濟，人的生活重心就是金錢貨幣，人類的生死幾乎都決定在貨幣系統之中。所以人為了獲取金錢在人我間的表現不少都是虛情假意、甚至卑微，不過也會因利益衝突而無理對待、甚至面目猙獰，當軟的不行就會來硬的；這正是所謂人為財死、鳥為食亡的經濟社會化的宿命。

如果將金錢貨幣抽離人的世界，不知還剩多少人知道要為什麼而活？相信那時人類會恐慌到不知魂該歸何處了，人類進步至今大腦雖然演化出了高級的人智神經元，但多數都在沉睡、還是停滯在三維立方的物質化社會型態，所以再進步也無法解決過度、甚至瘋狂的物慾化人性所製造出來的社會問題與人我間的衝突。1985 年 1 月，德蕾莎修女 (Mater Teresia) 來台訪問，會見了蔣經國總統曾一針見血的說：「台灣的社會物質富裕，精神卻是貧窮的。」

其實所有先進國家都走上由慾望驅動的物求之路、遠離了內求高端精神意識的心道之路；事實一再告訴我們只有學會內求意識的高度，在中央化的擴散心智成長下增加生命質量，將精神性社會化才能有效避免內外價值不對稱的傾斜化成功所帶

來的「禍遺症」。哈佛大學正向心理學 (Positive psychology) 教授塔爾班夏哈 (Tal Ben-Shahar) 從研究中發現，成功有錢的人不一定幸福，但能夠帶給自己幸福感的人獲得成功的機會相對很大；他就是可在心中自我決定的人，這種人就是在理性的背後內涵感性空間的心靈智慧、他們追求的是生命的意義；一般人追求的是缺乏意義的人生利益。雖然塔爾教授提出凡事要正向看待、對所做的事樂在其中、面對困難保持正念的看法，但就算有了這些觀念對多數人而言還是做不到，這問題並不是不知道，而是自體的意識均值數 (潮間頻率) 也就是精神質量太低，從負轉正的力量太弱。

成功的方法千百種，但萬法不離努力、才能與助力和運氣等四種力量的基本支持，少了它們談什麼、學什麼都沒有太大用處。人腦新皮質雖然已超越性的演化出具有理性與創造和共情的鏡像神經元，但腦幹神經系統依然存在著生物惰性，就是爬蟲類的生存腦；這種腦非常不喜歡變化、討厭改變、更不懂反思這種可提供中央心智空間成長進步與改變的高等行為，它喜歡從過去所封存的時間中，找尋安全感與舒適性。

人類雖然貴為萬物之靈在很多時候還是比較習慣依賴爬蟲類這種古老的生存腦，最多也只是用著邊緣系統這套哺乳類的主觀分別下的情緒偶爾同情卻不知同理的腦過著生活。對於演化而來的新皮質這種高級腦多數人還是非常不習慣的使用它，最後都將它變成了一種頭上的裝飾品，大腦惰性、身體習性、

心理制約打不開這三大被舊程式設定的疆界；就算為希望採取行動，在遇到困難時也會退縮，對希望難以堅持原因就在這裡，發展定型化心智、增強自體能量、使腦心靈同在一個位元上相互作用就是打開三大疆界的心法。

　　歷史演進與不少卓越的事實告訴了我們，最有力量的方法都是從心法而來、那是應機而生的對應法、是對症下藥之方、是在無形的法根性下所生之法；它就是不受中心化大腦經驗設限與心理制約的靈活方法；思想家、哲學家和心理學家最清楚只有從心中所生出的靈感智慧才是解決人生問題的最佳方法。那靈活的心法從何而來？通常都不是從單一知識學習而來，外來之法除非您有能耐將它加以反芻而化識成智，站在超驗的能見度上，否則學再多皆是不完整的知識；心法是從觸及到內在的心弦所彈奏出來的高維度靈感，這種高度的心理素養，都跟反思退位在沉浸中與心靈觸及有關。

　　急躁和貪著於財物名利、無感於精神性存在的人不太可能具有本源性和統一性的心法素養，因為這種人不懂反思退位發展出抽象的感性空間、立處在五維（覺性）揚升的向度受到更高維度的心靈啟蒙；心法是心靈中才有的智慧，學習與經驗和他人的教導所提供給您的知識雖然具有參考價值，但不一定是對症的藥。然而在前世今生的非主流學說理論之中，佛家認為致富這件事雖然是努力來的，但存在的背景結構下更是福報因素所造成的，它就是曾經的利他行為所累積來的運氣能量，這

完全符合我一直在觀察與研究的社會行為關係回饋法則。

從社會觀察中不難發現有些人懶惰、也不怎麼聰明,卻可獲得千萬的家財,僅僅一張 8 塊錢的發票卻中了千萬獎金;也有人品性不佳又自私自利卻在事業上賺大錢;相反的有些人能力不差,也勤奮地做事卻買不起房、存不了幾個錢。這牽扯到的層面也許很多,其中有項原因就是:一個人自體上所封存的歷史數據是否存在著曾經有意或無意的利他行為使自體具有富裕的能量,過去社會行為關係回饋法則是最為公平公正的交易平台,它是社會資本,是個體社會化所產生的關係價值。

當然就算因為福報而成功還是必須內求意識高度,因為福報會有用完的一天,而且品德不足 (意識高度) 的福報會讓人有錢,但換不來安樂幸福的人生;真正的希望與幸福和永久富貴,最終靠的還是內求來的高質量化生命、它就是自體文化的品質、是精神性的發展;東西的好壞決定在品質的高低,人其實也是如此。

然而真正高貴的生命是需要透過從基礎層層努力與學習和內外的操練與提昇才可辦到,並非單憑學歷、知識、能言善道、一時運氣或憑空想像、什麼念力、什麼吸引力就可莫名奇妙的實現,它必須做到 7 種層次 (人生進化層次 示意圖) 的努力與修煉才可如實一貫的達成,這也是我經歷 28 年來的努力與操練所得來的體驗。

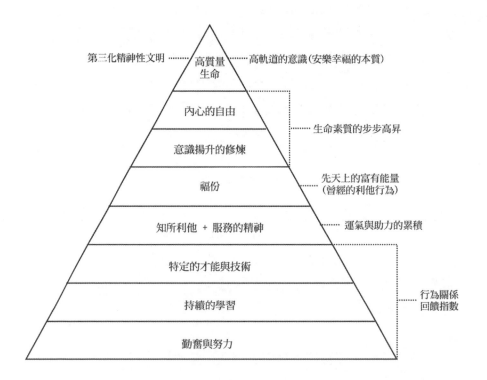

第三化精神性文明 ⋯⋯⋯ 高質量 ⋯⋯⋯ 高軌道的意識(安樂幸福的本質)
生命

內心的自由

意識揚升的修煉 ⋯⋯⋯ 生命素質的步步高昇

福份 ⋯⋯⋯ 先天上的富有能量
(曾經的利他行為)

知所利他 + 服務的精神 ⋯⋯⋯ 運氣與助力的累積

特定的才能與技術

持續的學習 ⋯⋯⋯ 行為關係
回饋指數

勤奮與努力

人生層次意識圖 資料來源：歐青鷹（2023）。
《超級人類 新文明的誕生》（頁 164）。高雄市

（三）、人是意識形態下的產物

（1）、意識頻率高低對人生的影響

愛因斯坦的質能方程式 (E=mc2) 說明：物質源自能量、意識創造實相；物理學家已證明世上所有物質都是由微觀旋轉粒子所組成的型態，一切有形的事物都是從無形的意識（能量）所組織，而且在不同頻率均值的操作下就會體現出不同的物質形體，無論什麼物體本身都具有一定程度的意識頻率（能量），除非內部的意識結構與均值數被改變，否則外在形體與運勢無論怎麼努力也不會有什麼太大的變化。**顯然自體意識的均值數（意識潮間帶），如果沒有被改變或提升，努力終究還是一場宿命的安排。**

勞工每天都很辛苦的在太陽底下工作，但一二十年後還是勞工，除非在過程中對自己有了高度期待、也有了進一步的學習、在大腦受到刺激下改變了想法、習慣和啟動了中央心智成長的程式，開放性的接受事實、重新詮釋過去、活化經驗、從負轉正，只是這些內部的改變與信念的強度需要很大的激勵性能量，否則就算動了想改變的念頭也難以改變，因為人不是受控於易變的感官，是被根深柢固的潛意外所控制。人在養成的過程會不知不覺在各種經驗文化的形成下將自己畫地自限在一個圈套之中、生活在固定程式範圍以此為世界，它就是個體所型塑出來的潛在心智本位，除非被迫或從反思退位中立處在意

識揚升的向度、受心靈啟蒙發展出中央心智意識的高度、強化自體量能、精神化自己；否則即便知道離開慣性、改變個性和心態才會有希望，也很難奮力的越過這道無形的定型化心智圍牆發展出更大的空間與高度。

雖然阿德勒 (Alfred Adler) 個體心理學 (Individual Psychology) 所提出的目的論 (Teleology) 認為只要設定目標、重新詮釋過去經驗、有效的活化它的意義就能改變既定的程式、為自己帶來新的動能和問題的解決，這的確是個好方法，但如此意志堅定、反利用自卑感而知所變通的人畢竟是少數，更何況潛意識的無情與固執對現在的影響之大，想轉念、想改變、想超越談何容易。除非天生隱性的文化素質本來就高；如佛家講的根器足；或有本事在後天完整的喚醒人類特有的覺性，打破成規化的心智，找到天真的開放性與樂觀的豁達，強化了大腦中央運算處理的功能使腦心靈同在一個位元上 (疊加)，才有機會在學習中快速的化識成智、翻轉命運的圍籬做到徹底的改變。

人在本位中心的形成與框架設限下，個性、習性與經驗和認知在很大的成份上是被固定的，人各自有命也是這原因；這就是道理人人懂，面對人生終究還是用習慣做事，、用個性做人；生活在說一套做的卻是另一套的自我分化的生態，人生最大的困難大概就是拿自己沒辦法。

八風吹不動根深柢固的深層意識，它必須藉由高層次心靈

的驅動才可辦得到，才說學習固然重要但真正的改變需要的是靈性的覺醒，因為靈性的意識頻率高過定型化心智意識和過去所累積下的潛意識，靈性存在我們身上，祂是唯一可以通聯宇宙能量的高維度意識，它可說是量子的原型，只有祂那超時空的穿透性能量足以導引個性、習性的老舊程式更新，提昇物慾化人性的層級在精神復活的力量下扭轉命運的結構。

超越性的思考續航力靠的並不是思考本身，是心靈的觸動與覺醒，只有祂有足夠的能量提供大腦更強大的思考動能，一般人的腦大部分的時間都是裝飾品，因為不知迴返內在、受之心靈能量的加持。不過反思退位、活出精神性對一般人是困難的，因為對覺性尚未被喚醒或不知行之意義使內心富足，看不到自我價值的人來說，在失去本性安全感與自卑感作祟下最害怕的就是沒有自我存在感，這就是人會想盡辦法用各種方式，在群體中證明自己的原因，青少年的標新立異，奇裝異服、叛逆的行為，就是其中一種。

大人的不服輸、不低頭、不承認、找理由、顏面的維護，用盡各種方式打敗別人，在外表上大做文章、爭奇鬥艷…在社會行為所演化來的尊嚴與物慾化的價值觀下人一生幾乎都在求取自我證明和名利上的保障，或許這是人類進步的動力之一，但人生的麻煩與問題有哪件不是因為不知退位的自我意識和重物的內心塌陷所造成的？每個世代似乎僅有少數人用盡一生迴返內心、在靜態中揚升心智意識、進化生命層次，不過往往也

只有這些人可以真正的影響社會與世界，雖然人都希望在精神上成為一個具有超越性的人，但在生命底蘊不足，社會尊嚴的脆弱與自卑感作祟下，實在很難發自內心反思退位、在靜心下觸及心靈、帶領生命進化。

然而心流研究與世上卓越者的超群表現一再的告訴我們，個人的卓越與偉大並沒有一個是從低層次的自我意識而來，反而是從自我不見後才會發生的事，自我最擅長的就是衝突與對立和無利可圖就不合作、在慾望上沒有被滿足就不快樂、沒有存在感就失落。自我意識的形成是知識性、經驗性、物理性、是頑固的、缺乏開放性的運用，只為求生、追求更多物質與自我證明及情慾上的心理需求而存在，並不具有抽象客觀性和意識揚升帶給自己安樂與滿足的精神性特質，也不會有什麼可感動人心的卓越表現，而且還擅於偽裝；但人往往對不知反思退位的自我意識所造成的人生問題很無知，因為缺乏往下看自己的高度；因熟悉而頓化，自盲是人類在進步中一直存在的問題，相信沒有人想害自己但人生所有問題幾乎都是自己造成的，這就是對自我頓化的自盲效應；蛇不知自己有毒、人不知自己有錯、因為自己看不見自己。

為何俊男美女的婚姻也會以離婚收場？為何好朋友也會翻臉？為何學歷再高的人也會做出低等行為？這些都是不知退位的自我意識表現，它的存在除了不斷的用外力來擴張勢力範圍之外，對生命文化的進化與改革幾乎沒什麼用處。只有在核心

價值的支持下知所退位的人才能受得心靈啟蒙，在精神文明的意識高度上駕馭低層次的自己，表現出以形傳神的成就，同時真心的善待他人與社會，鮮明的在個體上表現出社群意識。

佛家說：覺悟才是真實改變的開始；它就是心靈的教誨、是心學系統合成的作用；它就是強化思想生育力來源，意識自主權需要的正是內心覺醒所發展來的精神文明；特別的是有些人因為在面臨重大事故或生了場大病或者是腦部受創之後而覺醒化變了另一個人；就自我退位理論看來是因為人在突如其來又招架不住的重擊或巨大的感動下，自我會在瞬間被迫或自然的退位，屆時心中那個神（靈）就會出現，在高能量下改變潛在意識的程式、更新內建軟體。

素有流氓教授之稱的東吳大學教授林建隆就是個例子；原因就在退位下受到心靈的教誨，自體文化及心智程式被迫改變的效應，不過自己並不會知道到底發生什麼事，只知道人生價值觀和想法不一樣了，行為模式與生活態度也跟著變了。2006年10月，美國男子德里克‧阿馬托（（Derek Amato））在一次跳水事故中，腦部受創導致腦震盪，之後卻意外發現自己無師自通、能演奏8種樂器還有不凡的歌唱技藝；2002年美國一名中年男子Jason遭暴徒襲擊腦震盪後，竟然從一個毫無數學教育背景的普通店員變成數學天才，還能隨手畫出復雜的幾何圖案，這些特殊的案例至今在醫學上也無法給出一個正確答案。

只說明了這類患者都有個共同點，他們的左腦額葉和顳葉區域都受到了一定程度的損傷，醫學目前認為正是這樣的損傷導致了他們的才能爆發，醫學界說這種情況叫後天學者症候群(Savant syndrome)，但弔詭的是如果內在沒有檔案封存，怎會有這些特殊才能呢？地底沒有水源，井鑿的再深也出不了水。我認為這與被封存自體文化中未顯化的數據有關，畢竟人的潛在有太多被能量化的固定潛能，如不被強迫一輩子可能都沒有機會被挖掘，只能說存在我們身上各種層次上的無形意識能量體幾乎決定了我們一生的造化。

根據美國著名科學家大衛霍金斯博士與諾貝爾物理學得獎者們合作經歷 30 年的科學研究，使用精密的物理學儀器累積多達幾百萬筆的數據資料統計分析；發現人類在各種不同的意識層次下都有著相對應的能量振動頻率，霍金斯博士由 1~1000 的頻率標準值範圍中，將意識一共劃分為 17 個能量級別 (心智層次意識量表) 如下圖：

能量	編號	頻率	意識描述	心流狀態	身心層次	維度	潮間帶
	01.	700~1000頻率	掙脫本位與現實和世俗眼光的最高意識，祂就是宇宙意識。	常態心流	身心靈合一	十一圓向 一滿向度	意識潮間帶（意識均值數）
	02.	600頻率	可帶給自己內心寧靜極樂的意識。			十維	
	03.	540頻率	可帶給自己喜悅平和滿足的意識。			九維	
	04.	500頻率	可同理、同感而共情仁愛他人的意識。			八維	
	05.	400頻率	理性諒解、平衡內在、控制外在管理的意識			七維	
	06.	350頻率	接納寬容以待的意識。		自我決定	六維	
	07.	310頻率	主動樂觀積極的意識。			五維	
高能 ↑	08.	250頻率	信任、情緒穩定正向、覺性揚升的意識。			四維	
	09.	200頻率	勇敢面對與自我肯定、自主性成長的意識。				
低能 ↓	10.	175頻率	驕傲、計較、錙銖必較、錯而不覺的意識。		外力決定	三維立方體	
	11.	150頻率	憤怒仇恨的意識。				
	12.	125頻率	受慾望控制難有自己的意識。				
	13.	100頻率	恐懼、焦慮、憂愁的意識。			二維平面向度	
	14.	075頻率	憂傷無助、沒有希望的意識。				
	15.	050頻率	冷漠絕望的意識。			一維向度	
	16.	030頻率	內疚、報復、攻擊、心中沒有別人的意識。				
	17.	020頻率	無地自容、無路可走的意識。				

心智層次意識量表 資料來源：歐青鷹（2023）。
《超級人類 新文明的誕生》（頁 171）。高雄市

(2)、低頻滿招損；高頻者謙受益

　　頻率均值 200 是高低頻能量的分界點；人的自私自利所生出的邪惡念頭會導致最低頻，常處邪念的人久了形體樣貌也會體現出邪惡之相，話說臉上會留下歲月的痕跡，人日常中的起心動念與所作所為所造成的意識組織能量也會形成一個人專屬的樣貌形態。從事什麼行業只要時間久了，在穿著打扮與行為態度上自會呈現職業樣貌，一切都是意識頻率不斷迴旋的量能體現；它就是意識型塑效應。以此推理在微觀下從形體樣貌、習慣、個性和行為舉止、眼神、態度便可直觀出一個人內在的心理途徑與性格隱藏和生命水準與意識層次。

　　《三啟無常經》內有寫到：「相由心生，」那個心所指當然不是最初的本心，而是一個人過去內外的行為關係與認知和經驗值所累積而成的潛在數據 (意識)，它可說是一個人專屬的心智均值數，因心智意識的結構與層次各有不同所呈現出的樣貌、態度和行為舉止自然就會有所不同的數值下人其實是可以貌相的，只是一般人尚未開發出抽離我觀定見與轉化心理途徑的心靈智慧，有效發展出宏觀中的微觀與不受喜好分別和情節影響的直觀透視，才會在情感作祟下識人不清、言之不明。

　　活在我觀的人必有眼障和知障，再聰明也會誤判，因為自我所知很有限，深受過去經驗設限與現在成見的影響，充滿認知缺陷，用它面對未知顯得非常的無知；從社會新聞中不難看見受騙的人，除了一般普通百姓之外、其中也不乏碩博士、政

府官員、名嘴及不少社會經驗豐富的聰明人。

　　清明內心使眼中具有靈光本是不易，它不是學識、身份、地位所能給予，「自我本不明，我見本不清，」明智只在超我觀的明心見性之中，靈覺不醒眼中無光如同張著眼睛的瞎子。

　　然而人心智上的意識頻率有部分會隨著行為長期的改變出現高低、樣貌也會跟著起變化。已故藝人孫越在出道時不用化妝就很像壞人，在 1981 年投入教會、1989 年息影投身公益，漸漸他的形體樣貌也改變得和藹可親，成了大家口中的孫叔叔，內在意識層級所體現出的樣貌無論外在如何的裝扮掩飾，只要微觀便能細見一個人潛在的意識原型，真相只有眼中有光的人才能看見，他就是知所退位、在靜心的靈見點上使靈光顯耀在眼中不在自盲於不覺的人。

　　人在很負面或情緒低落時運氣會特別的不好，因為在萬事萬物皆有意識頻率的法則上是什麼意識頻率就會與什麼頻率產生對頻關係，所以才會說世上沒有巧合，只有意識對頻；心情低落、情緒不定、意識頻率低自然會遇上倒楣的事，因為頻率相近，這在不少學員身上得到印證。意識頻率會影響您所處環境的磁場產生變化或是說您的意識能級在哪裡就容易與什麼事物產生對頻；簡單的說就是愛喝酒的人就容易相互吸引；喜歡爬山的人自會有山友，這就是興趣上的意識對頻效應。

　　自體內外意識能量是一種極其複雜而多元的赫茲糾纏，它

超級人類 新文明的誕生
Übermensch The birth of New Civilization

的綜合能級將直接影響您的人生遭遇與健康、婚姻、經濟和交友對象，這些幾乎都是意識能級的對頻共振效應，包括車禍和被詐騙這件事，非常可能也是潛意識記憶封存的有機程式所產生的跨時空對頻吸引，萬物皆有頻率，發生什麼事、遇上什麼人是因為頻率相近，這就是所謂的物以類聚的道理。

只要通達這套行為糾纏關係量能封存理論，在生活中細膩的觀察自己，大概就可知未來可能會發生什麼事；當然也會在能見自己的高度上修正自己的行為偏差、發展更新頻率律動的能力、避免未來問題的產生；開發出治未病的人生智慧，不再重蹈覆轍的存在治標不治本的問題輪迴之中；聰明也許可以解決問題但停止不了在無知中製造問題，智慧是靜心來的高度，可見不知靜心的思考得到的只是局部的自作聰明。

全球最大電商業者阿里巴巴創辦人馬雲之所以會從神壇摔落，其實從他過去在公開場合所表現裡頭帶有著自負、甚至以老師自居的態度中便可看見端倪。孟子說：「人之患在好為人師，」這在馬雲身上印證此話不假，但人在自體發亮、在強光遮眼下根本看不見自己。如果他可以在如此成功之時也能深知滿招損、謙受益而知所退位的精神化哲理，就不會在強光的遮蔽下看不見自己所種下的未來禍因；從馬雲自掏腰包所拍攝的「功守道」微電影中，將洪金寶、甄子丹、李連杰、吳京等等11 位超強武打明星打得落花流水，便可看見他不可一世的心理自負，在不久將來可能的衰敗現象。古希臘歷史學家希羅多德 (Cerdotus) 說：「上帝要你滅亡，必先讓你瘋狂。」雖然這是事

後諸葛的一種分析，卻可做為自己和正在向上發展的成功人士很好的借鏡。

政治評論家李沐陽在「大紀元」發表評論表示，馬雲會面臨這件重大危機，很可能是因為他私下罵中國國家領導人習近平是「畜牲」被人告密所致，這事如果屬實也在說明馬雲已狂妄的想證明自我，只有我敢罵習大大，我才是老大的傲慢心理在作祟。但德不配位、必有災殃的巨大成功真的讓他忘乎所以，自己是生在中國大陸、喝專制共產國家的奶水長大的、不是在美國呼吸自由空氣變大的；傲氣沖天、自我突顯、盜刷他人的存在感換來的不會是更大的勝利而是衰敗；我認為中國哲學所說：「隱者吉，顯者凶」真有它的道理。

聰明也許可以解決問題；但我們最需要的是，不要讓問題發生的智慧，它就是治未病的能力，預防勝於治療，無人不知，但真能做到的人，只是少數，原因是人性短視、只求近利，很少人願意檢視自己，也不善於在日常中退位的觀察自己，利用易變的凡心找到不變的真心，活出高維度的意識。

雖然這對人生的安樂與幸福走向精神文明的發展極其重要，它卻是一直想爭取存在感的自我意識最不喜歡、也最討厭做的事，對本位而言反思與省察自己在社會尊嚴的自卑判讀下充滿著被否定的味道；這就是一般人寧可自欺或被騙一輩子也不願去面對現實的原因，但裡面爛掉的蘋果，外面再怎麼刷亮光油也於事無補，粉飾坑洞不可能真的會太平。

中國道家早提出一切有形之身都是從無形之識而來的概
念，那個無形就是具有體現力量的數據化能量，就科學角度看
來任何發明與創造都是先從人類的想像與思考和靈感而來；它
們都是無形的意識，如體現不出來就是所累積的行為能量在數
據演算中還尚未成熟，道家所論及的有形之身 (子) 是從無形
之識 (母) 而來，完全符合量子力「學意識創造實象」的說法。

（四）、富有的形成

(1)、利他經濟學

老子說：「無形勝有形，柔弱勝剛強，」一切體現是子，
其本源是無形的數據化 (意識) 能量，它才是母；一般人的心
思能見度通常只在肉眼可觀察到的世界，似乎只有少數人迴返
內心發展形而上的微觀意識高度穿透相對屏障見到真相之母；
只是在現象上解決問題，這就是西化世界如何的進步問題依然
得不到根本解決的原因；一如科技再進步、世界經濟再發達、
貧窮依然頑固的存在，而且不知內求意識高度的人性所造成的
問題一點也沒有減少；真正的問題出在近代資本主義、商業化
社會、政權中心並非從高度的精神文明所產生的，而是從中心
化腦力和權貴及物欲化的人性所形成。

矽谷 (Silicon Valley) 是美國最富裕的城市之一，但舊金
山城市無家可歸、露宿街頭的街友卻也在美國城市中名列前

茅，事實告訴我們無論人類再如何的進步也無法消滅貧窮，或是說貧富懸殊的加劇是在極端資本主義與工業革命 (Industrial Revolution) 和過度的消費行為、社會階級的分化結構體制發展下是必然會發生的一種陽謀，如果社會沒有了下階層或窮人還有誰願意為誰工作？還有誰會聽誰的話？

工業革命 (Industrial Revolution) 近 300 年來只是將貧富差距越拉越大，不斷的進步看來很可能不是為了解決貧窮，是為了製造更多在窮邊中的人為少數精英與富有的人工作，世界的進步、全球化的形成最後似乎只福利了少數人，但問題是有誰想當窮人呢？這陽謀是誰在光天化日下策劃的？不是別人、是控制貨幣發行權、用盡勢力掌控世界和金融體系的資本家們所共鏈策劃；這套為圖利少數人而不斷在變質的資本主義，始作俑者就是來自偉大的西方？雖然古代的奴隸制度已不存在今日的民主社會，但是無形的社會奴隸氛圍似乎還是籠罩著世界，只是民主化的社會制度讓百姓升級為人身可自由的經濟化奴隸。

科學知識、網路科技、國際貿易、大數據演算法、金融體系等等的強勢發展形成了全球化的經濟體，工業革命 (Industrial Revolution) 以來完全決定了全球的轉向與世界全新的樣貌；西方文化的強勢已同化了這個世界，但自由民主全球化進步到底要將人類帶往何處？至今引領先驅的西方政權和科學家與各專家學者們也惘然的無法給出任何有利而正確的答案，以盲引盲在不究竟的相對法中空有輪轉，正是人類用來進步的方式。

　　回歸前提：從不少學者及專家們的研究中認為貧窮是缺乏富有習慣所造成的一種結果，但根本上是因為福報量能和社會資本的不足，更是貧窮意識沒有被消除；一個自身價值太低、品德不足的人必然會嚴重受控於物質，那時再有錢也會受困於塌陷的內心、無法真正的脫貧，所以貧窮意識未被消除，在意識對頻的磁吸效應下未來還是會出現貧窮的機會，而且就算佔有財富也會因為福德不相配在承受不了下帶來精神上的折磨，擁有精神駕馭不了的東西必定是一種禍。

　　然而一個人能否在經濟市場上獲得成功在很大的成份上跟當事者過去有沒有做出讓現在可獲利的市場有關；那是過去利他與付出行為所存款下來的社會相對資本、又稱之為自身的信用額度、它就是前章節所提到的福報概念；不少證據顯示人生不少發生無論好壞都不是經驗與科學可理解和判讀，都是過去行為關係與一切造作所累積來的封存數據。

　　以討海為生的人捕到小魚通常知所放生，或許這是一種仁慈，但更大的原因是為了養大未來的經濟效益，這就是孟嘗君食客三千和陳暄傳養兵千日用在一時的道理，也是關係管理中的弱連結所產生的強度關係，它就是社會資本的回饋效應。

　　中國俗話說：人情留一線，日後好相見；有施才有得，要別人怎麼對您就先怎麼對待別人；這些林林總總的自他交換和利他行為的觀念在仁慈之述的另一端都存在著隱性獲利市場的

成功學問，吃虧不一定可以佔到什麼便宜，卻可以在弱連結強關係的作用下賺到人心累積市場價值，在關係上轉換出財富能量的信用資源與可用額度，一張額度五萬塊的信用卡刷上百次也不會變出十萬或百萬；人一生的努力似乎也是如此，有著社會資本的潛在封存在努力中才會有相對應的財富回饋。

在社會上可擁有財富的人，除了努力之外更是因為身上存有無形的高額度，它就是可變現的富裕能量。人的所作所為與各種行為經驗和學習、甚至起心動念，無論善惡好壞都不會消失，它會形成一種相對數據關係的區間意識（能量）被行為人封存在自體身上成為一種無形的演算機制，做為人生回饋依據的一套準則，它是個體強弱連結所產生的社會關係回饋系統。

希望在未來市場上經濟獲利，除了努力更要懂得建構付出市場，在社會資本的建構下養大未來經濟，從觀察中發現不少人一樣努力、經濟回饋與運氣卻相差甚遠，還有每個人出生後的命運各有不同，難道是自己的選擇嗎？還是大數據演算法的一種體現？

凡走過必留下痕跡，那個痕跡不一定是有形，多數已被化為無形的數據，過去所有行為只要對人或特定的事物產生相對應關係，無論好壞那個量能就不會消失會形成特定的量子記憶，存在您所感知不到的潛意識裡面被磁場封存，成為自我存在的文化結構，悄悄的在無形中影響您的判斷與選擇和等質等

量的演算回饋。過去行為群體化關係所形成的磁場封存可以說是一個人命運的基本模型，社會上成功的人真的有特別的努力？特別的聰明？條件特別好嗎？但為何賺的錢卻比別人多上幾十百倍、甚至千萬倍，因為運氣特別好、助緣的量能特大、當然過程也會有挫折困難和需要堅持改變的地方，但如果沒有被鼓勵、特別的助力與運氣和適時的獎勵與回饋及心靈藉體靈光一現的指引，想攀上高峰光憑個人努力是不夠的。

鴻海董事長曾經在一次受訪中提到：我想賺錢，不過料想不到會賺那麼多錢；馬雲也說過：想賺個 8 萬 10 萬足夠養家糊口、再存些積蓄退休養老就好，不知道為什麼會賺那麼多錢…？世上擁有鉅富的人相信在他們的心中都有類似的好奇與疑問。不可否認這些成功人士都很努力，但問題是那些看來條件不差、也很努力、又肯學習的失敗者要如何解釋呢？倒楣？還是遇人不淑？運氣差？學歷低？貴人少？那為何就是沒有成功賺大錢的運氣呢？在很大的成份上就是在自體所封存的能量場裡面並沒有可成的數據，過去並沒有將部分時間投資在養大未來的經濟上、利他量能的不足、社會資本不夠、儲備額度太低再努力也無法形成富有的氣候；付出市場的建構就是以上所論述的利他經濟學理論，當然所論及的福報概念是有限的能量封存會有用完的一天。

在學員中有位企業主成功富有約莫 20 幾年，但在一次大環境景氣低迷下造成負債大於資產的失敗下場，經探究他的努力

與能力和力求上進的學習力並沒有變差，卻只是因為再次的遇上景氣低迷就被打敗。一開始他也想盡辦法挽救企業，但終究徒勞無功，一樣的他 20 年後所呈現卻不同結果，根本說來就是有限的富有能量也就是自體封存中的儲備額度幾乎用盡，除非利他行為與更新頻率律動的改變力一直都沒有中斷，不過就算因努力、或福報而名利雙收，也並不一定會因財富而活得心滿意足、享有內心的安樂與幸福。

這些內在的精神性需求八九成都不是物質可給，它是中央心智意識擴散性的提昇所產生的效應，無論多富有、成就多大只要不知內求心智意識上的高度使精神能量大於物質量能，真正的幸福將會與您無關。人生最大的困難不是求不得，是求到了還是離不開恩怨情仇與受物慾控制及現實壓迫的內在不由自主，它就是低層次的自己、是五感六意的精神尚未超物文明的證明，在看似人生自由的行為下內在真的是自由嗎？

別人的一句話就可以影響您的心情好幾天；損失好幾萬塊就痛苦數十日；因財產與親人反目成仇甚至動刀動槍…；這些林林總總因物慾和凡塵俗世而失控的狀場面說明了人在內心裡早失去了意識自主權；可見幸福的核心價值是掙脫受形體事物控制的心智，它只有高層次的自己可以做到。不過並不是離開現實凡心，只是揚升了意識高度使精神能量超越了物質量能，當然不是完全不受現實所影響，只是轉化速度與掙脫受控的力量會很大，在自我決定的精神識界中如實的扮演好配合這個世

界的角色，這是一種最為完善的存在。

　　佛家在 2500 年前就看穿任何人在世上都只是配合者的身份，真正要解決與主導的只是自己內在的心情與動念，這就是佛陀 (Buddha) 要我們面對人生必須知所隨緣，不要一昧本位主觀隨我的原因，那只會違反配合者的身份、造成各種衝突與對立，換來存在的焦慮不安與傷害。

　　搭乘電梯您要配合它、開車在路上必須配合交通號誌、穿著也要配合四季，仔細觀察就會發現您所做的一切都在配合中做事，一生努力不也是在執取的心態中配合社會價值觀與不少人的眼光做自己嗎？人的一生就是一套被程式化規範的制度，您要做的只是往內在揚升意識維度，因為只有高維度的自己可以決定低維度的意識，米哈里奇克森提出「幸福的本質來自於對內在意識的控制，」但根本法不在外力心流，必須迴返內心、找到更高意識維度的自己；祂就是心靈意識的覺醒。

(2) 質量化的邊際效應

　　從社會現象中不難發現：在努力與才能和運氣的加持下獲得成功的人士，在家庭和健康或其它領域也許是失敗的、在內心上也可能是寂寞而空虛的，這就是世間福報的一種缺陷…；不知內求意識高度超本位界線的空間發展，在心中決定自己的福報，另一面很可能就是禍。

　　然而自我進化的最大難度除了必須克服惰性、在不斷學習與訓練和付出、行之意義下、成為一個可以被自己信任的人之外；更重要的是必須深懂自我退位、降低本位的超心理哲學。只是如前面所提有它的難度，因為人最害怕的就是自我不被看見或感覺不到自我的存在，對尚未覺醒的人來說自我的強度是人生中最大的安全感，這就是人會緊抓自我不放、也不想改變而造成人非常不易在退位下精神化人生，在自我決定下贏得內心的安樂與幸福的原因，雖然每個人都希望快樂，但一生中苦總是大於樂，因為對人類來說快樂是被自我定義的存在感，然而痛苦帶給人的存在感更勝於快樂。

　　在現實主義下人根本意會不到想要攀上更高峰，要做的已不是繼續往自我證明的能力方向前進，是要往退位的反向走去，這麼做更會被社會與世界看見，因為退的是焦躁不安而自作聰明的小我，那時高維度的神性能量就會藉由您的形體做出超卓表現；自我退位，內在的神靈才會帶領您顯耀人生，不會刺眼的光祖耀宗；積德造福給下一代成為他人的榜樣，精神性資本主義很可能會成為新世代的一種社會文化，能力只能完成小事，只有能量可以成就大事。

　　真神只有一個，祂不在任何宗教裡頭，只存在意識高維度的精神世界，祂就是最高端層次的自己；人就是在自我意識的形成分化了與神同在一個位元的關係，才會不安的往外求神拜佛，但幾千年的宗教信仰所謂的神到底幫了人類什麼，或許有，

不過所引發的戰爭和宗教迷信下的各種傷害絕不亞於對人的幫助。歷史告訴我們宗教雖然引發了不少戰爭與人類的問題，但它經過人的口耳相傳和無助與對未知的恐懼心理，在繪聲繪影下展演出神權政治和君主專制，虛構出一連串鬼使神差的傳說與故事，使它成為跨世代的人類文化，宗教總是讓人感到敬畏，不敢在心中做有它想，直到自由人權科化文明的今日人心與大腦還是在忽暗忽明的不安下，不得不去相信古老的宗教神話和地方民情風俗所虛構的故事。

從研究中發現虛構與真實之間所產生的迷信一直以來都是讓人類感到最安心的一種石化性執念；虛構中的希望這種精神性需求也間接的使人不喜歡聽真話、看真相卻樂於聽從虛假的謊言，欺騙這種技術就這樣理所當然成為人類世界中一種既古老又文明的文化，甚至被包裝成一種合理的商業和政治手段。

虛構中的真實、實境中的虛擬這種真假合成與操作的生活迷信早存在人類世界數千年，它讓當時民智未開的古人很有安全感而且有活下去的理由和意義，對未來懷抱希望；因為人類無智憑藉自己的力量定序意識的不確定性，即使捉住了金錢與權力還是安定不了意識，迷信所產生的執念便成了讓人最安心的古老方法，而且它也深植人類心靈成為一種特有的生存印記，宗教信仰下的執念堪稱是人類史上最強大的跨世代文化力量。

　　迄今人類不少的社會行為、生活方式、內心規範、直覺反應、為人處事的行徑和圖騰樣貌還是深受中國、印度、埃及、美索不達米亞 (位於伊拉克)，這四大人類古文明的宗教義理規章與神話傳說和各種怪力亂神的儀軌所影響，就算不信您的基因也早有登錄。

　　人類可以存活至今接續發展近代文明的另一波工業革命的新故事，在很大的成分上也真是靠集體迷信的力量所產生的意識定錨 (執念)，它在人類發展史上扮演著極為重要的角色；富甲一方的鴻海集團創辦人郭台銘先生為何還是如此的篤信關公和媽祖？因為再多錢也安不了他的心，只有古老的宗教迷信基因可以。近年來網路虛擬世界和即將到來的數位化元宇宙 (Metaverse) 商業經濟和人類主義化的各學說理論都是起源對古老宗教迷信下的產物。

　　古代百姓面對著自然災難、瘟疫、饑荒、死亡與未知在無助與恐懼下所能依靠的就是那些想像力特別豐富、虛擬能力特強、自稱天上使者被神鬼附體的巫師、有心人士所虛構出的神話、祭天拜地、甚至活人獻祭、怪力亂神的儀式利用超現實的虛擬實境，儀式化的使群眾產生集體意識形成跨世代性的社會行為與生活樣貌，在人類基因中是一種非常特殊的文化印記：結婚選好日、取名算筆畫、賭博穿紅內褲、逢年過節要拜拜…。

　　客觀來說世上沒有不迷信的人，就算不信，基因早有相信，

如果沒有集體迷信的文化，脆弱的人類可能活不到今天，但一體總是存在著兩面，也因為迷信基因的緣故讓人類在歷史長廊的表現上一再再的失控，為了捍衛各自的宗教（神）與政治立場和權力、保障各自血緣的延續發起宗族和國族的邊境及地緣性、甚至跨海域的戰爭、在殖民下濫殺無辜，使人類直到現在還是變態的活在同類相殘的宿命之中，這一切都是為了捍衛各自的迷信與利益和生存空間及尊嚴。但我們所處的世界也許只是大腦中的虛擬實境，我們很可能一直被困在一部被設定好的超級生化電腦程式裡面以它為真實世界，卻是在夢中做夢，醒來後其實還是夢。

　　無限賽局的歷史長廊一再說明：人生根本沒有最後的目的，只是生命用來體驗事理真相、從覺醒中看透虛假、超越定型化心智與大腦相對意識的設限、高質量化身心靈的過程；在社會群體中成為一個稀有而珍貴的人，經濟學理論告訴我們：只要您稀有而珍貴，成功與幸福自會與您連線，只要可以從多數人中成為少數人，您就是個非比尋常的人。只有迴返內心、在高維度的意識上遇到真神的人，才不會再受人格化的神恐嚇與威脅和引誘。總而言之缺乏自我退位下的靜心素質和崇高信念的人，再有錢也會受到自我不退的精神負能所折磨，再聰明也會無智的做出傷人害己的事；高級生活低級存在，這是近代文明世代的人類寫照。

　　過去無論是在個人或企業都認為成功必須建立在個體的獲

利上，但近來企業倫理與社會責任和環境保護的思想已逐漸成為政府和世界、非營利組織與教育界及企業所關注的重要議題，因為長久下來在自私自利的人慾操控下在獲取個人利益的同時，也剝奪了他人該有的生存和經濟利益，造成社會群體經濟嚴重失衡的現象，甚至造成自然環境的破壞與生態浩劫。

友善而共情共生與環保的循環經濟將會成為新世代的重要議題及社會風氣，不過人類如果不先解決自盲，一切看似正向的改變可能又會成為另一種更複雜的問題，因為人類擅於解決問題，更擅於製造問題於不自覺。所謂永久而成功的人生必須建立在與他人和社會及環境共榮共享共好的基礎上，長久的利益回饋肯定來自知所回饋於他人和社會與環境，大到人與自然，小至人與人之間都是一種循環回饋的關係，也是一種能量共振的體系。

利之於何處、回饋於何物；傷之於何人、何人必傷之；這就是存在自然中相互回饋的區間系統效應，也是量子糾纏關係的循環法則，每個人身上都有能量磁場轉出的頻率，它的存在功能大部份就是在尋找共振的對象，人生沒有巧合的事，只有頻率共振下的產物。學習新知之所以重要、退位靜心對內在之所以必要不外乎就是為了中央化的發展心智高度與容量，在感性的空間強化理性的大腦更快速的運算處理功能，提昇生命整體的質量（素質）使意識頻率均值數處在高能狀態，成就高價化的生命品質從五感六意的自盲中掙脫出來。

　　黃金與鑽石的昂貴吸引眾人的目光，如果將它高質量的本質論轉換到人身上，就是經濟學所論述的邊際效應 (Marginal utility)；意指經濟上以最小的成本達到最大的經濟利潤；就人而言那個最小單位就是帶領自己有目標地因它而不斷成長、進步與改變，使自己每天都跟昨天有不一樣的空間優化，在供小於求的稀有效應下形成高價值的邊際回饋。

　　人生最大的損失不一定是在既得利益上的虧損，但肯定是在停止了有意義的行為和心智上的成長在不自覺中消費了社會資本、損及利益關係人的價值含量；人生最大的財富就在不斷的學習與成長和知所利他所累積來的富有額度，它是唯一可以被人帶著走的有價能量，是一個人未來可變現的希望定存。

　　蔡依林一場演唱會下來收入可達數百或千萬，國際巨星一場演唱會進帳更不在話下，但在場的工作人員所花掉的時間與這些巨星表演一樣多、甚至更多，所得到的酬勞卻只是幾百或千元台幣。明顯兩者間的差異性並不在時間的使用量，是在市場上的稀有度所產生的邊際效應；酬勞是時間所換算但比例並非時間所決定，是換算時間者的自體價值含量和社會資本在決定酬勞的多寡。女神卡卡 (Lady Gaga) 和蔡依林相信他們尚未成名之前在心中都有個嚮往與夢想，他們只是為這個目標採取了有效而向上發展的行動，每天肯定花時間為這個夢想專注而反覆的訓練與學習，在成長進步與改變的自我優化與精工下提昇自身價值含量，同時等待機會在受光下耀眼奪目，成為閃亮的

巨星。

　　自體文化中的整體質量如果太低、重力不夠、引力不足，再努力所回饋的酬勞也只是可讓您溫飽的工錢，當然這個質量中也必須包含著曾經利他經濟與人連結的本質比，也就是社會資本的價值含量，本質不佳的後天努力所提昇上來的價值可以改變運，但成功可能不會太久，那很像鍍金的飾品非常不純而且還會氧化，所以被關注與重視的時間並不會太久；這就是不少明星、演員、奧運國手和社會人士，雖然也因為學習和努力而短暫成功，後來再努力也難以成功、甚至墮落的原因，這就是才能有餘，福報額度不足的現象，一生懷才不遇原因也在這裡。

　　對永久性富裕而言社會資本的價值含量比才能表現還重要，古代皇朝中就生存與生活能力來說最差勁的很可能是被世襲養尊處優的皇帝，但足智多謀、武藝高強的文武百官及各能者之士們，其大半的存在與功能除了保衛皇朝帝制、權力平衡之外，就是為了滿足這個生存能力可能最差的人。

　　享受權高位大或榮華富貴跟一個人天生自體文化中的數據是否高貴和福報額度是否寬裕、後天是否被馴化和優化有著直接關係；它有一大部份是意識流動的強度表現；經研究發現：心流意識律動越強，健康與安樂的指數相對也高，這種人的意識均值數通常高人一等。

超級人類 新文明的誕生
Übermensch The birth of New Civilization

The Birth of
New Civilization

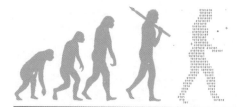

第二部 人類意識維度的層次

*The Levels of Human
Consciousness Dimensions*

第一章 / 人生的主控者

The Master of Life: Taking
Control of Your Destiny

超級人類 新文明的誕生
Übermensch The birth of New Civilization

The Birth of
New Civilization

第一節　心智殘影的堆疊

（一）、缺乏流動力的意識能量

　　中西醫理論一致認為，身體只要久而不動就會氣血循環不良而生病；中國《黃帝內經：素問》宣明五氣，更早提出久視傷血、久坐傷肉、久立傷骨、久行傷筋這套久而不移動就會生疾造病被五勞所傷的理論。從中醫的觀點：氣血循行全身經脈若不通就會阻塞在經絡穴道上產生「氣結」，身體疾病的導火線就在氣血不通、陽氣不足的負能量上，腫瘤也是從這裡形成的。

　　說到底身體的根本問題就是出在意識被壓抑在特定的區間所產生氣滯血淤的負能老化現象，人在學習與身心成長的過程會在有限的感官經驗與執性認知缺陷中定見事物的多面性和變化性及根本性，在不易化識成智的定見下造成心理制約，使心智定型在缺乏心靈高度的低層次意識形態之中，那時大腦會本位化分泌出不同強度的反成長激素阻礙身心的持續發展，意識能量流通力也會變得遲緩，甚至停滯在特定的腦細胞區間無意義的回流形成自困，使精神量能處在內捲（內耗）狀態，在過度的負能下造成健康上的影響，這種大腦操作就算聰明也只是一種局部性。

　　萬物質能本性在宇宙能量空性力學的擴散性流動中以不同

速率和方向千變萬化，心之本性也是如此；但人性中的執性使心志意識本位形態化設限了自體超意識質能旋轉流動力，違反著心之本性造生出身心上的各種疾病，在缺乏內求超物性的心智發展下只能求助於外力解決人生所有問題，使自己陷入形而下的相對法生態。質能方程式 (E=mc^2) 說明：意識創造實相、物質源自能量；只有靜心下跨越本位設限、穿透意識屏障、恢復自然能量空性融構力學才能獲得根本上的解決。

日本大提琴家夏恩罹癌後曾試圖與疾病鬥爭，但病情每況愈下，最後他在反思退位、降低本位下，關閉阻隔宇宙能量轉入自體療癒身心的阻隔器『本位』使意識揚升消除了對自體癌細胞的敵意，在安然自處中接受了事實，內心在前所未有的平靜中抽離了現象，超越了現實與想法，在第三化精神性空間(高軌維度的意識)得之靈光的點化與天然的能量修復理療，不再藉由化療或等等外力與癌細胞纏鬥，而是向內調整固定心態，決定用慈悲去愛身體上的每個癌細胞，更將癌症所帶來的劇烈疼痛感稱之「叫醒無知的服務」致以祝福和感謝。

接著他決定從自體延伸、對自己採取極度開放、對外在事物給與極度的接受；開始去愛生活的全部，包括過去不喜歡的人和討厭的事；一段時間後出人意料的癌細胞全部消失了，後來他在日本成了家喻戶曉的治療師，發生在夏恩身上的奇蹟就是**生命的本質～無差別的愛**；它就是生命最高密度的宇宙能量。夏恩告訴了我們：新空間生化新能量、產生新希望是創造

奇蹟的三步曲;它就是內在的第三化心創空間,又之元宇宙空間。夏恩也點出了人生所有不良反饋其正面性就是為了叫醒心智上的無知,那是靈魂對您所做的特別服務;一般人在低層次意識形態的自盲中總是需要受到沖擊,在逆轉思惟下揚升意識才可能被喚醒。

在這個生活逐漸被 AI 和演算法決定,控制到幾乎快沒了自己的數位化時代,人類必須『說服科技』(Persuasive Technology) 在大數據生態主控權,尚未成為全面化事實之前從內在學會進一步思考、退一步反思,抽象客觀超越現實和想法,發展超社群意識的深度理解,獨立化出超數位的第三化精神性空間;在高軌維度的心靈意識中生化出可創造性的展新能量,成就超科技的內太空原宇宙;避免落入商業化元宇宙使心靈受困在數位虛擬化的的大腦世界,產生精神內捲 (內耗),甚至多端性的人格分裂,造成真假不分、是非不明的秩序性混亂,在這個以腦力發展為主體的當代,人所處的世界其實只是大腦中的虛擬。

人之所以無法合情合理的實現希望,有部分原因就是不知從經驗設限中發展出新空間,使自己深陷一直走老路,到不了新地方的慣性囧境,人生基本的意義在於關係連結所產生的互惠價值,它是改變的契機、是一種成功的套路。

所以不要以為習慣勤勞的人就可以跟成功劃上等號或是

與懶無關；以牛頓第一運動慣性定律（Newton's first law of motion）來說那可能也是一種神經惰性，除非受外力沖擊或心理跨越發展出新的空間，更新頻率律動產生可變動性；否則再勤勞也是走在與成功沒交集的老路，就人而言無法因應各種處境與人我關係的需要改變慣性與態度和生活模式，就算勤勞也是一種失敗的腦惰性。

有誰會比螞蟻勤勞呢？但牠是被天生基因控制，、缺乏流動與可變化的第三化心理空間，這種勤勞如果轉換到人身上就是一種失敗的「腦懶現象」，也是心智意識定型現象，因為受控於神經慣性與固定的運算程式（經驗），無法在高層次的意識中往下決定低層次的自己。

動物在互利共生鏈下受制於自然程式演化，身為人的特別就是可在自我意識和非我意識的相對心理對撞分裂式整合的作用下，使基因質變出自主性的人智思考，超自然的行進中往內進化，受到更高維度的心靈啟發與刺激，持續發展被相對現實世界定型的心智，喚醒五感的學習神經，強化六意的運算處理功能，重新設定程式，改變宿命、創意人生。

大腦雖然是中心化的存在，但可以在反努力學與靜心流動的意識中，逐漸與高維度的心靈意識同在一個位元上，互為作用，進行著化識成智兩面運算，產生抽象性量子行為化的處理功能，表現出超越傳統大腦習慣所採用的 0、1 二進位計算法，

它就像正在旋轉的銅板，同時表達 1 跟 0 或 0 跟 1 的各種可能性，它在時間軸中超越三維立方，透過意識揚升的超心理空間，將前後左右、上下的不對等意識疊加，讓一切發生在超我的直覺瞬間，這也是未來量子電腦，將會取代二進位法傳統電腦的一種創新現實。

（二）、超越相對的心智流動

人類演化上最偉大的成果無疑就是神奇的大腦，演化至今人腦大體上可分為本能腦：它是我們和其他哺乳類動物共有的腦；存在超過一億年、位於大腦的最裡面、它表現在生存的各方面。

情緒腦：人類第二層大腦；是進化了 5000 萬年的邊緣性神經系統，它會被情緒中的愛與恐懼、憤怒、快樂、憂愁等內分泌激素，帶到我們的肢體行動與態度上。

視覺腦：這個新皮質是人類最上層的腦：演化至今250萬年，相較之下非常年輕卻掌握著大部分的人智，擁有 16 萬億相關聯的神經元，也是它的功能讓人類在視覺上受到光譜的刺激活化了潛在特有的覺性系統產生自主性思考，在超自然下成就了萬物之靈的地位；然而視覺腦裡面存在著外二觀和內一觀的發展系統，它會讓人在水晶體和視網膜的作用觀看到存在的多元化事物在心智的側錄下成為經驗想法與慣性形成一套虛擬實境系

統和個體文化，它就是低層次的生存意識、是被定型的心智。

　　然而有些人會從觀看中有所覺知的發展出系統觀察產生抽象性思考與視覺組織和規劃，活化腦細胞生化出創造性的聰明才智使人生有別於過去的作為，它就是有效發展出中軌道意識的成功人士。

　　從社群中不難發現高人一等的人通常都是那些擅於深度思考、好奇心強、想像力特別豐富的人；蘋果從樹上掉落在一般人看來就是掉落，但在牛頓的眼裡卻是一件非比尋常的大事，因為他擅於從觀看中抽象的觀察超現實的發現未知，地心引力從此影響著物理科學不少的突破性表現。在人類發展史上不難看見帶著人類前進的力量都是在視覺腦第二層專注性思考力研究與超驗的作用，只是從社會研究的數據顯示多數人對視覺腦的使用通常只停留在五感與經驗觀看、受控於容易偏誤的捷思之見使自己生活在重覆於過去的生態，鮮少專注而抽象客觀的觀察與分析使定型化心智產生意識揚升進入量子化的擴散性流動。

　　這就是社會群體卓越者會是少數的原因，不過通常再卓越的物化性思考也會因為心智本位和權威尊嚴的光環形成，障礙大腦高維度的通神，使心智超越相對的心流擴散，只能停止在一個有限的心智範圍循環；那個環就是瓶頸，這就是再聰明的人如愛因斯坦、霍金等等頂尖人物也難以跨越那一道 10% 的潛

能防線的原因。

　　經研究發現人類有高達 90% 的潛能尚未被活化使用，這些超物性的天能是否就是身為凡人的我們最大的公約數？**人類為何會被設限在相對性的物質世界發展無法繼續而常態的的從超驗中往超物性的天能方向前進？**很可能是思考力雖可觸及到天腦邊緣，但是在人天交感瞬間要進入第三化精神性空間得之神性靈感、展演可創性的智慧聰明才智，卻受制於本位的阻隔，使大腦的思考力終究受控於潛在的自體文化，除非在反思與專注的意識定序下關閉本位，產生思考裂痕忘我的進入心流，在時間裂縫中的第三化空間才有機會獲得天能智慧，在高層次意識別而無分的融構力學中帶領心智超物性的做到自我決定，從學習者的身份成為人生的創造者，使自己超人化的存在。

　　據說愛迪生和不少偉大科學家的靈感創意都是在洗澡、刷牙和無關研究的日常在不經意的時候出現的，它就是來自思考裂痕中的時間裂縫，裡面就是天腦的藏身之處，存在宇宙訊息和不可思議的宇宙能量，顯然超人智的天能不在燒腦的思考力使用，是在無思的思考裂痕中；它是無限的意識流動透過心智觸媒轉化，便成了靈感創意與獨特的創造，它就是第三化智慧。

　　然而超驗性思考雖可帶動意識揚升使心智有限擴散，但只能到達中軌道、最多也只能在偶發性的靈感中與高軌層次的天腦非常短暫的搭上線；除非有所自覺的啟動視覺腦中最高層的

覺性心學系統在思考逆行下產生時間對折，進入裂縫中的第三
空間使定型化心智擴散性的流動，才能突破本位界線的宿命。
覺性心學系統會使思考在反作用力下產生心理時間上的對折，
在瞬間出現時空裂痕進入第三化精神性意識的流動之中發展出
超現實的能見度，它就是高軌道的意識、又之宇宙意識；時間
對折最常發生在深度睡眠；雖然已過 7~8 個小時，但在起床瞬
間感覺只是幾秒、幾分鐘或只是一種霎那間的感覺，因為在無
我意識的狀態，時間對您並不存在或說時間本是泛靈化的虛
無，它是依不同的意識執性所幻生，這就是一天 24 小時對痛苦
的人來說就像度日如年；對處在快樂中的人時間卻過得特別快；
時間本是虛無；它的存在性是被自我意識的相對感知所造化出
來的作息產物。

　　顯然人在深度睡眠的無意識狀態「時間」幾乎是不存在的
或是說會將過去、現在、未來時間對折在同一端點上，出現瞬
間的裂痕帶領極微量的自我意識進入另一個超現實空間，得到
神秘的體驗，可惜這種體驗在起床後會自然的忘記，如果還記
得通常會成為一種預言，可見清醒時只要可以讓心理時間產生
對折或彎曲讓自己在無我的意識流動中靜心，很可能就會在靈
界點上進入第三化精神性空間得之宇宙能量；賈伯斯、馬雲、
李嘉誠和不少卓越者都有打坐、尋求靜心的生活習慣原因就在
這裡。或許他們並不完全了解為何只要心靜下來就會得到某種
程度上的療癒、排除掉不少的焦慮與不安、甚至接收到非思考
上的靈感與訊息，在時間彎曲或對折的心智擴散回流轉換下產

生獨到而創意的見解，這些美好而具有神秘力量的心靈體驗都是跟跨越了三維立方的物化心理，在超四維的時間裂縫中連結高維度的心靈意識，受到未顯化宇宙能量加持所產生的效應。

　　然而靜心所產生的意識揚升並不是只有在打坐中才會發生，它的本質是在自我退位、超越本位界線（限）使定型化心智產生超越相對意識的力學現象；它會使心智意識擴散性流動而產生靜心，顯然**真正的靜心**是一種意識流動並不是從不活動的打坐來的；很少人知道靜心的真相是意識的流動，焦慮與不安和憂心反而是缺乏流動的定型化心智所造成的心理變質反應。

　　視覺腦這個新皮質非常了不起的讓人類在視覺水晶體和視網膜的作用下從觀看的光譜影像中好奇的產生觀察、發展出超動物性的可創性潛能；可惜聰明的人類卻在物化性思考下極限化了心智超越相對的發展，無法有效在量子光索這法網恢恢、疏而不漏的無限疊加融構空力學的佈局下與高維度意識產生連結，得之超人化的天能。人類雖然創造了立方體卻無法超越自我意識與非我意識這個心智定型感知所幻生出來的相對法和重物塌陷的心理壓力所帶給自己的焦慮與不安，也無力掙脫自囚所帶來的煩苦生態，癥結就出在人智有餘、天能不足。

　　也許真正的安樂與幸福並非相對法上的人智所能及，這就是人類只可無奈的活在富裕中煩苦、利用物質製造出短暫快樂

的原因；痛苦是讓人類獲取快樂的一種素材，似乎也是人類層次上的一種宿命；這問題就出在：**失去了超越相對法的天能、缺乏超物性的微觀能見度很難帶領生命繼續往上提升**，進入更高維度的識界，只能動物性的活在五感六意、受控於物化的宏觀世界；再成功有錢、福報再大也無能為力在利益衝突、尊嚴受損、面臨生死關頭的時候淡定的決定自己心情、控制情緒、秩序化意識；**人生最大成就莫過於可在高軌道的融構性意識中往下決定中低軌道的自己**，在心中活出更完整的自我決定。

　　思考逆行所發展來的覺性心學系統正是帶您找到真實自我往下自我決定的途徑與功法，也是從思考中產生裂痕進入時間裂縫，在靈界點上得之宇宙能量、用之天能的通道；那道思考裂痕中的時間裂縫就是藏在腦中心的松果體 (pineal gland) 所產生的神奇功能，在許多佛像上可看到眉心有顆小而圓、類似痣的東西，佛家稱它為：「白毫。」它就是第三隻眼的隱喻，松果體恰巧位於眉心深處的腦中心點，它一直以來都被東西方神秘主義學說稱為天眼，原因是它是對光有所反應的器官，二來松果體的組成物質為「矽」，剛好是水晶的主要成份；人類眼球相當於鏡頭功能，也是水晶矽成份所構成。

　　然而松果體雖也由矽構成但藏在暗無天日的腦中心，沒有視網膜根本不具有肉眼功能，但它的存在極為特殊除了分泌賀爾蒙之外，只要透過功法內修便能在清醒時，心理上將時間彎

曲或將各方端點對折進入思考裂痕透視超現象的異質空間，接收到宇宙訊息；西方占卜家與巫師通常會利用水晶球做為預知未來的工具，正是因為水晶球體具有可將四面八方的影像時空攝入對折疊加在同一個端點上再折射出去的特性，那顆球體功能就是松果水晶體的引射性功能與作用。中國神話中的二郎神楊戩兩眉間那顆眼睛就是松果水晶體的外顯，也是思考裂痕的隱喻；它被神秘主義者稱為真知之眼；哲學家笛卡兒 (René Descartes) 認為世界是物質與靈性兩種不同的要素所構成，它們之間就是透過松果體產生連結，於是他就將松果體稱為「靈魂之座」。

半夜 2 點到 4 點是褪黑激素和二甲基色胺（天然致幻劑）分泌的高峰期，如這時處在半夢半醒狀態，松果體的通道就會打開得之宇宙訊息，這就是不少神秘體驗會發生在半夜時分的原因。古代巫師在作法或占卜時通常會飲用一種特殊有毒性植物的汁液，讓自我意識呈現半昏迷的擴散性流動狀態，就是為了在無我下藉由靈魂的光照強行打開松果水晶體第三隻眼的功能。松果體連結著視覺腦中的返視內一觀；它就是啟動松果體神秘功能的正道，亦是內心的開悟之道。它類似精神科醫生丹尼爾席格（Dan Siegel）所提出的心智擴散力量 (mindsight)，這種超心智本位界線的心流擴張力所帶來的能見度與作為就是在清醒的時候呈現著無我的狀態，在高維度心靈之光的照耀下啟動松果水晶體（思考裂痕）分泌出天然致幻劑（二甲基色胺 N,N-Dimethyltryptamine，簡稱 DMT) 產生時間裂縫，在穿透中

看見超現象的異質空間；它就是第三隻眼所表現出的天能，據說證悟者都具有這種附屬能力。

近代文明與知識的快速發展雖然使人類在觀看的多元化刺激下活化了觀察腦細胞，但定型化心智所產生的相對無常變化的宿命，在文明富裕的另一端點上卻造成人心更大的焦慮與不安，也在高知識科化文明的光照下嚴重的產生日暈效應（Halo Effect），呈現視覺腦盲知的現象。傾斜於物質文明和偏執的外求生態讓人在清醒時失去視覺腦中最高層次的返視內觀力使用，在執性所幻生的物化性文明中難以使心智持續的擴散性流動，呈現心浮氣躁、陷入焦躁不安的生態；無法與高維度的心靈意識產生無縫接軌的融構關係，也不能使松果水晶體受到靈光的照耀甦醒地發揮它神秘的天能，僅能如醫學所研究單純的只是一個內分泌的生理器官。

經長期研究發現：一個人的生命素質與成功的永續性和安樂幸福的指數關鍵就在多彩度視覺腦二觀和返視內一觀 (多彩度視覺腦三觀 示意圖) 的量比使用指數。觀看腦是經驗數據中的虛擬實境；用於生存；觀察腦是超驗性思考，具有系統分析建構的創造性潛能；用於成就事情，但不一定會為您帶來真正的安樂與幸福，希望掙脫焦慮、不安、終得內心的平靜，只有透過一般人很少使用的覺性心學系統內觀腦可為，它就是接軌心靈意識、照耀松果水晶體；在思考裂痕中的時間裂縫得之天能的一把金鑰匙。

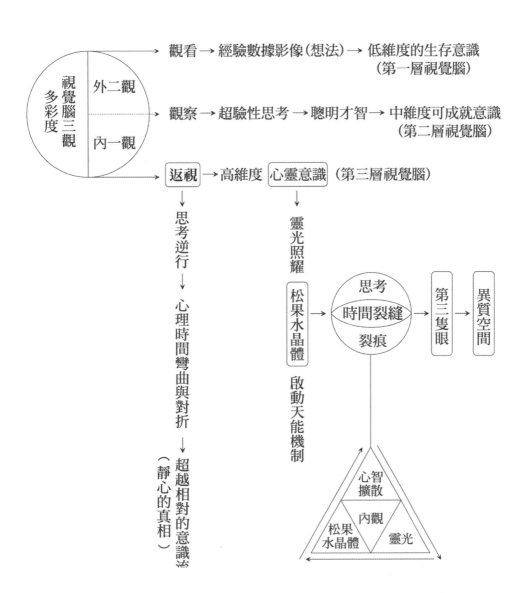

多彩度視覺腦三觀 示意圖 資料來源：歐青鷹 (2023)
《超級人類 新文明的誕生》（頁 207）高雄市

（三）、腦洞

　　生活在富裕中依然擺脫不了對貧窮的恐懼，擁有再多也不會滿足，再先進的科技也解決不了天災的侵襲；再高等的知識也化解不了物慾性的低層次大腦意識所造成的人禍，這是人類進步至今的無奈或是說人類在個體腦力演算發展與商業社會的進步，大部分只是為了滿足慾望和虛榮心，在理盲中製造無知與傷害性的問題，客觀來說人類的問題幾乎都是被自己製造出來的並不是本來就存在，事實雖然證明人類的偉大是因為大腦，但另一端也說明了大腦更擅於製造問題。

　　醫療體系的形成與進步宗旨在於救人，但過程可能會因為研究智能的不完整和個體思惟的漏洞無奈的將患者當成了實驗品，當然也有可能會因為商業化的醫療動機又在太信任醫生的醫療行為下導致病情的加重，不過患者通常並不會知道這件事，因為人很容易對權威與專業和具有身份地位的人所帶的光環產生一種月暈（日暈）的（Halo Effect) 錯覺。

　　難以估計的負作用是片面的科學知識和強權體制帶領世界進步的一種方式，事實說明社會的問題和貧窮與身心的各種疾病並沒有隨進步減少，反而出現更多難分難解的問題，人類的進步到底是越來越接近真理還是因為進步而背離？人類所發明出來的區塊性和與自然隔離斷層的系統化知識都存在著科學實驗性；客觀來說我們很可能都是一直在表面受惠的被實驗者，

世界的形成像極了超大型雖然可以自由行動，靈魂卻不得自由的實驗場域，野生動物與地球似乎也無辜地受到違反自然、破壞環境的近代文明發展所波及。

19 世紀工業革命 (Industrial Revolution) 發展至今，系統化的科學與物化強權政經體制已成了人類的共識和世界的一種生存秩序，這種龐大的整合對人類個體思想的本位性發展只忠誠於部落基因和執著地方信仰文化的人性來說，是一件非常不可思議的事。

但西方卻在短短兩三百年的歷史中做到了利用帝國主義的文化和物化思想與大規模的科學知識及人性對自由與社會民主和人權的嚮往，也運用了宗教信仰、生活美學、藝術文化、政經力量、國際貿易和貨幣政策及巧妙的人道行為操作打破地理上的設限與國家界線，整合了多數人類的個體思想文化與社會慾望的發展，帶給人類心靈上的寄託和情感上的剛性需求，也改變了不少不同民族主義的傳統信念，使系統化科學知識和西化的社會制度成為一套巨大的世界管理中心，但在缺乏高軌維度心靈意識的自主性下，人類似乎也受控於這一套由大腦發展而來的中低維度意識文化的養成。

不過人們似乎非常樂於受制這套西化文明的多元體制所形成的世界文化，因為近代科學知識的發明與自由民主世界化推行，在幾何美學設計整合下的食衣住行、娛樂和貴族文化讓我

們的生活品質大幅度的提升非常符合人性；似乎有意打開了世
人心中的潘朵拉盒子引動人類七情六慾的湧現，毫無戒心的變
質，在精神上扭曲性的發展；將慾望當成了希望的本體，造成
各種天災人禍和以妄為常的文明病。

這種現象在原始基因的運作下很類似數千年前人民信奉巫
師和祭師的心態一樣，只是當時的祖先文盲，現在的我們則是
在高知識中理盲，而且人類在對未知的恐懼心理和神全專制與
君權制度與貴族平民的社會階級體制基因背景下，內心底層更
存在著上主下僕的意識型態，在數千年的歷史進程中演化出奇
特的奴性。就算手握生殺大權的威權者也會儀式化的祭天拜
地、篤信著風水地理的堪輿之術，在心態系的頂端樹立一個超
越自我與現實的信仰意念，在定位意識中虛構出一種超我的形
象，宗教信仰就是從人類對未知的心理恐懼和期待心理的矛盾
情緒所融構演化來的一種虛擬實境文化，它也是古老的一種文
明。

然而西化政權與知識文明帶給近代人類生存上太多的外在
保障和前所未有的虛榮心和權位慾望的滿足，在既得利益下不
疑的以它為極其複雜的生存主義漸漸對它失去可能有害的反思
能力；一般人都相信具有權威與專業的醫生，在光環反射的日
暈（盲知）心理下會錯覺的認為醫生在其它領域的表現也是值
得被信任的，但事實不一定如此；大腦針對性所發展來的聰明
只是難以跨越的使用，在工作上聰明的人也可能會在婚姻生活

上做事笨事情原因就在這裡。然而人面對自己更是帶著嚴重的
腦盲知，有誰相信自己會加害自己呢？但真相卻告訴我們：在
日常中人們都用滿足自己的方式和有限範圍的知見無知的在加
害身心與靈魂。

　　沉溺在物慾和中低層次意識 (本位) 生態的人，每天所做
的事幾乎只是為名利、為滿足慾望與尊嚴，在非常有限的行為
範圍和認知缺陷執行著短期幫助、對自己長期加害的眼鏡蛇效
應生態，面對具有光環的名人士紳、權威專業和成功人士總
會錯覺的以為他們是高人一等的一群，但在看似不凡的光環下
與一般人一樣都是活在五感六意、深陷在大腦低層次意識或驕
困在中層次意識裡面的凡夫俗子，它就是在 1920 年由心理學
家桑代克博士 (Edward Lee Thorndike) 所提出的月暈效應 (Halo
Effect)。

　　那是活在經驗文化的低層次大腦意識所幻生的一種人性盲
點源，近代科學知識聚焦性的亮點體現，讓一般人對它產生只
有美好的信任，設限了五感六意對知識的超驗性，在缺乏高層
次意識的能見生態容易在月暈心理（Halo Effect) 作用下以為自
己真的看到了什麼、又知道了什麼而陷入腦盲知的陷阱之中，
人所見只是大腦中的虛擬實境，我們的世界其實只是一顆充滿
電磁波的大腦。

　　我們正處在這個知之無知的新文盲時代，科學的發展史只

是一部人類對宇宙認識偏差的糾正史，雖然科學界也知道知識非真理也不具完整性，而且存在著一定程度的傷害，但普羅大眾對知識的相信早已大過對自己的信任。因為一般人的能見度與智慧比知識低，自然會對它產生過度性依賴與迷信並樂於表現著原始基因中的奴性，因為覺得安全而且比自己可靠，東方人近百年來都在屈服歐美強勢經濟文化的卑微心理下崇洋媚外，所以表現出非科學不信的態度也就不足為奇了。

當今先進國家度量學理的標準只要不符合近代科學證據與理論就會被認定偽科學，但所謂的偽科學只是不符合近代科學認知與論述並不表示是錯誤或騙人，更何況當今科學的求證法也只是片面知識的盲知體現、只是中低軌道的一種大腦意識；客觀來說：科學道理只是一種偽真理論證，是一種存在漏洞的本位主觀，近代的科學知識對宇宙而言只是將真理道理化的偏見。

在中國數千年以來沒有專業化的科學和近代醫學時代，先人是怎麼活下來的？除了依靠對神話文化的寄情安慰和宗族的團結與純樸、友善、勤奮的精神之外，不就是靠著源自《易經》而來的山、醫、命、相、卜等等，先人為求人生幸福所設計出的一門趨吉避凶卻被近代主流科學稱之偽科學的五學方術嗎？但事實卻說明道理越多離真理就會越遠，因為超越相對的融構性真理沒有人為道理，主體只是空性並不存在執性分別。

　　只要從觀察中就可發現工業革命科學知識發展至今才短短兩三百年已造成了前所未有的生態浩劫，它的嚴重性已威脅到人類所生存的環境，人類也用著另一種看來更高明的科學知識和道理與高度的道德標準在解決知識缺陷和慾望與過度消費所製造出來的問題，但會不會又製造出另一種未知的文明問題呢？

　　人類在慾求不滿和過度競爭與內外失衡的進步下，一般人的心理素質與意識維度似乎還不怎麼高明。人類從過去的農業經濟到這幾百年來的工業經濟、知識經濟至今日的數位化科技與資訊經濟的文明發展下，享受著溫水煮青蛙的滿足生活，不過這鍋水似乎快滾了，地球持續地升溫表現出跟人體一樣遇到病菌就會發燙的自保機制，超自然體制而專業化的科學知識是近代人類體現萬物之靈的證明，也是最大的驕傲，但少了第三化空間的自由靈魂和自我決定的高層次意識，人類很可能會大規模的受害於最引以傲的知識文明鍋爐底下。

　　高知識、低意識、知之於腦盲所知是人類近代所造就的物化文明，從社會觀察中可以發現那些卓越性人物除了充份表現勤奮與堅持的毅力，似乎更懂得超越現實的相對性跟經驗設限發展出內在的第三化精神性空間，在心靈作用下化識成智，機轉出隨需要而改變的彈性和接受事實的氣度，它就是成長激素和意識流動的強度，是超越自體文化的智慧表現，他們保有自由的靈魂，有力量程式化自己不被系統化知識所控制，他們了

解再偉大的知識都還在糾正與更新的過程，甚至有部分還可能存在非故意的誤導與必需要的隱瞞。

當然知識發展並沒有錯誤，它是人類超動物性的一種證明，科學是值得被讚賞的，只是一般人並沒有隨知識發展反芻力學、長養抽象力，不能站在超越相對現實的高度看破眼前的虛擬實境、有效的決定自己的人生程式，而且也設限了大腦超經驗文化的極大化使用。

近代歷史說明了 19 世紀的財富在土地、20 世紀的財富在勞力、21 世紀的財富在腦力；顯然腦力發展是實現希望的本質，但對多數人而言腦力發展是很吃力的，尤其是在心智被定型後更是讓人充滿腦惰性與面對自己和未來的不願意。人在成長的過程一開始是在好奇心的驅使下使五感開放，但在經驗與現實回饋與不知反芻的知識學習中會從抽象的自由心性中漸漸的理性具像、本位化出一個非常有限的自我心智，在各種片面收集與定見的分別下區間隔離與人和環境的關係、在心中感到無助與孤獨障礙人生發展新的潛能，這是自困於經驗和現實二度空間的不良效應。

過度的心智本位也是造成人體氣血循環不良的原因之一，美國「國家老化研究院」(NIA) 一項最新研究結果表明：太過爭強好勝、凡事愛比較、以自我為中心無法承認自己、開放改變心態的人容易患心血管疾病，從而縮短壽命，因為容易氣血

攻心無法將氣血均衡有效的疏布全身達到健康的循環。這讓我們聯想到國際武打明星李小龍英年早逝，享年 32 歲，據調查他是死於對止痛藥所產生的高度敏感造成嚴重的腦水腫，疑問是這種藥物對一般人根本不會產生高度敏度而導致死亡，就心理學與中醫的解釋很可能是，他不可一世的中心化個性在生活中不自覺處在氣血常常攻心的狀態，那藥物剛好只是壓垮駱駝的最後一根稻草罷了。

經觀察發現本位越高漲的人心智意識頻率的指數就會越低、分別意識就會越強，在狹窄的區間隔離下無法受到高振動的意識能量加持、難以做出高等行為，而且也會造成氣滯血瘀、易患心血管相關性疾病，如果不從中央化心智意識流通的速率著手，再先進的醫療或只是一謂學氣功、運動或吃什麼打通氣血的藥物終究還是治標不治本的幫助。

每個人的心智 (本位) 意識所組合而成的數據和編碼跟運動速率各有不同，因此造化出個性、習性與所見和對人我事物的感知也就有所不同，一個人的行為模式與運勢基本上就是從這裡形成的；嚴格說來人所見到的一切都是心智收集的意識殘影所播放，就像播放電影 1 秒 24 格照片所形成的動態影像，我們所見到的影像與世界只是一張一張瞬間產生又瞬間消失的連續播放影象。

王陽明曰：「心外無物；」笛卡兒 (René Descartes) 說：

「我思故我在」("Cogito ergo sum" I think, therefore I am)；其意涵都在述說：所見全是心智殘影堆疊、虛擬影像的播放，並非真實存在；宇宙中唯一的真實只是虛空，唯一的不變只是變化，量子力學說明：一切物理現象其本質都存在虛而不實的空中，永不確定的無常變化，萬物本空、空中萬有就是這道理。英籍美國物理學家戴維・玻姆 (David・Bohm) 提出大腦全息模式 (Holonomic model of the brain) 的觀點；他說宇宙 (時空) 可能只是一個巨大的幻影，萬物都不是真實，只是被大腦無數的片面記憶無意識的投影出的幻象，這項研究似乎也印證了以上，所見全是心智彙集而成的殘影堆疊說法。

　　一個人如果具有某種特殊長才在很大的成分上也是曾經被庫存下來的天賦才能，這就是有些人很快就學會英文或其它外語的原因；內建程式有沒有那一套軟體，很可能就是特定學習力強弱的關鍵。有位朋友是台澳混血，出生地在台灣，從小父母離異由母親扶養，特別的是他從小並沒有學習任何外語，只是喜愛看洋片，長大後竟然也能說上一口流利的英文，顯然那是父母留給他的基因，不過真是如此嗎？他哥也喜歡看洋片至今說的還是一口台灣國語。

　　不少人很有運動細胞、藝術或表演細胞都是內建存檔程式的原因，它就是所謂的固定潛能；那些所謂的天才其實也是，當然就算天才也必須在努力下，潛藏的天賦才能才有機會被挖掘出來，明知地下有黃金卻不動手去挖，黃金永遠也不會屬於

任何人。不過有些人看來資質不怎麼好卻憑著後天的努力與學習在體壇世界中獲得了不凡成就的例子，素有籃球大帝稱號的麥克喬丹 (Michael Jeffrey Jordan) 就是其中之一，但我認為看來缺乏特殊天賦卻可從後天的勤學與努力中出類拔萃的人不是真的沒有天賦，只是那份資質被埋藏在基因底層，是一種隱性天才，如沒有這份基因設定與價值能量的記憶封存，再努力表現也會很有限。

人出生時幾乎是一個樣，不同的是與生俱來的內建檔案；它藏在無數的自體基因之中，這套大數據演算法系統決定了人生基礎發展的可能性，如果沒有特定的成功軟體和可富有的額度與充分的社會資本就只能靠後天加倍的學習和更勤奮的努力來改寫命運的軌跡了。

只是這種沒有先天可成可富的隱藏性數據只靠後天努力會有很高的難度，因為一般人沒有耐心、毅力和勤學與堅持不懈的精神 (特質)，而且動腦對多數人來說真的是一件很辛苦的事。據美國紐約市威爾康奈爾醫學院 (Weill Cornell Medicine) 生物化學教授蒂莫西•瑞恩（Timothy Ryan）表示：「大腦是人體消耗能量最高的器官。」大腦平均佔人類體重 2% 卻能消耗掉人體 20% 的能量。

根據 2019 年聯合報所做的調查顯示有四成以上的台灣人一整年都沒有看書，一年平均只花 1375 元買書就可知道國人不太

喜歡閱讀，因為思考對一般人而言很累，經科學家推算，腦就算什麼也不想每分鐘也得消耗 0.1 卡 (calorie)，若思考較複雜的事情每分鐘甚至會燃燒掉 1.5 卡，大腦已成了人體裡的一個耗能怪獸。這就是多數人很自然會拒絕思考的原因之一，卻喜歡活在想法和習慣這個過去式裡頭，樂於受經驗與只求生存的腦幹神經慣性和個體文化的束縛與牽絆使心智停留在過去，因為所需的能量消耗非常低，而且腦惰性與逃避現實的劣根足以讓多數人在沒有成就感和滿足感與獲利的誘惑下選擇退縮，將自己封控在定型化的心智本位上，一直重覆於過去而失去未來。

（四）、囚禁靈魂的三維立方心智

賈島的詩《劍客》：「十年磨一劍，」在說的就是由麥爾坎·葛拉威爾 (Malcolm·Gladwell)，所提出的十年 10000 小時的刻意訓練法則，任何成功除了天份外也必須經年累月自願或被迫下刻意訓練才會有效的成形，希望卓越就必須具有這項卓越的態度，那是一種自我要求和自我挑戰的精神，想成為什麼樣的人就必須具備那種人的條件與心理素質，這是成功的一種注解。

然而成功除了各種超越性意志與執行上的表現外，希望更成功就必須在知所退位、降低本位的靜修空間，在各種面對與自我承認和接受下打開心智封閉的大門，強化心流的意識供給大腦發展出沉睡中的神經元，讓感官更具學習的敏銳與彈性，它就是心靈智慧的發展。

不過有趣的明明是障礙人生發展的定型化心智（自我）卻會讓人有一種安全感的錯覺，因此固守本位、範圍化自己、安逸的生活便成了人一生的最愛，這與動物每天會走固定的覓食路線感到安全的習性很像，但裡面很可能會存在著獵人所設下的陷阱。而且生活上有一種勞累並不是做了什麼勞務的事情或身體不適，而是缺乏心意識流動空間造成的，它就是心智自困在物化現實和經驗想法的不良反應，缺乏超越性空間的心智不易轉動，也不易抽象性的想開現實所具有的變化性質，會在執性與固守立場中鑽牛角尖使精神產生內耗，難以感受到群體氛圍所帶來的正面能量和生活樂趣與存在的意義；這種人通常靜不下心，使自己經常處在高熵低能狀態，容易受憂鬱纏身，這可說是困頓於現實物化相對情境的文明大病。

人在自我意識的邊緣化和本位中心的自困中很需要有人陪伴，人非常害怕獨自生活就是因為存在我們身上的遠古基因中，在野外求生、處處危機伺伏的環境下早登錄著缺乏情感連繫，沒有別人援助與支持和資源互助的共生鏈生活是很難活下去的。

古代重刑犯有些並沒有被處死，只是在臉上刺青、發配到邊疆，幾近荒無人煙、空無一人的環境，到了那裡就算活了下來，最後不少也會以自殺為收場，因為基因程式系統裡登錄著自我獨活不了的信條。從神話亞當也必須挖取自己的肋骨創造夏娃為伴侶，就可知道沒有另一半或他人相伴，就算生活在完美的伊甸園也很難獨活下去，然而這故事其中所引喻的則是細

胞必須分裂連結再分裂，基因必須傳宗接代才不會自滅的生物科學；這也是人喜歡找人閒話家常、到鄰居家串門子、模仿別人、聯繫感情、跟他人表面友好關係連結的原因。

　　不少歐洲人在疫情嚴峻期間，還是會冒著生命危險群聚、把酒言歡，很大的可能是史前基因的驅動行為，而且從歐洲人體毛濃密、身材高大、皮膚粗糙與犬類親密共生又好喜冒險及旅遊的行為就可得知，他們的祖先是游牧民族，在野外求生與野獸拚鬥，生活在危機四伏的環境中更了解建立各種集體活動的文化聯繫情感，選擇群聚互助合作才能活下去的道理；西方人熱衷於各種球類競賽與團體活動，將它構成一種社會化型態，甚至是國家經濟文化，很大的原因就是受到遊牧基因的驅使。

　　但如果已經群居共處內在還是不安原因為何？本位化孤立主義說明：是自我意識型塑所造成的邊緣化效應，使自己在本位中心與人我事物產生了分化隔離，這就是歷史不少數據與現實生活告訴我們：人生最大的痛苦也存在人與人之間的相處，尤其是在知識普及、大腦演算力、本位中心越來越強大的科化時代，所以才說：人生有種幸福叫相處，痛苦也是因為相處，關鍵在於有沒有能力超越個體的心理設限、在高維度上參與他人心情、發展出內在的第三化新空間、帶給自己新的能量。

　　相處的幸福是在一起的感覺，但不少人相處、夫妻共處一

室並沒有在一起的感覺，缺乏意識上的交集或接受彼此的對應空間就會產生意見分歧，各有道理的對立感造成相處上的不悅、甚至憤怒，無法如實扮演好相互配合的共生角色，相處的幸福不在道理，是在愛的同理；退一步的相處才能發展出進一步的幸福，只進不退就算幫助也會讓人不舒服，**隨需要調整意識頻率這種高度是一般人所缺乏的人生智慧。**

可見自我只要知所退位、降低本位，使能量轉入自體，意識就會揚升、心流空間就會變大，在高維度的能量態上容易與人對頻共振，就算不常社交與人相處也會覺得安心，這就是意識連結在一起的感覺，是參與他人心情的能力；顯然意識頻率越高的人就越容易獨處，因為與他人意識連結的密度很高，那就是超越心理邊境與私心設限的無差別慈悲（真愛）。

相反意識層次越低越焦躁不安，因為心意識磁場無法有效的與他人產生高密度連結的關係，容易在心中分化與人我事物的統一性，就算與人相處也像獨處，這種人無法使心靜下來，會長期的處在精神內耗的狀態，本位感很強與急躁的人心意識流動相對也弱，在負能常久的糾纏下晚年很可能會成為罹癌和憂鬱症、躁鬱等精神相關性疾病的高危險群。

人類在共同的生命質量下雖然形成同類，不過在意識水準上各有不同的品質，因此造化出不一樣的形體樣貌與不同的自體文化和緣份。其中各自有條碼編列，除非更新它否則人一生

的發展性與利益獲取和為人處事的態度，大概就決定在這裡了。人類多達 20000~25000 種不同的基因組織，每天都以現在科學還不太了解的複雜方式彼此交互糾纏作用在影響著我們的身心與人生的遭遇。每個人發展出的行為態度和慣性特質大半都是由多重基因所支配，顯然只要意識均值數改變便可以發展出不同的自體磁場，重塑命運的品質和價值，那就像商品包裝上的條碼只要改變，價格就會跟著變一樣，當然關鍵是內容物也必須改變，否則終究是一種自欺欺人的偽裝與詐騙，成功也不會太久。

拜科技之賜善男信女們雖然長得越來越美，但感情與婚姻的幸福指數並沒有因此提昇，離婚率、被劈腿率反而節節上升，因為外在條碼變了，內涵並沒有被改變提升，這種高顏值、低品質的幸福獲取已成了一種唯物主義，和高知識大腦演算發展下的世代流行品。

經多年對學員的觀察發現，雖然不少人也想要改變人生，成就希望，卻沒有足夠的毅力與決心花時間改變想法與習慣，和個性調整，也懶得透過間隔重覆的刻意訓練來優化神經系統，更新慣性程式，成為具有成功特質的人，使自己深陷在定型化心智的廉價本位，一生就這樣活在那套有想法、沒辦法、有行為、沒作為的重覆生活固定的老舊系統裡面。

系統家具雖然方便但沒有特色和創意，跟大家都一樣的努

力只是勞力並沒有競爭力，不會有高產值效益，希望成功，您必須將自己變成少數人，因為沒有不會被取代的能力，只有無法被取代的人。

（五）、高維度的心靈之鑰

人獲取安全感的方式有很多種，明知要改變卻不願改變就是其中一種，我認為習慣於經驗迴路和定見的個體文化很可能是人生一種危險的陷阱，即便是好習慣只要對它失去覺知、被它控制就可能會是一種危險。不少疾病和婚姻與為人處事上的失敗就是來自不變的個體文化，它是定型化心智所設下的圈套、是邊緣性產物，養成好習慣當然是件好事，但對習慣必須有著警覺才不會變成另一種人生陷阱，一直重覆於過去的人必定失去未來；雖然如此但面對不可知的未來卻會讓人感到害怕，這就是人喜歡活在過去的聽從於經驗的原因。

在學員中就有因為老婆太愛乾淨的好習慣差點離婚的個案；也有人為養生吃得太清淡而貧血造成營養不良的結果；有因太遵守交通規則而發生被追撞；因為太有正義感、多管閒事而惹得一身腥的案例；也有因吃素的環保信念與執著產生對吃葷食者的厭惡，造成人際關係上的問題。這都是缺乏意識高度與心理開放空間排除不了自盲，無法超越心智慣性與經驗和認知缺陷所產生來的不良反應，人類在百萬年來的基因演化中存著一種超越生存神經反應本能的心理預感恐懼，在大腦受到刺

激下生化出居安思危的意識系統，人類才會有不斷存糧、存錢、儲藏各種過量的物資習慣，不少人更有囤積可能用不到的瓶瓶罐罐，甚至不斷的累積心理負擔與重量形成人類特有的壓力錯覺的以為這是一種責任感，徒增煩惱從中獲取一種自我存在感與安全感，這種變質的心理在很大的成份上都是過度的心理恐懼所產生來的精神扭曲現象。

西方人普遍性比較沒有存錢屯房、買地的有土斯有財觀念，在他們的心中似乎比東方人還有安全感，因為東西方歷史背景、民族性和社會複利文化、地理環境及資源獲取、對世界的影響力及意識頻率的天生水平有些許的不同，不過可確認的是居安思危的善用可以使人在提高警覺下刺激心智產生彈性空間，適時的改變自己渡過一次又一次的難關，我認為這是卓越自己的一種喚醒：**創造合理的危機感給自己**，就有機會推動大腦進化和心智系統的揚升能力。

哈佛商學院 (Harvard Business School, HBS）教授理察·帕斯卡爾 (Richard Tanner Pascale）曾說：「沒有危機感就是所面臨的最大危機；」林肯說：人在面對危機時才會想到要打破常規，危機感是擁有自我改變的一種態度。

當然創造危機感不是要您生活在草木皆兵的緊張生活，只是學會對自己有所省察與自覺、對他人與事物有所觀察、在高度上對未來有所預見，它會讓人發展出自我修正和預防的能力。找回探尋存在背景的好奇心也是打開自封、超越本位的方

法之一；說到好奇心每個人在幼兒探索時期幾乎都很強烈，那時自我意識的本位感還很低，所以在身心意識流動的強度下很自然從先天既存的知性和感性想像與心性的自由中打開五感六意的敏銳神經，帶領自己處在發現新事物的成長情境，在意識高度上使內心保有愉悅和滿足感，對事物認真卻不太在意，面對事過境遷也不太會回頭和戀棧，那時成長速度會很快，因為不會在心中自困自己，定見事物的變化性。

喬治梅森大學 (Mason) 心理學家陶德‧卡什丹 (Todd kashdan) 說：好奇心是讓人變強大、獲得新智慧的最直接途徑，而且好奇心讓人生容易滿足也容易在生活心流中找到快樂。總而言之除非具有強烈求知的學習力和實踐與利他及常態性心靈體驗，改變了身心既有的意識結構與程式系統，使整體的生命質能往上提昇，否則追逐成功的最後也只是依循自體文化的數據演算法體現，然而成長激素的發展其中有項重要的關鍵：**必須對自己產生高度的期待與強度的自我要求和自我承認，在多面向開發的心思下才能一連串的引發出源源不斷的心理推動力量。**

從教學與觀察中發現缺乏對自己高度期待的人肯定會將心思放在期待別人上、產生情愫依賴和推卸責任的慣性，漸漸失去自我面對與承認和反省的能力，抱怨與負面自然會成為這種人的生活常態。從學員的訪查中發現無論條件多差，在每個人心中幾乎都懷有不同程度上的希望；但奇特的是對自己並沒有

期待或是說不敢對自己期待，懷有希望卻沒有期待；就二元分化的人性看來一點都不奇怪，因為多數人的心智已被自體上的信條文化定型，如果沒有被迫或天生就具有某種程度上的潛在成功特質，自我要求與各種成長的潛能幾乎是處在休眠狀態，所以打從心裡就不太相信自己。

　　一個缺乏信念與面對和承認及開放性勇氣的人自然對他人產生過度的懷疑，就心理層面看來這些負能就是從不相信自己來的，其根源就是不知長進的定型化心態和缺乏人生的核心價值；從觀察中發現一個人只要哪裡不成長，哪裡就會有困難。除非覺性已醒、高度的接受自己或被迫成長，否則這種人會被定型化的三維心智文化給終生監禁；事實告訴我們：人哪裡也沒去，一生只遊走在固定的心智迴路識界，人生的終點不一定是在死亡，但肯定是在停止學習與成長和心思不再跨越設限、意識不再揚升的那一刻。

　　本位是心智和第二心智（學識）所建構來的中心（心智層次示意圖），它是經由大腦的有限學習和神經系統的感知收集所編列而來的經驗、個性、習性、認知、環境影響等等的自我意識體系；這個結構文化是個有限體、主觀定型、很容易在喜好分別下生化出反成長的負面激素讓大腦排斥與自我意見不同的聲音和事物，很難生出持續性的心理推動力使自體充斥著過度的負能誤導人生行之反希望的方向。

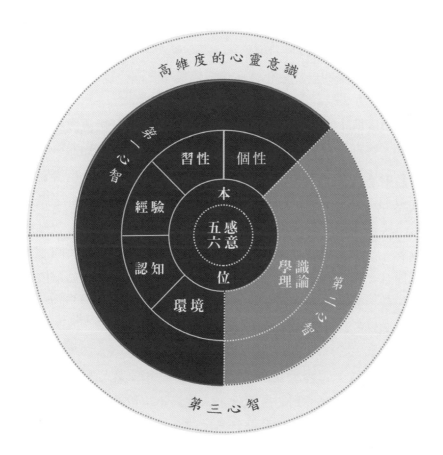

心智層次 示意圖 資料來源：歐青鷹 (2023)
《超級人類 新文明的誕生》（頁 227）。高雄市

　　成長激素與反成長激素的生成幾乎決定了一個人身心健康的狀態和人生成敗的關鍵，人雖然會隨時間成長卻會隨本位中心的逐漸形成讓心智成長越來越慢甚至休眠；不少人雖然四五十歲但在為人處事上還是很不成熟，這種人就算在福報的眷顧下致富、擁有身份地位、心智也會處在固定性違反著人生與事物不確定的自然變化性，很容易與事實產生衝突對立。

　　頂著博士、名媛貴婦或什麼頭銜的美名也可能會做出無理取鬧、得理不饒人、甚至家暴的行為，這就是長了知識、不長心智的人；除非受環境逼迫和強烈的生存需要或是天生素質就高具有一定程度的品德與善根，否則很少人會願意在反思退位、降低本位的抽象空間下發展高於本位的第三心智。智慧與真愛和安樂（高度意識）的幸福美好相信是人人心之所向、身之所往，但在脆弱的社會尊嚴與抽象美德的不足下，願意放下自己使自我存在空極度開放中的人少之又少，跨越聰明的智慧與無差別的真愛難得的原因就在這裡了。

　　我認為：「解脫是一件簡單的事，卻很少人願意做這件事，」因為它牽扯到的層面就是人性最不喜歡的面對、承認與放下自我，這是因為從社交行為所演化來的尊嚴在作祟；它會在自卑感下自創一套評估系統，生出比較心與自卑感和價值度量，障礙面對自己帶領自己更上層樓的機會，這就是個體心理學派 (Individual Psychology) 創始人阿德勒 (Alfred Adler) 說的，每個人都有不同程度的自卑感和價值度量，它會讓人退縮卻也

是人改善自身的意識環境,找到超越自己的原動力。只是一般人的生命質能(素質)與社會條件價值含量並不高,要它放低自我反思退位真的非常不易,很難像孔子的學生子路一樣,可以聞過則喜,有的只是聞過則怒,或翻臉、或死不承認,因為面對內在五味雜陳的人性和承認自己的籌碼不足。

會減肥的人十之八九都是瘦子,因為看得見自身的籌碼而且離成功很近;除非有強大的誘因與現實逼迫否則肥胖者要減重真的很難,因為離成功的距離很遙遠;同樣要一個看不見自己的條件與價值、善根不足又缺乏愛的正能量,要他反思面對自己難度很高,這也是我 28 年的教育與引導所看到的既堅強又脆弱的人性。

除非具有正向的信念與樂觀的心理空間和自信與核心價值,打從心裡看得起自己,才有籌碼啟動自我更新的機制,觸及到自反思退位的程式系統,在超本位空間得之心靈啟蒙與藉體可能。事實說明:只有更高維度的第三化心智(心靈意識)可以賦予定型化心智很大的彈性,讓心智意識步步高昇,在高度的意識衛星效應下完整的品管而質量化身心、導航自己走向希望的目的地。

第三心智這種擴散性意識流動是我們人生中較少發展的智慧與慈悲,它是安樂與幸福的第三化空間;經觀察發現:能夠站在人類頂端的卓越者幾乎都有本事常態性的與第三心智接觸

的能耐使人生衛星導航化，他們面對人我事物的遠見與正向性和開放度及接受性總是比一般人大，層次越高的人越會在生活中獨處、在靜心中覺醒、得之心靈藉體的造化機會，他們比誰都清楚自我退位、降低本位、強化意識流動的強度、提昇意識頻率的好處是什麼。佛陀 (Buddha) 貴為王子又帶有天生的慧根與善根，早具有各種優質的素養和完整的尊嚴與核心價值，要啟動人類特有的反思退位覺性心學系統，在靜心的長養下得之先天知性、受高維度心靈藉體並不是一件困難的事；從利他中找回善根，透過心靈體驗與學習優化自己，建立社群友善生態資本，是帶領自己走向不凡，成就全人的基礎。

一般人看來雖然活著但在精神面上或許早已鈍化，因為沒有明確的人生目標，停止了學習成長，對自己沒什麼期待，對生活不再熱情，缺乏內心抽象空間轉化固定想法，無力活化經驗，重新賦予人生展新的意義，不少人雖然不是街友，但存在的生態其實很像住在家裡的街友。

身為佛教徒的賈伯斯 (Steve Jobs) 在接觸了東方禪學之後，比誰都清楚從反思退位、降低本位、長養靜心，使意識揚升受心靈啟蒙與藉體的好處到底有多大，賈伯斯 (Steve Jobs) 曾說自己一直在追隨的並不是慾望和事業，而是他的心靈與挑戰的樂趣。雖然沒有他就沒有蘋果 (Apple)，但他卻說：沒有禪就不會有可以改變人類生活型態的賈伯斯 (Steve Jobs)；禪就是初心，是心流中的智性；它就是可賦予心智更大發展空間的高維度心

靈智慧，賈伯斯 (Steve Jobs) 一生追隨的就是：**充滿無限可能性的祂。**

　　無疑穿透大腦意識屏障的心靈智慧的顯耀是覺性心學系統作用、在動態靜心流動來的超凡產物，賈伯斯 (Steve Jobs) 也體驗了這件事，當然如前面所提**必須找到正向的信念，建立內善的知性循環，在自我優化下確立了價值**，覺性心學系統這套反思退位揚升系統才能產生最大的效用，這即是先成功、再成佛；沒有自信就不能前進的道理。

超級人類 新文明的誕生
Übermensch The birth of New Civilization

The Birth of
New Civilization

第二節 天生的載體

（一）、第三化精神性空間的靈感智慧

世上最強大的力量絕非武力或暴力很可能是看似缺乏鬥爭性的溫良恭儉讓，因為只有溫和、善良、恭敬、節儉、忍讓等五種美德才能超越個體形態，產生整體共和的能量擴張效應；燉肉要熟透好吃又要保有整塊肉的完整性和美觀，一定要用文火或是碳火，碳的火看來不強烈也不大卻不會破壞掉肉的表面，同時又可從裡到外的熟透整塊肉。

炭火煮食法其內涵像極了溫良恭儉讓的美德精神，也如同靈性覺醒的第三化心智能量態超個體態所作用出來的人生，祂行之無為 (沒有範圍) 可成就出整體，本位化的自我聰明很像大火，雖然可以煮熟甚至燒焦肉的表面但不一定可以煮熟裡面，就算全熟了肉也爛了；在本位聰明中做蠢事，好了這個卻壞了那個，解決了這個問題卻製造了另一個可能更大的問題，仔細觀察就會發現這真的是不少人的努力也是人類極具破壞性的進步方式。

印度國父甘地 (Gandhi) 一生絕食了 18 次，他提倡、也奉行非暴力不合作的學說，印度正是憑藉著這個學說從英國殖民者手裡獨立了出來，當然其中有一項很重要的力量，就是無私的

絕食，這看似非暴力的行為影響力卻非常巨大。

1947 年 9 月印度教徒和穆斯林衝突仇殺，他絕食了數日直至仇殺停止，這種巨大非暴力的影響力就是看似柔弱無力的溫良恭儉讓的力量，非自我的慾望，顯然它是在自我退位下關閉本位阻隔器，在超心流意識 (第三化精神性空間) 活動中所產生來的結果。

據研究發現：心臟意識是人體產生電磁最強的部位，就質譜分析一個人的情緒波動與心臟電磁有極大的關聯，情緒的不同心臟所產生出的電磁場資料也會改變，心臟電磁波的常數很多時候是決定著周圍的人，甚至事物會對您做出什麼回饋；或是說：發生在您身上的事情不少都是內心磁波常數的輻射引力所產生的磁吸效應，存在每個人身上的頻率其中一項功能就是尋找與他它頻率共振的對象。

在對引導對象長期的觀察中發現，有個案連續性的在不同地點發生車禍，特別的是幾乎都是別人撞到他，表示當事者並沒有處在晃神狀態但可以確定他那段時間因為婚姻經濟與孩子問題所造成的壓力、煩惱真的很大，而且常會負面的看待事情、抱怨不如意的事，這些心理糾纏的不和諧結構在意識低頻的能量下所產生的負磁波常數，在萬有引力的磁吸效應下自然招引禍事。

我認為不少慢性疾病很可能也是由長期能量不足的負能心態和以妄為常的生活與行為偏差所累積來的一種反噬效應，常保心情愉悅有益健康也會強化運勢，這已是近代科學也是新世代的顯學，只是安樂的本質是高意識維度的靜心產物，一般人的意識維度不是太普通就是低頻，希望向上提昇、保持良好心情必須透過不斷獲得物利和成就感、刺激腦內賀爾蒙短暫感覺到致幻性的快樂，這就是社會人士每天都需要疲於奔命、一直的追求物利和證明自己，不斷刺激腦內非自然的化學能量分泌的原因。

可見只要不知轉入宇宙能量、往內提昇意識高度，一直處在精神內耗的負能狀態，就算學了什麼正面的想法所回饋大部分也會是負面，因為心臟中不可測的意識常數波所發射出的引力電磁場，據研究是大腦的數十百倍、甚至千倍以上；乞丐穿龍袍終究是乞丐，心中的態度常數才是決定人生關鍵所在，它就是心智中複雜的意識組織結構。

幼兒時期我們的阻隔意識 (本位中心) 尚未形成，所以心腦與靈魂和宇宙能量幾乎是融構在一個位元上，所以知行容易合一、精力旺盛，在對世界好奇的心腦靈活下很有活著的感覺，甚至還可從眼中靈視到異質空間、擁有超感知力。

台灣大學校長李嗣涔教授進行了 10 多年的特異功能研究團隊，證實了人類所處的時空之外具有所謂「信息場」的存

在，也就是俗稱的「靈界」；國外將這學問稱為「超心理學」
(parapsychology)。特別的李嗣涔教授的研究對象都是 7 ～ 14 歲
的青少年，因為研究發現能夠感應到靈界的階段，常都在 14 歲
之前，原因是阻隔與外界能量共振的本位尚未定型，所以跟異
質空間靈界的意識可以部分的互通產生對頻效應，年紀越大自
我意識感越強、本位中心越固執、思緒越複雜就會與靈界失去
聯繫。

自我意識所產生的定型化心智本位化了意識流通的強度，
也區間隔離了人我與事物和環境之間可對頻的平共振關係，讓
心靈與腦在大部分的時間幾乎是分化在二位元上運行，使人陷
入一種想法與心態不同調的現象，從五感六意的想法與學識 (表
意識) 非常容易受到學習和別人與環境的影響而變動，想法可
說一日數十百變，但心態 (心智) 的主體結構在很大的成份上
是被定型的。

人的心智本位在經驗與習慣和個性的潛在框架下不易反思
退位、跨越心理設限、長養出常態靜心的素質，所以在缺乏高
維度意識的運行中對自己的能見度很差，難以察覺存在無意識
文化中的自我，容易違反希望的本質而不自知，它是瑞士心理
學家卡爾‧古斯塔夫‧榮格 (Carl Gustav Jung) 所認為的個人無
意識和集體無意識，其內容就是一種情結和無法被意識到的原
型基因。

　　難道我們要捨棄定型化的本位心智嗎？當然不是，它是生存與生活的基本依循或說是失去智性安心(失去真我)後的一種安全感來源，也是心靈用來體現創造力與大愛的理性藉體，靈媒與乩童或巫師就是不經由心智這個人類特有的自我意識直接被靈體附身，而失去了自主性、產生失控行為，那跟缺乏理性的動物很像。

　　不少自稱心靈導師的人也知道心靈力量的巨大，在教學取用如何利用心靈的力量與智慧為人生所用，但不少誤導了學習者不要認同心智的存在，甚至認為它是障礙，這種見解可能只對了一半，心智本位這種自我意識既然會在人生學習與成長過程被型塑成為人類特有產物就表示有它的存在道理與必要性，不然人在生活上怎麼思辨事情，如何透過言語溝通，建構形體事物和社會文化及其世界秩序呢？這些都是心智所發展來的文明，少了集體化心智人界就不會存在，世界也不會被無數殘影堆疊、集體意識的投影出來，活在心智本位中的每個人所處的識界都是一場又一場的虛擬實境，客觀來說我們早活在元宇宙的識界。

　　雖然心智這個小我知見非常我限而且充滿認知缺陷，但肯定有存在的意義，心智是腦與心靈通連的重要管道，有了它當靈魂藉體時才不會出現如同乩童般無自我意識的祂意識行為。而且心智的另一項重要功能就是記錄您的所作所為和收集感官所觸及到的一切信息，在死亡瞬間完整下載到靈魂庫這個無形

的先天載體在大數據生化演算法的機制下，成為來世投胎轉世與發展的基本依據；它可說是自體上的密錄器，捨棄它會在學習與修煉的過程產生脫離現實的問題，無法完整的達到全人的境界，不小心還可能會走火入魔。

　　不過面對這個低層次心智所提供的認知訊息必需抱持客觀看待的心情，因為它的經驗流量和智能表現對未知的能見度很不足，它缺乏意識高度和展新空間，它的資訊來源幾乎都是過去式，不存在未來的信息，一味的依賴它、相信它被誤導的可能性會很高，這就是認知缺陷，因為經驗有限或是說被定義的認知本身就不具有完整性，只是冰山一角的定見。

　　一切事物的能量體都在空然抽象本性的背景下隨各種的需求不停的生剋變化，定見所知、所見便違反永不確定變化的空性本質，知識定義只是為了辨識達到生活方便，不過缺乏意識高度的人往往會落入難以自拔的定見，以自己所知為道理，認定太陽就是太陽、不知太陽只是個人為上的意識名相、本質並不是太陽或是說根本就沒有太陽的存在，它的存在只是心理圖案印象和文字與符號記憶，是一種心智殘影堆疊的虛擬投射；知識只是人為道理並非真理，面對未來再先進的知識還是充滿著無知，謙遜是擁有高知識者最需要的美德。

　　老子《道德經》說：「道可道，非常道；名可名，非常名，」說的就是被定義的認知、被定見的看法都是個體形態，不具有

遍佈太虛外在的統一性，非生之於無漏空性、超越相對的知見都有缺陷，凡事以自我為中心的道理都只是真理的枝枝葉葉。這就是西方的學術性教育和現階段人類所給出的系統化知識科學，再進步還是需要不斷改良與修正的原因，裡面存在著還無法解決的負作用和意想不到的理盲問題；在過去知識不普及的時代只有學校和圖書館可以提供知識，但在今日知識隨手可得、訊息不求自來的世代，只要用心篩選與理解、勤奮的自學，聰明才智與知識專業也許不會輸給高學歷者。

台灣現任行政院政務委員、也是台灣首任數位發展部長唐鳳就是透過在自我了解下知道自己要什麼、不要什麼，進行篩選性自學，證明了學歷不等於學力也不等於能力的最佳經典，她早年不習慣傳統正規教育，14歲起便以在家自學的方式學習因體制外自學而成功的例子；相信在未來不會是個案，可能會是一種社會現象也可能會是一種新形態的學習文化，這會為現行的體制教育帶來什麼樣的變革與沖擊值得想像與期待。

當今「在生活就是知識、自學就是能力」的數位化世代趨勢發展下，假設未來社會不再重視文憑，只重視能力與品格，那時學校還會存在嗎？還是會用另一種不是體制化教育方式存在?21世紀學校帶給人的除了文憑和不同領域的社會行為關係，在缺乏超越現實的高維度意識進化下似乎只是把多數人的靈魂活生生的釘在高知識的十字架上，程式化出具有系統性學術與專業本位化的人，符合了世界經濟體制與國際社會制度下的需

求，滿足少數社會精英的權利慾望。學校學程、尤其是大學雖然是為國家與社會培養人才的殿堂，另一面似乎也在程式化設計出一具又一具活生生的 AI。

人生求之於現實但在精神面上是為了超越現實，從不自由的個體形態回歸自由的能量態、超越所求而追求、找回真實不虛的自我，這是一般人沒有的心理高度；擁有成功得之財物與名利還是脫離不了煩苦和憂鬱的糾纏，真正的原因就在缺乏超越現實的心理高度，它就是無限賽局的心態。

生命的可貴在於：可開放性與可創性，更在於自由的靈魂，少了對現實的超越性和意識揚升，再聰明的大腦也只是一具有血肉、看來有情感的高精密 AI 生化機械人，在人身自由下我們的心智都是被系統性科學知識制度化的高等生物；的確人類需要知識的帶領，更需要靈性的引領，需要體制安全，更需要超越實現與個體形態的心靈自由。

重拾中國哲學剛柔並濟超越相對的智慧文化，找回動態中的內心平靜與心靈同在一個位元上互為表裡的作用才是解決人生問題的要方，它會讓腦聰明充滿化識成智的運轉能量；賈伯斯 (Steve Jobs) 為我們印證了這件事，他告訴我們知識只是智慧的作用並不是學習的目的。

中心化的大腦在知識與經驗型塑過程不知不覺離心獨斷獨行、缺乏意識上的衛超本位高度、沒有脫俗的靈光遠見，所以

再聰明也不怎麼可靠，它就是定型化的心智，不過它卻是我們最為依賴的一種聰明，只是它局限在一定的範圍，智慧就是可整體化的聰明，它來自心靈藉體所發展來的第三化精神性空間。當然自我意識型塑並不是人生的一種錯誤，只是必須了解心智與第二心智是心靈的特別助理，並非人生的大當家，錯的是它不知天高地厚的篡位，想要獨裁人生，但它的份量與能耐根本不足以駕馭人生的整體，最多只能在二元相對中成就三維立方的事情，什麼意思呢？必須付出可能比成就還要大的代價。

只能說超越現實不離現實的大用人生只在心靈藉體的作用，本源論說明自然萬物的發展力學是能量的流動、在空性中具有統一性、無所對立與衝突、只是和諧於五行生剋之中，這是超物理的物理實相，是人所失去的自然本性。

美國佛學博士麥克羅奇格西 (Geshemichael Roach) 說：「空性 (空然本性) 是幫助人成功與幸福的最高智慧，」它就是零文位、零型塑、零區間、零隔離的最高維度意識、是萬物共同的軸心 (核心)、是超越時空的無限融構狀態、是宇宙的法源，它始無端點、末如圓環；如老子所說：「萬物生之於道，循環於道，也滅之於道」的宇宙本體論，它具有外在的統一性。然而空性並不在任何物質之外，是在物體本身，自然萬物本來就沒有我的執性，只是不確定的在因緣中生剋無限的變化，這完全符合量子科學永不確定性的理論，物之本體不具有任何形體

名相只是空相，有什麼全是心智殘影系統變化虛擬出來的實境；意識創造實象、物質源自能量就是這道理。

量子學之父，普朗克(Max Karl Ernst Ludwig Planck)說：「我對原子的研究結論是，世上根本沒有可見物質這種東西，」人所見到的一切事物只是快速震動的量子組合，裡面充滿不確定性，沒有固定形體，根本沒有一個實在體；普朗克博士的研究說明了：物質的本相 99.9999999% 是空的；宇宙之所以可以永恆不滅正是因為性空，祂是唯一的不生，所以當之不滅，妙的是宇宙的空相在我們看來卻是以生滅做為體現，那是因為人類的自我意識與非我意識所產生的相對幻想，並非真相，空性力學也說明了，只有超越物相的相對心思才可以視透本相。

（二）、心腦

就成功心理學看來正向思考與信念在面對問題、挫折困難肯定是很重要的自我激勵與對話，也符合了阿德勒(Alfred Adler) 所說的目的論 (Teleological)；醫學文獻也不斷強調：正向思考對癌症或其它重大疾病之病情改善的幫助，只是不少人錯用了正向思考，以為正面是為了消滅負面而存在，這將會使自己深陷在想法正面、心態負面的內鬥情境，那是與自我敵對的關係，久而久之會形成一種負能磁場，最後造成更嚴重的情緒不定，甚至憂鬱、憤怒和傷害，這問題我稱它為：心理內鬥或事態對立的高熵 (entropy) 心理。

　　從觀察中發現人往往不是被問題打敗，是被過度負面的心態給擊垮；要知道正向的意義不在擊垮負面，是有足夠的開放性心理空間可以接受負面，那是具有抽離本位、重新詮釋經驗、活化事態意義的一種能耐，是跨越定見、穿透界線而移情轉念的智力表現，這才是正向心理的精神，再多的知識學習與理性只要缺乏接納負面的融構性智慧，負能只會與日俱增造成意想不到的問題與傷害。

　　消極負面是任何人都會有的自然情緒，壓抑它並不利於身心健康的發展，正向不是二分法的念頭，是具有可接受負面空間的心理素養，它就是高維度的意識，是靈魂自由的一種表現，也是超越經驗回饋的開放性精神；在這裡看得見負面中的價值、對自我的接受度很高、具有危機處理、預防管理和復原療癒三種人生智慧；一般人只因為良好的經驗而開放，卻也因為不良的經驗而封閉，使人生的發展在高不成、低不就的平庸狀態。

　　一體肯定有兩面或是說正負本來就是相互依存同在一個位元上；這也符合了中國《易經》哲學所論述五行生剋、互為表裡的真理；也是麥可‧羅區格西 (Geshemichael Roach) 博士所引述；五行生剋的平衡 (永恆)，它超越相對卻不離相對 (現實)，它是生命最高的智慧「無限融構的空性」；是宇宙中最高端的意識，就是前面所提的零本位、零型塑、零區間、零隔離的四零意識，祂是無邊境的心之本性，亦是萬物的本源也是統一萬物的真理。

　　您相信自我這個定型化心智是靠製造問題與麻煩活下去的嗎？人生有哪件事不是本位分化的意識所製造出來的，而且就算是好事最後也會因為本位化的人為道理變成壞事，可見好事不如無事，但意識尚未觸及空性智慧的人最怕的就是沒事，那會讓自我沒有存在感，這也是一般人最害怕的事；當然所謂的無事，不是要人不做事，是要懂得從心中發展超越那件事的高度，那正是用著無限賽局的心態看待有限的人生。

　　在有錢中失去快樂、在有權有勢中失去安心、擁有很多卻越來越覺得不夠，這些都是很典型缺乏超越那件事的內心高度，它就是近代的文明病，也是一種內心塌陷、精神內耗的疾病，文明病無藥可醫，只有心靈智慧（第三心智）可療癒，它是一帖靈丹大藥；真正成熟的心智不會定型，具有持續發展超越現實的彈性，它會帶動意識頻率往上提昇使大腦不斷的生化出成長的激素，空間化內在的超越性卓越人生。

　　人類偉大的起點雖然是思考，但能夠體現出偉大的關鍵卻是藏身於內在底層的第三化心靈能量，祂是您的天生載體也就是俗稱的「靈魂」，其中靈性部分是生命最高智慧所在，存在心態系的最頂端，身體有力量、內心有能量，只有常常受到高維度心靈能量加持的力量才能發展出自我的超越性、對現實的抽象性、強化行事上的續航力，面對社會競爭與未來的不可預測性，我們缺乏的也許不是能力與聰明，而是能量智慧。

　　根據加拿大東岸哈里法克斯市，達爾豪斯大學（Dalhousie University in Halifax）阿默（Dr. Andrew Armour）博士在《神經心臟學》（Neurocardiology）中提到：心臟裡已發現至少存有 40000 個神經細胞，在密集研究後阿默博士在 1991 年提出「心腦」的觀念，人在胚胎時期心臟出現在 5 週左右，之後才發展出腦，腦在心之後才逐漸形成；中國《黃帝內經》醫學早提出「心主神明」的思見理論，那個神明所指就是未生之前的「天生載體」，袍也是提供身體最大能量的來源之一。

　　這套人生起源的流程似乎告訴了我們：腦是心所生的、心臟是父母所給的；但心臟意識所分化在各臟腑裡面的先天意識卻藏了科儀測不出來的能量數據，它混合了父母的基因和後天環境的資訊流量。您的個性與習性和體型、樣貌，大半都是從天生的載體數據和 DNA 所演算來的，後天對人生型塑上的影響其實並沒有想像中的大；壞竹有時也會出好筍，書香門第也可能生出敗家子原因就在這裡。

　　英國皇儲哈利（Prince Harry）與威廉 (HRH Prince William) 兩王子雖然都生之於皇室，所受的教育與對待和成長過程無太大差別，但性格與各方表現所選擇的結婚對象卻有著明顯差異，這似乎也說明了每個人一生的發展有很大部分是受先天的數據與基因的影響，雖然科學家、心理學家與成功學專家一再的強調只要努力、人定勝天，我也肯定這說法，但真的非常不容易，甚至很想說：再努力除非地底早埋了黃金，否則一切努

力大部份也只能累積到下輩子使用。或許這就是人出生後的天賦資質與命運各有不同的原因，因為人人皆有非現今科學理論所能窺探與證實的前世行為和無數經驗累積的大數據演算，面對未知現在所知都是無知；見樹不見林，即是當今科學所能提供的片面證據。

雖然一生的成就和才能表現與努力看來有很大的關聯，但會一直堅持下去的強大毅力，在很大的成份上是來自當事者先天的動能特質與運氣的推波助瀾，否則有誰不知道成功一定要不斷的學習和努力而堅持到底呢？但多數人還是很難做到，在腦惰性下也很難勤學，尤其是遇到困難、挫折的時候選擇的通常是回到安逸的溫床，除非本身就具有一定程度的潛在成功特質再加上努力的過程有助力、獲得合理的回饋、受到鼓勵和成就感及做事的熱情否則要勤學，持之以恆、終得成就真的很困難。

人生成敗禍福關鍵看來是在有沒有成長心態和努力，但很可能更是在天生的資庫識之中，儘管這個說法並沒有完全的獲得生物學或醫學及心理學重視，但這就是我們所知在社會現象和關於生命過程最基本的事實就如同德國神經解剖學家佛朗茲・亞歷山大 (Franz Joseph Gall) 說的：「大腦存在今生的經驗數據，無形的心腦這個極其複雜的多層次載體，存在著與生俱來的巨大數據和精密演算。」

　　這理論假說了：人出生已不是一張白紙，我們大半的人生幾乎都受基因與潛意識程式系統所掌管並非由想法與學識這個表意識，不然有誰會想要生病或不快樂？或想要貧窮、失敗、被討厭或發生意外呢？如果人生是由自己的想法和學識所決定，那些哈佛和牛津大學與世界各頂尖研究所畢業的學生，在社會上應該都會佔有一席之地才是，但事實並非如此。據調查哈佛畢業生最驕傲的時光就是在哈佛上學的時候，因為只要進入哈佛就會讓別人有非常優秀、甚至注定會有所成就的錯覺，連當事者也會有這種自我催眠的誤解，不可否認哈佛的畢業生有些自己創業、去大公司工作或在華爾街當了金童、日進斗金。

　　不過卻也不少去賣漢堡、開計程車、當服務生、賣咖啡、甚至清潔工等等不起眼的工作，而且社會資本與成功率不一定比普通大學還要高，甚至有些大企業並不喜歡用這些名校畢業生，美國紐約投資銀行、高盛集團高層這麼說：名校畢業生在心態的面貌上會有一種與人之間的隔離感，甚至在相處上還會沒有風度的回應同事；顯然是驕傲、誰會希望每天上班的時候坐在這些人旁邊 12 個小時呢？

　　高學歷確實會讓人有一種贏在起跑點上的感覺，但能否贏在終點靠的是天生的資質、後天的努力和成長心態與他人的友善關係及知所進退的空間化態度，這些都是來自超越學識的心靈教養所推動來的高維度智慧；用腦不用心、只為獲利不知行之意義，再聰明也容易做出違反希望的事情，愛迪生、賈伯斯、

臉書創辦人祖克柏 (Mark Elliot Zuckerberg)、經營之神王永慶、
李嘉誠等等，這些非常成功的人就是輸在起跑點最後卻贏在終
點的最佳典範。

　　他們不僅具有反利用心理恐懼在脆弱的社會尊嚴與自卑感
下超經驗的開放和承認自己、保有與負面情緒共處的成長心
態、與生俱來就可能潛藏可成的數據加上努力與運氣和受心靈
啟蒙的總合，他們天生的含金量和社會資本與可用的儲備額度
本來就很高，任何一件成就都是在各種條件的彙集下形成的，
當然就算是天才如果沒有努力與勤奮和堅持也挖不出潛藏的天
賦才能和質能黃金。

　　人生在爭取各種希望的背後有太多看似的不公平與違背
常理的事幾乎都是源自藏身於我們身上 25000 組基因及科儀測
不出和主客觀研究調查所不知的先天數據；它近似榮格 (Carl
Gustav Jung) 所提出的由祖先世世代代活動方式經驗庫存在人腦
中的遺傳痕跡和個體累世行為經驗庫存，它就是無法被當今科
學所解釋和眼睛所見的潛在自體文化。

The Birth of
New Civilization

超級人類 新文明的誕生
Übermensch The birth of New Civilization

The Birth of
New Civilization

第二章 / 近代文明的樣貌

The Face of Modern Civilization:
Unveiling the Contemporary World

The Birth of
New Civilization

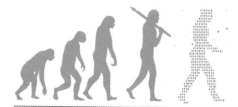

第一節 重物輕道、捨本逐末的傷害

第一次工業革命於 1760 年代興起至今，所帶給我們的是源源不絕的知識與資訊洪流和物質文明的發展，在歷史進程跨海域的領土侵略與殖民擴展勢力版圖的強權行為，誘發人類在集體意念上傾斜於物化名利的強求，漸漸走向利出一孔的重商強權之路；然而傾斜外、失衡於內對自然環境造成的破壞性發展所形成的重商業世界文明與各種難分難解的社會問題說明了，它並沒有為人類帶來精神上的高度文明。

從現象看來人類肯定是在越來越聰明的腦力發展下求新求變而蓬勃發展，但在精神面上似乎沒有隨外在的物利文明能量化的提昇，反而呈現著心智內捲、在心理塌陷下造成人類史上前所未有的糾結與附著性壓力、難以擺脫的焦慮不安和以妄為常的磁場混亂；面對外部快速發展與有限思惟的內捲高壓，我們內心所能提供給精神的能量已呈現不堪負荷的狀態，從各種跡象顯示：附著性內捲壓力很可能會成為 21 世紀的黑死病。

根據英國特許人事發展協會（CIPD）報告指出：壓力的傷害更甚中風、心血管疾病、癌症與背痛，或是說這些病因多數是長期覆蓋在壓力鍋底下所導致的一系列問題；從研究中發現：附著性壓力也會引發家庭暴力、造成社會問題；解決的根本方法：

1、減少想要卻可以不需要的物慾、避免過多的心理負擔。

2、排除沒有意義的比較與鬥爭以防滋生負面情緒。

3、找到放鬆自己的平靜空間、生化新能量。

4、抽離現象、造化內心安樂自由的第三化空間，發展超越現實與經驗的精神性歸屬。

　　如果四者都不做，終究逃不了附著性壓力所帶來的身心疾病，而且從社會觀察發現：再多錢也治不好文明病，或是說西方科學知識所帶給人類的物利化文明，在內部進化趕不上外在進步的生態下，本身就是一種會造成疾病、使精神退化的一種生活方式。

　　近代三大階段的工業革命進程至當代數位化產業革命，為我們帶來超出人類日常所需的浪費性物流經濟，在國際貨幣、海內外貿易、股匯市虛實操作手段下，連結了國與國的經濟網絡和政治之間的共同利益，形成過去宗族與民族和原民生態所無法想像的地球世界化時代。今日科技也非常聰明，將時間數據化有效的整合、縮短產業製程與人我間的距離，讓希望與利益在古人眼裡看來就像魔術般的幻化產生，誘發人心更有機會見獵心喜將自己帶入短利卻也利短的強慾望，使希望退化的重商生態造成思維能見度越來越有限，漸漸失去思惟無限的本

質，短視的將人生每場賽局有限化，在為人處事上在乎的只是
輸贏和成敗，不再是過程的意義、樂趣與成長，漸漸失去為永
久性價值和人生至高點奮鬥的原始性精神。

而且近代壓縮式的相對文明在有限時空的發展下，似乎也
到了一種社會文化飽和的狀態。從社會觀察中發現，在各種社
會活動中只是重覆於過去的行為在相對空間的時間軸之中就會
陷入一種內卷化萎縮，不由自主的受控長期重商的社會壓力鍋
之中，無法穩定心性、駕馭情感思惟，即使努力也不能造化出
存在的新形態，只會使社會更加的沉重與複雜，造成人類心智
集體退化，受著無可避免的附著性內捲壓力的迫害；無論何種
組織文化只要達到端頂之後，那套物極必反循環模式的硬性成
規就會導致外在文化形成有限的內部糾纏，成為個體和集體與
社會的規章，限制生命的發展性。

重物利的近代人類在集體貪婪的多邊性發展下，社會空間
似乎已到達了飽和的狀態，或許人類需要的是往內提昇意識高
度、集體造化出更高維度的第三化精神性空間，而不是往外太
空尋找新空間，那只是在製造另一個問題的輪迴。

美國芝加哥管理公司麥肯錫的一項研究顯示，自 1950 年代
以來標普五百強公司的平均壽命已縮短了四十多年，從平均的
61 年下降到如今的不到 18 年。耶魯大學福斯特教授表示：企
業壽命減少的速度比以往都快，因為功利主義刺激人心急功好

利、讓思惟陷入越來越短視的有限賽局 (Finite Game)，關注的只是打敗對手、取得勝利、卻也很快失去，這就是失去崇高理想與無限思惟、掉入相對文化飽和、使企業內捲退化的宿命，只有外殼、沒有靈魂的企業，在無限賽局的商業世界最終只會走向窮途末路的命運。

經研究發現，因信念所形成的企業和只為獲利而成立的公司，其動機的不同卻也決定了企業存在壽命的長短；然而當今已很少有崇高信念所形成的企業或團體了，五大宗教之所以可跨世紀的存在二、三千年之久，至今影響力絲毫無減反增，就因為它是由崇高信念和靈魂的體現所凝聚而成的組織，它完全符合量子力學，**意識創造實象、物質源自能量的自然法則，**它就是上帝的科學；本位化大腦創造出的知識與物質，最後幾乎都成了垃圾，這即是人類的科學。

雖然西方列強在科學知識與數位系統化的推動下，重新賦予人類文明的樣貌與人生存在的意義，卻也使社會從單純的農業關係演化成群體分工、階級分別、重商主義的社會型態，造成沒有本事或籌碼的人就很難有效在層層競爭的累進下連結當代。這一套商業利益共同體在社會的高原上享有成功的滋味，跟不上就被次等化的淘汰，這是當今社會的現實；進步主義者將這種現象稱之為「偉大的社會進步」。在個體腦力發展下進步肯定是人類的一種必然性，但只管做事的成敗、不管做人的好壞，裡面也必然存在著社會重商文化的失衡危機，內不進化

的外在進步，這種內捲式的萎縮發展將會為人類帶來近代文明
的災難。

從古今中外的歷史軌跡中不難發現，在國與國之間的關
係、貴族與貴族間的往來似乎沒有永遠的朋友、也沒有永遠的
敵人，永遠的只是利益。這件事在今日重商主義與人我競爭的
社會關係上更是表露無遺；人性在近代知識體系與去中心化區
塊鏈思想的催化更突顯了個體利益的存在性，在主義化下嚴重
脫離中道的本性，無一倖免在遠離上帝智慧的人為知識發展下
都會染上文明病。超心理行為管理學研究發現，只有在精神面
上跑得比人類的物慾心快，才能避免受到重物之心內在塌陷的
的文明傷害，它就是在覺性心學系統的抽象作用下所發展來的
第三化空間。

不可否認在西方列強主導人類近代的發展史上，最大功臣
的確跟大腦神經元受到刺激有關，也就是說世界的進步是在西
方科學知識與功利主義思想的餵食下，使個體與群體的競爭野
性和腦力發展所產生的效應，在今日多元複雜的社會平台上**自
主性成長**已是一件刻不容緩的事，它是社會顯學、也是當代重
商主義下的成功者必修的學分。

就超心理行為管理學的理論看來，「成長」這件事大體上
可分為三種層次：

（一）、學習性成長：

它屬於知識的繼承、記憶的強化、數理、物化的邏輯性思考與專業系統技能的培育；它是典型的腦力成長、是IQ的鍛鍊；優點在於奠定成功的基礎、樹立社會尊嚴和存在價值的保證及腦自信的養成。

不過缺點也在這裡，因為容易掉入人性潛在的本位陷阱造成過度尊嚴的維護使心理飽和產生排他性、在權與利之間暗渡陳倉的爭鬥；這類人往往缺乏感性抽象的心空（減法）美學使人生與思惟受限在名利與權貴範圍，面對既得利益和尊嚴折損、唯我主義便會刺激大腦產生變質，使人性在高IQ下做出低EQ的行為；然而這類型的人因為有力發展個體聰明，所以善於從權謀心計中獲取不該有卻可擁有的利益，不過最後總會產生始料未及的禍端，甚至引火自焚，缺乏意識高度和無限思維的發展容易陷入金魚腦般的行徑，難以記取歷史的教訓，使歷史有機會重演。

從研究中發現除非具有崇高信念、品德高尚、自律超強、維度超物，四者有一，否則利益在前、權柄在握，沒有幾人不會慾令智昏的為人生帶來滿招自損的後果，不會的人或許不是不會，只是沒有機會戴上魔戒，在這個既需要合作又必需競爭的功利社會，因權力而鬥爭、因既得利益而衝突，這些事除了在中小企業和一般機關團體會發生外，在政商名流間與醫學界

和學術殿堂等上層社會也時有耳聞。他們都是高學歷也不乏是名流士紳，在工作表現上個個才華出眾，但其中具有崇高信念、自律超強、品德高尚、維度超物者實有幾人呢？只能說身外擁有越多、個體條件越好、越是在大腦上聰明的人，在品德不足下只要坐擁權位得之龐大利益，在人性心理上越容易變壞；可怕的是他們很可能都是很會講道理又會做好事的社會公眾人物，人性在缺乏往內修煉升級的無知與脆弱下偏好自欺、習慣說謊、在越來越有知識和高 IQ 的社會競爭下擅於利用遵循法律、違反道德、以行使正義掩飾不法、用善行包裝人性的劣根。

除非在精神面上發展出信念與遠見、坦承面對、走向往內升級的途徑，否則人生的路只會越走越窄、越努力只會越窮；但在有限賽局的輸贏刺激下大腦釋放出的嗎啡會讓人上癮而目空存在的危險和後果，面對人生我們似乎缺少內心的覺醒和一個知錯能改的自己。

戰國時代政治家商鞅在秦國所頒布的求賢令下投效秦國，在他的決心與企圖和聰明才智的謀略表現下受到秦孝公的賞識重用，且在獲得孝公義無反顧的支持十年變法，取得非常巨大的成功，使秦國從一個邊陲的弱窮國家變身為富國強兵，奠定秦國在戰國七雄的雄厚實力，對秦國崛起發揮了重要的作用，也造就後來秦始皇管理秦國的基礎，此舉還被史記大書特書一番。

　　不過當時商鞅利出一孔的強國之術政策，在秦孝公與世長辭後卻不幸的遭受繼位者秦惠文君的車裂（五馬分屍）、甚至滅族，死狀淒慘。因為商鞅所變之法是強道之法，雖可在最短時間發揮出最大成效，但這種殺雞取卵、為獲取利益不擇手段的後遺症，在施法的過程不僅會造成人心的分化，還會破壞掉先賢道德正義的優良傳統。

　　這種只管做事的成敗、完全不管人的好壞、有個體意念無共體信念、有方法卻無正法、缺德無道的以力服人、在得勢不得人心的高壓政策上得罪既得利益者，也就是當時的貴族們和太子犯法與庶民同罪的政令，在當時封建君主專制的體系下，法律只用於約束和懲罰人民根本不適用於貴族身份的時代，這真是一帖帶有劇毒的猛藥。

　　商鞅在秦國任內宰相二十餘年間，雖然如願為自己帶來前所未有的龐大利益，享受著一人之下、萬人之上的權力快感，卻也為自己的將來種下殺身之禍，難道如此聰明絕頂的人才不知後果的嚴重性嗎？理智上肯定知道，但一個缺乏崇高信念、一生只為求得名利的有限思惟、在心智上超越不了成敗和輸贏的人，只要在巨大權力與龐大利益面前，人性上的貪慾自然會蓋過理智、做出非正道而傷天害理的事、陷自己於不仁不義、一步步走向地獄。

　　商鞅變法的歷史典故告訴了我們：再聰明的讀書人獲得再

大的成就，如果缺乏崇高信念、面對人生不具有無限賽局、往內超升級的修煉，肯定會遭受中心化聰明和心魔的反噬，這即是鬼迷心竅、慾令智昏者的下場。從歷史觀察中發現，古代不少在戰場上彪炳顯赫的武將不一定死在戰場上，卻可能會死在文官的權謀之中，這些殺人不用刀的人都是帶有光環而知書達禮的文人。

　　典型的讀書人在知識體系與社會競爭思惟下通常只為功名利祿，無力發展具有崇高信念的身體力行，鮮少機會受到個體之上的心靈刺激、發展與人共命一體的仁愛精神、在心智上缺乏自他交換的情操；尤其是身處在有權可謀、有利可圖的環境中，就算學之仁義道德，也可能只是用來謀權獲利的手段。《禮記•中庸》說道：「力行近乎仁。」顯然不知學而力行於信念的讀書人很可能會在不仁與寡義的中心化腦力發展下近乎恥，在看似的成功背後悄悄的走上禍的那一端。

（二）、突破性成長：

　　它是在具有積極性和挑戰性目標的執行過程，才會產生的一種超越做事習性和個性的效應。也就是說必需在力行下使身心神經受到前所未有的經驗刺激才會產生的潛力發展；突破性成長裡面含量著面對未知的冒險精神和自我開放性；它是跨越習慣領域與個性禁錮的激勵性勇氣。

　　15 世紀義大利航海家，克里斯托弗•哥倫布 (Cristoforo Colombo) 在西元 1492 年獲西班牙王室的支持橫渡大西洋、發現美洲新大陸、為自己帶來揚名於世，甚至改變歐洲歷史的莫大功勳就是拜個體一連串的突破性成長所賜。他的一系列航行與建立永久居民的事蹟和努力使美洲大陸接入了近現代的人類文明，也為西方日後在美洲的括展殖民奠定了基石。美國是美州大陸第一個獲得獨立的國家，在 1776 年的《獨立宣言 The unanimous Declaration of the thirteen united States of America》中宣佈脫離英國統治，在 1783 年的巴黎條約中獲得認可，世界歷史也將哥倫布的環球航行視作中世紀史與近代史的分界點。

　　從哥倫布的成就和人類史上的進程不難發現，**突破性成長是所有成功者的力行途徑**，少了這種精神元素就算成長也只會停留在第一階段：學習性的腦力成長 (典型讀書人)，在 21 世紀這個知識強權世代的成功者們之所以可以從群雄勝出，很大的成份就是在不斷的學習性成長下透過挑戰性行動進入了突破性成長所產生的效應與結果。

　　從超心理行為管理學研究中發現，**突破性成長的動能**產生於：

1、超越眼前誘因，找到內在的嚮往、轉化成一種明確意志所給予的激勵。

2、對未來人生的樣貌抱持著高度期待。

3、對希望懷抱勢在必得，勝過損失趨避的壯志雄心。

4、對目標採取有效率的持續性行動。

（三）、破壞性成長：

不過即便進入突破性成長為自己帶來成功的累積，如果缺乏超越有限賽局的破壞性成長，只為了成敗輸贏，不知往內發展減少美學，在常態心流中發展第三化精神性空間，最後只會內捲在定型化心智、深陷重商業的社會文化、因成功帶來內憂外患的傷害，因為黏著於人我事物的三維立方心思會使內部空間萎縮、承受不了所得到的財物量能、在精神面上會產生附著性壓力、扭曲的在為人處事上變質。

正如哥倫布雖然發現新大陸為歐洲歷史帶來了巨大貢獻，美洲的原住民卻也因為在歐洲殖民者的侵略與掠奪和組織化的屠殺及所帶入的病毒遭遇了滅頂之災，相信這不是哥倫布的本意但有限的物利思惟讓他輕忽了人性，在見獵心喜的貪婪之心下很可能會做出喪心病狂的事；一個人的成功如果是從傷害他人、甚至造成他族的滅絕所獲取，功成名就裡面肯定會有意想不到的詛咒。

從 1492 年哥倫布登陸美洲開始的三個世紀，西班牙在美洲

大陸和加勒比海地區不斷地進行著征服和不仁道的侵略殖民；
在 1918 年西班牙就出現了流感病毒，造成 4000~5000 萬人的死
亡，遠比第一次世界大戰喪生的 1500 萬人數還多，這看不見的
病毒至今還一直糾纏著全人類，尤其在歐美更是一種揮之不去
的夢魘，至現今的 COVID-19 病毒、猴痘 (Monkeypox virus) 更
肆虐著歐美與世界各地，而且經研究指出猴痘病毒的攻擊對象
百分之 99 以上都是男性，這是否意味著與當時屠殺式侵略行為
都是男性所為有關呢？當然世界各地諸如此類的天災人禍並沒
有任何科學證據顯示跟人類集體貪婪無知的行為與西班牙當時
的屠殺式殖民侵略有關，但太多事實與不明究理的現象讓我們
不得不去連想，歷史雖是過去的事蹟，但在這條穿越時空的長
廊上所呈現的種種巧合與非科學可解釋的現象卻佐證著，它是
一條無限的區塊所連結糾纏而成的輪迴大戲。

　　歷史在人類世界中一直扮演著最巨大的文化力量，它存在
回饋與反噬的強大作用，裡面有條不死的靈魂；雖然祖先已逝，
從我們各種基因表現上還是清晰可見祖先的身影，歷史共業是
過去、也隨我們代代相傳的 DNA 來到現在，只要經歷過的事，
它都會回來找您，人生各種意想不到的事無論好壞都是存在您
身上的歷史寫照，這套系統就是潛在自體文化，其中也存在著
自體與他體間的共業文化交織。

　　歐洲在過去擴展殖民與美國自由民主的政治勢力和軍事力
長臂管豁 (long-arm jurisdiction) 的影響與作用，使西方日益強

大，也在知識強權的掌控下扮演著主導世界的地位，但接踵而來所發生的不可抗力的天災人禍，有部分或許就是過去得之不仁不義和不法的無形詛咒及過度發展知識，破壞地球、污染環境所惡化來的反撲力量。歐美在中美貿易戰和 COVID-19 與烏俄戰爭的波及受到供需市場產業斷鏈的擠壓，使民生物資面臨40 年以來最嚴重的通膨、造成經濟可能面臨衰退、政局不穩定的內憂、長期受到恐攻威脅、中國日益強大的外患便可看見即使取得幾世紀的巨大成功，只要不順應天理和人道正義或在假仁假義下，終將受到無知與不法行為的反噬。

很明顯的世界正處於歷史轉捩點，英國前首相布萊爾 (Sir Anthony Charles Lynton Blair) 在 2022 年倫敦的 (國際戰略研究所 International Institute for Strategic Studies；英國智庫) 迪奇利基金會年度演說中 (Ditchley Foundation Annual Lecture) 表示：烏俄戰爭顯示出西方主導政治和經濟的時代即將結束，中國與俄羅斯合作正在崛起，可望取得超級大國地位。這將揭開近代史上，東方與西方平起平坐的序幕，布萊爾還預測中國經濟將在 10 年內超越美國。

超心理學研究說明：人類一切努力與活動其範圍終究受到人為象限的擺佈，脫離不了物極必反的相對宿命，面對不學習就會被淘汰的競爭化社會，除了對名望物利有限賽局追求，也必需在心中的平靜處發展超越性的第三化空間，對受困於人為象限的人類文化有所察覺、頓悟人生其實沒有任何目的、只是

生命體驗事理與真相的過程、是靈魂淨化升級的工具、是一場超越人為象限進入宇宙心流的無限賽局；並不是有限化身體、物慾、知識、情感、和迷信的奴隸。

當然這種超越性理論並沒有要您放棄人生的現實面、背離社會進步過著原地踏步的生活，只是希望您將目的化人生體驗化、超越有限思惟在學而力行和突破性成長下有所覺醒、用著知所求缺的破壞性成長心態面對求全的人性盲點、使心思在原始察終的作用下抽離現象、通透事物的本質、找出宇宙中最神秘微妙而甚深的第三化空性力學，它是自然無限發展的引擎、是上帝自由的心臟。

正如新鮮的蝦肉與殼之間看似黏在一起又好像分開的若即若離狀態，反之不新鮮的蝦肉與殼之間必定是黏在一起，而且越不新鮮就會黏的越緊而發臭；顯然唯我於求全而短視又短利的有限化人性讓我們的心思黏著在自己的身體和想要的事物上；在缺乏若即若離、抽而不離的 0.01 微妙的空性力學下造成附著性捲纏壓力，使身心不新鮮、甚至發臭的產生煩憂、苦痛及各種疾病。人性執著於現象、戀情於物象、困惑於假象，在心智上產生象限迷失而不自覺，在求全的意念上陷入物極必反的宿命。

而且只要個體條件越好，大腦神經對完美就會更加的主義化，就發展力學來說：完美主義的意念雖然具有推動人性走向

成功的導向，卻也容易讓人在得名獲利時產生自滿高傲，在日暈下造成見樹不見林的盲目，驅使自己在浩瀚無垠的宇宙中象限化的走向衰敗輪迴的命運；這就是《史記·太史公自序》所言：原始察終、見盛觀衰的事理。傾斜於中心化腦力發展、只求個體突破性成長、將人生目的化的成功人士，心智上可能會在唯我的有限思惟中更加求全於主義化的完美，忘了自己只是個凡人，而滿招自損、嚴重違反有缺才能發展的自然力學，使自己內捲在定型化的有限社會文化模式，造成心靈退化的焦慮不安，甚至恐慌的現象。

雖然中外歷史皆已闡明了：「功高蓋世者不賞，威震其主者身危，權過造化者不祥。」《史記·淮陰侯列傳》這卻是捨我其誰，只要有機會不少人就會想去嘗試與爭取的要命成就。只能說唯我的人性中心化腦力發展障蔽了心智融通本性的靈明智慧，使人慾令智昏的活像飛蛾般的撲向雄雄烈火。我們可以從黃金提煉功法再如何的先進，純淨度始終也只能達到 99.99 的現象中得之，自然完美的最高密度始終都保留著一點缺，那 0.01 看似的不完美，就是大自然留給自己無限發展的空性力學，那一點就是上帝創造宇宙天體永恆不滅的心臟。

《書經·大禹謨》說：「滿招損，謙受益，時乃天道。」那個「謙」在說的就是求缺之道，亦是無限發展的神奇力學；似美國哲學家詹姆斯·卡斯 (James Carse) 提出的無限思惟《有限與無限的遊戲》所產生的無限賽局 (Infinite game)，才能獲利於

無限大的商業理論；它不是以輸贏為前提、不是以保健自身利
益為首要，是將崇高信念放在利益的前面超越成敗、以它為執
行的方針體現靈魂的溫度和生命的高度，在賺取人心下永久性
的獲利。

　　可見只有超越外在誘因、從內在產生來的動機、在崇高信
念和知所求缺的心態下才能避免落入完美主義的輪迴陷阱，在
唯我下違反無限發展力學；我認為透過覺性心學系統往內在『破
壞性成長』是當今著重中心化腦力發展、傾斜於物質名利和知
識績效使社會發展文化在有限的相對空間幾乎已達到極限的世
代人類，非常匱乏的超心學智能；它是帶領心智在擴散性流動
中超越人為的相對設限、使精神高度文明的途徑，是近代文明
下的人類迫切需要的大學之道。

The Birth of
New Civilization

The Birth of
New Civilization

第三部 第三化精神性空間發展的途徑

The Third Dimension
of Spiritual Space: Pathways of
Development

第一章 / 近代心理學科

*Modern Psychology: Understanding
the Human Mind*

**The Birth of
New Civilization**

第一節 現代心理學科

近代文明在知識發展下不少學者專家都在思考的問題:「到底是什麼因素與力量在決定著一個人的成敗與禍福?」不約而同都指向是學習與成長過程所養成的習慣、個性、經驗與認知,這些組織正好形成個體上的心智性格結構與自體磁場頻率的定向,它就是一個人固定的心理途徑。從一個人的行為模式與生活態度只要站在理性客觀的高度,在很大的成份上是可透過推理預測出個體上的固定心理途徑(後天文化的養成),問題是人對它很陌生卻受控於它而不自覺,一個人的行為表態都是心理途徑的一種反射性活動,這就是心理學的基本概念。

心理學源自古希臘文「Psyche」,意指心智 (mind);是一門以研究人類心智與行為和心理反射行為現象的學科。它包括理論心理學和應用心理學兩大領域。心理學分為精神分析、行為主義、人本、認知、生理心理等五大學派,研究目的在於描述、解釋、預測和行為控制,最終應用在有效改善自己、進一步縮短與希望間的距離、提高人類整體的生活品質。心理學的核心功能是利用科技化的研究方法,幫助我們理解自己的思維、心態結構、行為運作模式所產生的因果關係或對自己的行為預測,在認識自己下有效率的做到更高程度的心情決定、情緒控制、自制所慾、秩序化意識等四大自我決定。

　　有效的做到內部控制是決定一個人面對人生努力是否成就
與安樂幸福的關鍵所在；從社會觀察中發現人生最大的難題不
一定是在事情上，但肯定是在遇上利益衝突、情感糾結、尊嚴
面子和生死的時候拿自己的四大（心情、情緒、慾望、想法）
有沒有辦法；因為在學海中人最缺乏的學習就是中央化的心智
成長，那是可站在心理的高度上決定自己的智慧，中心化大腦
學習所發展來的聰明才智是當今社會的主流，但在缺乏中央化
成長的背景下，人是駕馭不了自作聰明的，這是中心化大腦為
主體的 21 世紀所要面臨的最大問題，因為裡面存在著群體失控
的危機。人的一生幾乎都被事情決定、受外力控制，原因就在
缺乏往下決定自己的高度。

　　不少人會以為心理學是一門讀心術學科，但並非如此；它
是從一個人的行為模式與態度表現，在微觀的途徑下去推論可
能的心理和生理或精神上的原因，並從中預測出各種可能的結
果，心理學被認為是讀心術，不如說它是行為科學的預測術。

　　我認為它的學習方式除了從知識面獲取理論之外，在實務
上更需要在生活面上做出以下的程序：

**(1)、對不特定人士間接觀察心理行為的反射與人性本質
上的認識。**

**(2)、直接觀察特定人物的外在行為與對自己的心理返視
所累積來的內外數據。**

(3)、在整合下條理分析，做出預測與正確的指引。

(4)、同時修補捷思性思考的認知偏誤所為自己帶來的思見盲點與漏洞。

　　心理學是科學的本質，在超越性的運用下也是一門可透過心學系統化識成智、轉換應用在生活與工作和人我關係上的學科；客觀來說，它就是獸性與神性合成演化來的人性結構下的解剖學；也是心理行為預測術。

　　心理學理論主要有五個步驟與功能：

(1)、描述：對問題現象能詳實而具體客觀的說明。

(2)、解釋：對問題的相關形成關鏈性與因果關係的邏輯性解析。

(3)、預測：根據以上和累積的經驗對同類問題參考，在超驗的客觀性下預測未來發生的可能性與或然率。

(4)、控制：了解問題的因果關後，在系統思維下經由人為技術的運作獲得有效解決；或在個人的認知與心理途徑的改變下避免相同問題重覆的發生。

(5)、應用：將過程與研究性果、方法，整理應用在自己身上或其它方面，用以解決生活中實際問題、為自己或

他帶來成功與幸福、有效提昇人生的層次和生活品質最後將它彙整成研究專題或論文做為一種未來更成功的質性發展將人生有限賽局無限化、做為智慧的傳承。

　　不過心理學研究雖然立意良善，但它終究只是一門特定學者專家在研究的學科，離一般人距離似乎很遙遠，而且多數研究還是停留在知識理論層面，在應用上對自己與人類的生活和問題的解決，並沒有太大的幫助，才會造成一般人只是往外在解決問題，使問題無法除根的一直在人生中不斷的重演；在屋子裡掉了一根針竟然跑到外面尋找，理由是外面比較亮；面對人生必需要了解內在的複雜文化情境與固定的心理途徑才是外在問題的根源，外面只是內在文化數據的影子，這是對心理反射法的一種基本認識。

　　雖然心理學給出了一個答案：人生的問題大半都是出在對內心的無知、對自己的陌生，在不自覺下受控於成長過程所造成的心理途徑（後天的各種養成）。但有限的心理學似乎沒有發現，再多的個體心理、生理，精神研究與人為運作的知識，對人類整體與個體上的正向發展及其有限，因為人生的決定權不僅僅是受到後天心理途徑的養成與中心化大腦學習與認知所左右，更受到先天潛在自體文化所安排，其中還包含著與他人的自體文化和集體文化上的糾纏或融構關係；它就是佛家所講述的共業關係。潛在自體文化是心理、更是超心理的能量型組織體、是靈魂的體系；祂在意識維度上更勝於心理學有限範圍的

認知，除非有辦法更新潛在自體文化這套合成系統，否則一生呈現大部分都會是它數據中的寫照。

心理學早期一直都是屬於哲學的範疇，直到 1879 年德國生理學家威廉馮特（Wilhelm Maximilian Wundt）在萊比錫大學（Univers- ität Leipzig）建立了第一個心理(學)實驗室，至此標誌也新立項了現在心理學的開端，成為一門實驗科學、勾畫出一門新的科學領域。但心理學研究發展至今並不符合社會進步太快、生命進化太慢的現實期待，尤其是精神心理分析學反而為人類增設出不少的病號名稱，造成不少人對號入座在心理或精神上判決了自己的異常，也理論出各種讓人眼花撩亂數十百種片面性的心理學解析效應，它到底是幫助了人類？還是在困擾人類的判斷？或是要我們發展出往內在決定自己的能力。

任何知識都必需被心學化識成智而有效的站在知識的頂端使用它，否則再了不起的知識見解對學習者而言也只是高等的框架，被囚禁在用黃金打造的系統化籠子裡面，這到底是幸還是不幸?21 世紀可說是個知識氾濫成災的世代，然而問題並不在知識，是在一般人化識成智的心學太弱而受控於大量的資訊與知識，以它做為人生的標準與見解，使自己落入捷思偏誤的理盲陷阱。

心理學的效應端點都是產生於從獸性與神性合成過程所演化而來的複雜人性，它生之於自我意識的形成，自我意識又生

之於人類特有的反覺意識，這就是人類在照鏡子的時候，可以確知「裡面那個人」就是「我」的個體認知能力。對動物而言看到鏡子中的自己通常不是攻擊就是逃跑，因為不知道那是自己。

「反覺」這種超越動物生存本能神經的識性；就是佛教學理所講述的覺性功能；它是人類特有的精神性；也是因為有它的存在，自我意識才會更具體的形成，讓人類成為可完整感知到自我存在的生物。不過從觀察中發現：一般人只是將覺性意識的強大功能淺用在表象上，並沒有將它更高層次的運用在返視內觀，將它訓練成一種可知見潛在自體文化的技術，甚而發展出第三化精神性智慧空間。

經長期的研究發現：缺乏意識本源性的心理學科很可能會落入一種知識研究的屏障與迷失，心理本身並沒有足夠的力量改變心理，這就是心理學家也不一定可以改變自己、一般人更是明知自己的生活習慣不良、做事不積極、有嚴重惰性確怎麼也改變不了的原因。人顯露在外的一切行為模式與態度大半都是受到所養成的心理途徑所控制，在生活中造成心理學所提到的參考點效應。面對人生不少事情在名義上雖然都以經驗參考做為訴求，但在心理上確早已定錨而主觀的在看待，它會讓人落入一種雖然非常熟悉卻是迷失的狀態。

人最不了解的人往往是最熟悉的人，對其他事物也是如此，

人會將所常看到的事物下載到心智之中，成為心理圖像與符號，只要重覆的次數熟悉到飽和的狀態就會對它產生無感、甚至會出現視覺遮蔽，也就是視而不見的現象，它就是心理學所說的適應性效應。這或許是人腦每天都要處理非常多繁瑣的大小事務，所以自動會排除掉已達到飽和的熟悉事物，只會將心思用在不熟悉的事物上，減少身體能量上的耗損，但這種視而不見的心理迷失，卻也可能為我們的生活帶來危機。在適應熟悉的人和另一半的面前，只要產生鈍化無感，尊重或浪漫、刺激與愛的行為就會消失，難怪有人會說婚姻是愛情的墳墓，原因就在這理。從社會心理觀察中發現，人會永遠記住幫過他那一次的人而感恩在心，卻會忘記常常幫助他的人，不再幫他的時候還可能會受到無情的回擊，這也是適應性的一種熟悉飽和效應。

身為具有覺性意識卻不善於更高層次使用它的一般人來說，在人我關係與人生面對上其實是危險的，在求之於利和競爭生態、社會尊嚴與自我證明的人性下，如果不善於使用反覺意識、內觀己心、發展出意識高度的話，人我間的傷害隨時會在生活中上演，甚至竄流於整個社會，而且越聰明的人造成的傷害就會越大。低層次的中心化大腦與高層次的中央化心智流動必需共同發展，才能在做事的成功中享有為人的幸福；學會在內觀下對心理途徑有著高度的自覺與覺察，就能避開入鮑魚之肆，久而不聞其臭所造成的心理迷失和捷思偏誤，只要看懂了潛在的心理途徑，就可明白原來自己與希望之間，只是心態

上的距離。

　　自體文化這套先天途徑與後天途徑的整合性系統，就是決定人生整體的關鍵，它是一套未顯化的數據型能量體，會藉由人生過程中的所有行為造作與生活態度體現它的存在，成為人生整體的顯化。它就是個體意識磁場頻率的均質數，是您人生的劇本，除非更新內容、改變頻率上的均值數（途徑），否則一生努力大概就是由這套自體文化中的數據所決定。

　　超心理行為管理學，就是一門針對改變心智意識頻率均值數，有效更新自體文化系統，重整命運軌跡，帶領內心開悟，達到成功幸福所研發出的學問，它是心理學更是超心理學的自我設定教育。

**The Birth of
New Civilization**

超級人類 新文明的誕生
Übermensch The birth of New Civilization

The Birth of
New Civilization

第二節　超心理學科

　　21 世紀成功的關鍵在於中心化腦力開發，但人生整體的成就與幸福只靠腦力局部性聰明是不夠的，還得依靠心智意識頻率的揚升和潛在自體文化體系的更新才可做到，因為科學觀測不到的潛在自體文化系統才是人生的操控者，這就是再聰明的人也可能會違反本意做事、頂著高智商犯罪或成為家暴者甚至自殺的原因。就算 IQ180 所能決定的人生範圍也非常有限，人生整體的呈現是決定在被自我意識固定下來的心智頻率和靈魂的素質。但 21 世紀的科學與教育一直將希望寄望在大腦神經元的發展，不知心意識的揚昇和重整才是人生整體希望的源頭，過度強調或太著重在腦力發展的人生很可能會為自己帶來災難，工業革命至今的知識與中心化的腦力發展為人類帶來的環境災害所造成的自然反噬已說明了這件事。

　　經心理學研究認為：人類在超自然演化的腦力進化下具有其他物種所沒有的自由意志 (獨立性思考)，可隨意願決定自己的人生、過著自己想過的生活。但事實所產生的結果並非如此，多數人的一生似乎沒有因為意志的自由而如其所願。這件事早引發我高度好奇與興趣，經踏入社會自行創業，因職業之便常與各行各業和不同社會階層人士近距離接觸，進行深入性匯談與了解。

　　在長期觀察中，發現一般人的意志非常容易受到外力而動搖，很難保有初衷、持之以恆。也就是說人在大腦意志的背景下並沒有真正學會操控意志的本質思考和解析自我的返視內觀力，在生活中常會錯估自己、誤判情事；或是說我們的內在其實早就存在著一股強大且複雜的數據化能量在演算中決定著您的大腦意志和人生種種的呈現與發生。在 28 年來的深入觀察與反覆性的超心理研究發現，每個人身上都保留著過去所累積下來的綜合性經驗被化為一種潛在的組織型能量、成為專屬的磁場訊號；也許我們感知不到它的存在、科學也觀測不到它的身影，但每個人在日常中卻會莫明的對它產生信任與服從，而且遠超過親眼所見和學識與思維意志，這就是人張著眼睛還可能會看錯或做出錯誤選擇的原因，它可說是人潛在的一種強大電子信息；雖然科學知識值得我們學習，但面對未知現今的科學還是充滿著無知、甚至對真理的誤導。

　　在缺乏超越心智的自主性行為下，我們面對人生的反應與態度在很大程度上是被它決定的、IQ 再高的人也拿它沒辦法；這一套超心理能量型組織體（靈魂）涵蓋著天生的基因藍圖，其中量存著祖父母的遺傳性記憶與前世所為的行為烙印和融構了後天所養成的習性、個性、成長環境所回饋的神經記憶及經驗組織（潛在自體文化 示意圖）；這先天與後天所組合而成的載體就這樣成了每個人專屬的「潛在自體文化系統」(The latent autoethnographic system)，無疑的您就是它唯一的繼承人，任何身外物的繼承都會失去，只有被繼承下來這套能量型組織體（潛

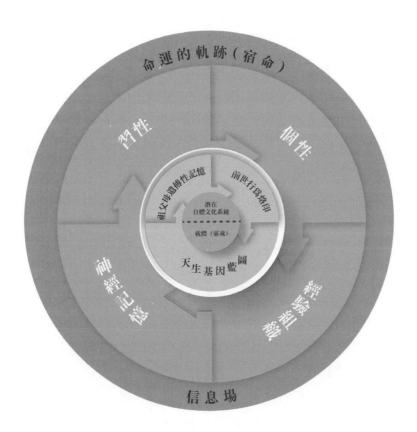

天生基因藍圖

命運的軌跡（宿命）

習性

個性

神經記憶

經驗組構

信息場

祖父母遺傳性記憶

前世行為烙印

潛在
自體文化系統

載體（靈魂）

自體文化 示意圖 資料來源：歐青鷹（2023）
《超級人類 新文明的誕生》（頁 287）高雄市

在自體文化系統）會永遠跟著您，祂就是藏身在您內在的靈魂體系。

　　只是一般人對這套被繼承下來的載體文化非常的陌生，但它卻在我們的生活中如幽靈般影響著您的思維理路和所做所為與各種日常選擇與決定，甚至不少人生的意外也是它的寫照；潛在自體文化系統理論說明：人生主體結構就是一場被編輯好的宿命，您就是這一場人生劇本中的主角。潛在自體文化會無聲無息的在您身上，產生一種特有而固定的信息場，同時操控著您的思惟運作模式，它缺乏高維度的見解，不具有對現象的穿透性，所以對自己的深入性很無知、對事物的根本性很不明。

　　腦力開發是近代文明的主流教育、是 21 世紀科學希望的寄託、是學術界用來證明自己的方式、是一種政治手段、也是人類自許偉大的軸心。但事實告訴我們：缺乏高維度心靈藉體的腦力發展在希望的背後很可能充滿著傷害。西方所求取的科學性教育雖然看似分明卻是對立，從中國人好用圓桌、使用陰陽合同的筷子用餐；西方人喜用有角度的長桌、使用分化對立的刀叉飲食，就能看見東西文化、生活習性與做人處事的大不同；先人所傳承給我們的處事之道與做人之理、情志發展都是依循自然法道的高維度精神，指引我們在自私中內涵著無私的讓度，表現著莫大的尊重與高尚的品德；中國哲學文化在超越相對思維的智慧中將自私制衡得恰到好處，也將小我極大化的融構於群體，做到人生最大的組織化循環管理。

　　中國儒釋道三家教育文化的傳承是腦力發展，更著重本質思考和靜心下的高維度智慧的發展，因為再高的 IQ 也脫離不了從物和從眾心理，充滿著本位化的無知與盲點，所產生來的意識頻率也只能在中軌道的上下夾層，這也是人最容易塑造自以為是的階段，它會讓人性更加的主義化，善於進一步思考的高學識者和專業人士與成功者會在不知退一步反思的本位，不知不覺生起傲慢心、凡事以自我為中心、對超越性成長按下暫停鍵，這也就不足為奇了。

　　唯有在思考逆行的覺性心學系統的引領下才能發展出高維度的意識，在心智擴散性流動力學的靜心下打開上帝的心靈禁區，發展出操控意志、主導心情、管理情緒的智慧。思考力發展雖然可更新部份潛在自體文化系統的結構，但能改變的範圍非常有限。而且從社會經驗中發現幾乎沒有人可以因為思考力的使用，而掙脫內心的焦慮與不安，獲得人生整體鏈的幸福；反而會因為高 IQ 而製造出不少人生問題和傷害，顯然面對人生需要的不只是腦力開發，更需要高維度的心靈發展，因為人是身心靈的組合體，一生的發展並非只是因為大腦所產生的作用，現今科學認為大腦是人生整體的主導者，但事實並非如此；它能決定的範圍極其有限，真正的主導是潛在自體文化，能夠大規模改變與更新這套系統的力量只有第三化精神性智慧。

　　覺性心學系統將透過人類特有的「多彩度視覺觀看腦功能」進入觀察性本質思考，從中發展出返視內觀的力量、抽離

對現象的定見性，**看透事物的根本性、看穿問題的本源性、看破現象背後底層的邏輯性**；促進心智意識擴散性流動；在高維度下靈明出宇宙虛空的宏觀、對自己深入性的微觀、對事物根本性的直觀，在三觀相互交叉循環的作用下成就心靈藉體，突破中心化的腦力發展，大規模的更新潛在自體文化系統、改變組織化的命運軌跡，成就人生希望的整體鏈，它就是人生成功幸福的途徑，也是內心的開悟之道。

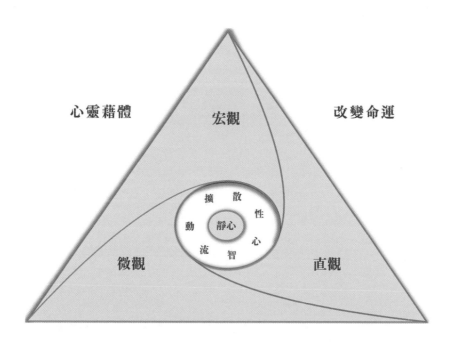

擴散心智流動 示意圖 資料來源：歐青鷹 (2023)
《超級人類 新文明的誕生》（頁 291）高雄市

超級人類 新文明的誕生
Übermensch The birth of New Civilization

The Birth of
New Civilization

第三節 嶄新文明思考趨勢力

　　聰明的人類需要進一步超越腦力，從內在提升意識上的高度，看見自己牢困在人造二次元世界、在人生整體面上不由自主的事實，用盡心力為生命找到真正自由的出路，掙脫由相對思維所創造出來的楚門世界。**每個人天生都被賦予對生命再進化升級的任務，對自己做出更高層的超人化選擇**，只是人造物慾與人工美化下的環境使人心對財物產生不可自拔的執念，無法形而上的大用於物，使內心重物的出現塌陷，在著迷於形形色色的物慾心下障蔽了我們往內發展更高意識的能見度，即便在高知識化的 21 世紀人類最引以為傲的大腦所能思考的能見度也被設限在相對的屏障，受限於物極必反的二次元空間，只是在這高知識化世代的社會，人與人之間的層次產生似乎也是取決於思考力的表現，這就是學習力與高層次思考會被當代社會重視的原因。

　　然而**真正的高層次思考就是具有超越二次元思惟的能耐**，是一種可檢查初中階推理思考過程所提供出的證據；其中是否存在偏誤與漏洞；理由充不充足；與邏輯有無衝突；讓思見從既有的框架與主觀設限中掙脫出來；在抽象的意識高度上不受過去經驗與情愫影響和干擾在統一獨立的靈界點上看待事情。這種超越現行人類慣用的相對思維會讓您發現到不合理和低中階思考的漏洞與盲點，有效的調整思路的方向，找出更為

完善的方案獲得問題的解決；值得一提的這種可超越二次元的
思考力表現是來自批判性省察系統作用才會產生的效應。

思考力表現在社群中一直扮演著最後誰可以影響誰、甚至
決定誰的角色；人類隨著大腦神經元的演化有意識的發展出控
管社會群體的階級制度，將社會不怎麼公平的分化出不同的身
份地位；權力就是體現社會階級的一種方式，無疑的金錢貨幣
就是賦予權力的最大力量，俗話說：「有錢能使鬼推磨；無錢
便做推磨鬼」道理就在此。

然而這種階級制度在過去 9 世紀~19 世紀的封建君主制時
代是一種被廣泛流行、非常外顯的政治社會制度，中央集權政
治也是依賴這一套階級制度才得以有效的運轉；時至今日民主
化時代人民雖然已擁有了平等參與公共政策的權力，同時也具
有集會和言論通訊自由公民權、選舉權和生命權，但中央集權
思想與階級制度的社會行為還是存在人類的古文明基因裡面，
在當今民主社會的結構中被化為社群活動上的一種無形文化契
約。

集權階級文化在當今民主與商業化的文明時代，只是被轉
換成誰能夠在自由市場的機制下擁有越多的金錢貨幣在社群中
就越有可能在社會階層上高人一等，相對也會擁有較多的社會
資源與權力，然而在這前提下希望大量擁有金錢貨幣，在這個
高知識化的民主世代主要不再靠勞動力成功致富的 21 世紀，必

須先設法找到在自由市場上的競爭力、將自己與多數人區隔開
來、使自己具有市場價值的獨特性、盡可能的做到具有不可被
取代性，這關鍵就在您的大腦操作，也就是必須在思考力表現
上超越一般人。

人與人最大的差別不一定是在外部的條件，但肯定是在思
考層次上的不同，在過去普遍文盲的農業時代只要讀書識字
就可以明顯的將自己與多數人區隔開來，在社群中站有一席之
地，被個人化的看待。時至今日人人都是讀過書的知識份子，
思考力的強弱依然是決定人與人之間的差異和能否成功的關鍵
之一，因為它攸關著一個人的社會競爭力。

然而人的大腦思考運用法大致上分為：

（一）、可得性捷思法 (Availability Heuristic)：

它是初階、也是一般人在日常中最擅於使用的一種思考法，
它是抄捷徑來的執覺反應，是指對特定的事物在做出決定時並
沒有對它進一步的思索便做出了粗糙的主觀判定，雖然它讓人
覺得沒有用腦上的負擔與壓力，卻非常容易誤判、造成與事實
違背的結果，充斥著偏誤性；好比看見路面濕了就不假思索的
執覺判定剛才一定是下了雨，但事實卻是水車大量在路面上灑
水，讀書人品德高尚、目不識丁者品德低下，但事實往往不一
定是如此，當然它也的確給了我們日常上的不少方便，如各種

詞彙上的使用與基本的 1+1=2、3X3=9 的慣性數學公式使用，不過也是因為它太方便而造成了我們在使用上產生捷思心理的陷阱。

日常中我們常會落入可得性捷思法的圈套誤判事情，造成在職場與工作上不少有形無形的損失與傷害和相處上的分歧對立。可得性捷思法是我們非常習慣使用的一種思維評定，因此常被可得性知見給蒙蔽，落入熟悉卻是陌生的環境文化生態裡頭，為自己製造出生活上的危險，可得性捷思法也不自覺的將我們帶入群眾效應的集體意識之中，成為政治與媒體和各種商業潮流的操弄對象，活像失去靈魂的僵傀，如果不進一步學會再思考無論在那個社會群體幾乎沒有什麼競爭力，最後只能被一群一群的看待、無法被個人化的對待。

（二）、學識性思考法 (Critical Thinking)：

它是中階有限性邏輯思考法，是在科系化下學會了一些理論和相對系統想法，刺激前額葉發展局部聰明與特定的才能，將它運用在工作與不同處境之中；首先必須擁有知識學習、記憶化的在主題上思考才會產生的一種能力，這在各大專院校普及化的今日不少人都會有的一種思考力表現，這就是當今先進國家的人民 IQ 都在全球平均值以上的原因。

2023 年世界人口綜述 (WPR) 組織數據調查指出，台灣人智

商均值高達 106.47 排名躍上了世界第二名，僅次於日本 106.48
的智商；高於新加坡的第三名和中國的第五名及德國、荷蘭的
第十名。經研究發現國家人民智商均質的高低、高教普及率和
營養、引進新數據技術的可能性、資訊的可得性及人民貧富差
距有著密切關係，尤其是高教的普及率；不過面對人生的整體
這種學識性中階思考發展來的聰明才智，並不足以為自己帶來
明顯的成就與幸福的長久性，充其量只能在生活面上帶來基本
的生存空間，因為發展來的相對能力在很大的成分上只能運用
在工作上，無法跨領域在人生其它面向上發揮出成效。

因為學識性中階思考法容易落入殼倉格式效應，往往會在
專業才能上表現出高姿態將自己軸心化，缺乏在高度上與他人
融通的氣度，無智對一件事情有著深入性和關聯性的看法，也
無法透析事態上的因果關係；不少專業人士都很固執己見、難
以在不同立場協調性的溝通，問題往往就出在局部思考力、加
上自卑與尊嚴的中心化所產生來的殼倉格式效應在作祟，這種
局部思考來的聰明才智裡面往往存在著不為當事者所知道的相
對盲點、容易產生意見分歧；造成無可避免的衝突；這也是在
這個高教普及的知識化時代，在有利可圖的共同利益圈之外的
空間不易相處的原因，台灣離婚率居高不下就是一個例子。

只能說要嗎就在大腦上單純一點，或是讓大腦往上升級到
具有超高層次的智慧性聰明；不要一直停滯在中心化的局部聰
明，在這種上下去，也下不來的夾層中自作聰明，是最折磨人

的一種大腦使用；受過高等教育的人，普遍性都有這種大腦，或許這也是活在知識文明富裕中的人，在心理面會出現各種前所未有的壓力，在精神面上會產生各種負能，在物質不匱乏的生活中難以常保快樂的原因。

受過高教已具有專業化聰明卻還是活得不怎麼快樂的人必須對這件事有所警覺，奮力的從這種聰明的僵局之中跳脫出來，進一步為人生整體希望發展出超高層次思考法。

（三）、超高層次思考法 (Meta-level thinking)：

它是一種對既有的中低思考進行有意義的批判；當然所說的批判指的並不是要您否定自己或罵人，它是對慣性捷思與學識成見進行檢察的意思，從中找到突破性和更多的可能性，這種超高層次思考力表現除了具有研究精神之外，同時也具有省察自己、在動態中靜心的能力，因為即便有了研究精神在某個領域上成為專家，在生活中也可能會出現低能或不自覺用著軸心化的研究態度與人相處，這對家人與朋友或另一半，很可能會成為一種災難…。

而且再聰明的研究腦袋終究避免不了大腦儲藏能量的有限性和人性依賴經驗判別所產生的主觀性、及人類慣用的二次元相對思惟，這就是學識淵博做出的研究或專業權威者在知識不斷演進的過程，還是會被推翻改寫的原因。

　　在以大腦為主體的相對思維所造而來的人工知性世界，從來就沒有不會被推翻的知識與道理，然而真正超高層次思考力的聰明表現依靠的是第三化精神力的智慧，只有它可以超越先驗與後驗及學識的綜合性經驗，透過人類特有的理性邏輯推理與推演所給出的客觀性創見與答案，並且不會與經驗證據相互矛盾，這是超現實又不難現實，超經驗又離經驗的一種無漏思見。

　　很顯然它的主體性並不在大腦，是在往內批判性省察的靈界點產生來的第三化精神性智慧，所提供給大腦的一種具有獨立創見的思考力表現，古往今來那些在見解上永不可被取代的少數人，都具有這種超高層次的思考力與不凡的作為，只是這種力量表現出口在科學議器的檢測下看起來好像是在大腦，理所當然就被表面證據化的認定超高層次思考力表現是大腦所給予的，不知大腦只是被高維度的第三化精神性靈魂借體的精密工具，初中階思考法表現的主體性的確是在大腦本身，這也是一般人思考會受限在二元相對框架，難以抽象在高度上客觀獨立無漏創見的原因。

　　超高層次思考法之所以可以形而上的穿透大腦中的相對屏障，毫無疑問它的主體是在第三化精神性靈魂，並不受限於二次元的大腦，然而精神性靈魂的活躍性反而是在大腦暫停思考、在我不見的時候使心靜下來才會產生的一種神的痕跡。

　　知識化的今日一般人都有為生存活下去的聰明，但可自主性穿透大腦相對屏障的創造性智慧似乎只是少數人的一種專利，因為大學高等教育教我們專業知識，不過並沒有教會我們認識與了解自體文化和要如何連繫上隱藏於我們心中第三化空間的智我，因此一生只能活困在二元相對的大腦中，缺乏精神性靈魂的以習慣、個性和綜合性經驗為自我，但這只是中低層次的小我、是容易自欺欺人的我，是怎麼活都不能讓自己安樂滿意的我，也無法讓自己獲得內心自由的我。

The Birth of
New Civilization

超級人類 新文明的誕生
Übermensch The birth of New Civilization

The Birth of
New Civilization

第二章／心靈意識的覺醒

"Awakening of the Soul: The Journey of Consciousness"

第一節 人類失控的危機

百萬年來人類透過狩獵採集至數千以來的部落圈養農作在求生不易的演化過程，有意識的從生存經驗、對未來不確定性的威脅感生化出鮮明的非我意識，超動物反射神經的生化出人類特有的心理恐懼和期待心理兩種矛盾的情緒，在彼此衝擊下產生意識分裂性重整、質變出可創性思考基因、打破物種只為延續生命的自然定律、孕育著超越基本生存需求的可創性潛能。在心態系上方建構出上主下僕的社會意識型態，以此為失根之心的定錨作用，在心中產生一種控制與被控制的安全感，推動著人類超自然的個體和群體社會演化。

宗教信仰文化就是生之於理性上的心理恐懼、在無助下所質變出的感性期待心理，在理性與感性相互融合下的精神性訴求，它是人類一種非常古老的情緒作用，客觀上也是當今元宇宙大數據虛擬實境的原型。

人類特殊的覺性意識精密複雜的生命演化過程，在受孕後的基因感性與感覺所累積來的感知約莫 6 個月之後將之轉化成基本的自我意識和自體微量情緒作用，這一時期胎兒與母親的情感信息會互通有無緊密相連，所謂的胎教就是從這時候產生了明顯而持續性的作用。那時的意識形態幾乎來自母親所有情感思緒，客觀來說，母親當時的情緒波動產生的信息就是胎兒

的意識，它就是「依賴意識，」成了我們後天的第一個意識；
這就是出生嬰兒在週歲、甚至 3 歲之前與母親會形影不離、哺
育期會特別長的原因；當然這也是人類特殊性演化導致嬰兒的
腦容量遠遠大於母親骨盆，在還沒有長牙和骨骼機能成熟前就
必須從娘胎出生，否則母親將會死於難產，以生物學看來我們
都是早產兒，所以必須長期依賴母親或他人哺育，否則根本活
不下去。

人性害怕被排擠、渴望被接受、養成從眾心理 (Bandwagon
effect)、熱衷用著各種方式與他人在關係上產生情感化的連結，
從中獲取安全感與存在感的行為，經研究觀察跟有利於生存的
原始性基因和在胎兒時期密不可分的母子連心與後天社群效應
所產生的社會尊嚴有很大的關係。在 4 個月至週歲：嬰孩會開
始玩弄自己的手腳和身體甚至性器官、開始細微的感知到有一
個形體上的自我存在、會在新意識形成的驅動對週遭的事物與
環境產生好奇；到 12 至 18 個月後：在獨立探索與觀察的行為
與經驗中發展出較為複雜而具有機能性的自我意識，開始帶領
自己走向自我學習的路。

隨著成長的過程，在更多元化的新意識的彙集與生成下逐
漸的統合和覆蓋胎兒期母親所給的信息意識，在感官經驗與學
習的攝取和環境影響下獨立出一個專屬的自我意識和相對應的
非我意識，由此型塑出心理意境和記憶程式、造化出特有人格
與行為樣態、在心智上產生出各種區塊性的心理邊境和防衛性

的意識恐懼用來保護自己免於受到傷害；不過一般人的心智也是在這時候劃地自限、漸漸停止多邊性成長的可能，人生的發展性也是在那時候劃下休止符的。德裔美籍發展心理學家與心理分析學者愛利克·霍姆伯格·艾瑞克森（Erik Homburger Erikson）社會心理發展階段雖然說明：「不斷的挖掘人生的可能性」才是存在的最大保障，只是除非被外力逼迫否則一般人通常會違反這項法則，無知的愚用保持現狀來保障自己，不知這等同是坐以待斃的態度、缺乏勇氣為希望改變自己，這種感覺來的安全感對未來其實是一種無可避免的危險。

當然對人而言，自我意識的複雜融構性所生化來的心理恐懼和糾纏化情緒不全然是一種不良的存在，在一體兩面多元化的沖擊質變意識的效應下，它也為人類帶來不少未雨綢繆、提前佈署、避災避難的正面發展，它會讓人類在受到環境威脅下意識到未知的危險而防患未然；也會讓人在高層次的思維逆轉、利用面對自卑與恐懼，產生改變與冒險的勇氣、在身心上發展出借助外力與環境資源的求生行為；更在自我意識的多邊性發展下，聰明的創造出可被自己控制的生活期待程式、昇華心理恐懼的可創性、獲取存在的安全感。

世界體制、國際通法、社會制度，貨幣政策等等的時空規範，就是人類所創造出來可被控制的巨大管理程式；這種超越動物反射神經在各種生存經驗所型塑而成的自我意識和非我意識，也讓人類格式化出相對空間、造化時間軸這個虛數值、有

意識的創造出長寬高的立方體世界；並利用可被自己控制的空間與物理程式保障自我存在的安全感，凌駕在地球生物之上、稱霸地球、更稱自己為萬物之靈，不過卻也因此將自己關在一個有限的立方體時空之中，在掌握世界的同時，也被世界所控制，在這複雜的結構中必然存在著失控的危機。

每個人都會使用先驗與後驗的意識製造出自體文化做為本位存在的安全感，不過我們似乎也受控在這一套文化體系裡面，只有非常態本質思考的超驗者可以凌駕在自體文化之上、發展出第三化空間與精神性靈魂保持連繫、得之超現實的靈感智慧、大範圍的擺脫人設程式化的控制，使自己超人化的存在。

工業科學知識的興起在短短的兩三百年期間，建立起一套前所未有的國際通法社會制度和龐大經濟體制，跨越種族圍籬和國家界線大規模產生不可思議的合作關係，帶領世界全球化，使人類秩序化於西方多元化的知識體系，重商業化了社會新型態與經濟共生鏈的整體脈動，這驚人的創造力在某一程度上，就是源自人類原始性，為求生下的理性恐懼和期待心理的感性矛盾沖擊所產生的可創性潛能發展，人類生存在宇宙天體自然之中，根本無能為力對它們進行任何有效的控制，這就是人類會很聰明在地球上創造出一個可被自己控制的世界，讓自己在生存上覺得安全，不過這種缺乏安全感的原始性，也讓人性非常習慣利用控制別人獲取安全感，控制可說是人類一生中最大的訴求。

　　美國政府於 1945 年二戰結束，基於人道立場與知識經濟強權下利用大量貨幣與技術援助當時戰敗的日本與戰後的弱勢國家，並協助軍事國防建設、提供技術漸漸獲取多數國家信任、對美金產生強大的需求，順理成章的讓美國立處在主導世界的地位；全球化說穿了就是一套在複雜的人性心裡與歷史背景和軍武行動、科技展演與本位中心的精密交織且充滿陽謀的貨幣政策和知識強權的操作下所形成可被控制的世界，現今貨幣政策的多元複雜性也包含著龐大債務；美國就是典型的債務型國家。

　　美金是不折不扣的債券但它依然處之領導地位，因為世界所有國家手上都握有美國債券，美金更活躍於國際各大商業平台兌換交易，美國舉債至 2023 年 1 月已達到 31.4 兆美元，但它的存在價值與重要性對世界而言已大到不能倒。在各方各面的強權操作下，提供經濟援助具有潛力和弱勢的國家以及庫藏龐大勞動經濟和專業產能的難民強化國家的運轉動能、提昇國際形象地位，這是強國主導世界控制全球化運轉非常聰明的作法。中國在經濟崛起下 2015 年 3 月 28 日發佈一帶一路 (絲綢之路經濟帶) 策略，倡議協助開發中國家發展基礎建設，沿線有 44 億人口、26 個國家 (截至 2023 年 01 月，已與 151 個國家和 32 個國際組織簽署 200 餘份合作合約) 所形成的區域經濟，勢必會出現重整全球經貿與勢力板塊的效應。

　　然而這目的除了向世界證明經濟強國的姿態、鞏固國族意

識、延伸意識型態上的隱形領土、強化地緣性政治影響力之外，似乎也有仿效美國的意味，希望透過大量貨幣的援助與技術合作投資模式和低利借貸關係，協助開發中國家發展各大建設、進一步推升國際對人民幣的需求、對中國產生高度信任、同時積極發展先進科技武力，充份表現經濟與政治和軍武強權大國的姿態，製造超越美國的機會，希望坐上主導世界發展新秩序的地位；不過希望改變經由文藝復興、啟蒙運動和工業革命三大階段洗禮，所造就而來的歐美化知識強權的牢固歷史並不是貨幣單一政策和技術性操作與野心就可如願的春秋大夢。美國能夠主導當今世界絕不是只靠著單一貨幣政策，必需配套滿足人性生活面、心理面和文化面上的需求才能做到的大事。中國雖然被世界公認是一個潛在的超級大國，但在整體經濟、社會、環境與政治等方面還存在許多不利因素，中國在聯合國與世界上的影響力仍與目前超級大國美國存在著差距，**從內部改革、走上精神文明或許是中國超越西方物質文明的機會。**

在國際商業經濟社會化與專業系統化知識的體制下，我們一出生就必須被迫契約化的踏入貨幣系統與科技知識體制的文化框架之中，在被程式化的心智範圍進入以經濟為主軸的社會商業制度和沒錢消費就活不下去的意識型態之中，無論您喜不喜歡都得活在這一套為名利、為財物、為現實而努力、而理所當然過度消費的系統裡面直到死為止；因為您的一生就是被外力型塑出來的社會性自我，會被社會價值觀與環境化控制那是必然的事。人一生受控於自體上的信條與文化程式，自主權並

不在自己手上，不過很少人覺察到這件事。

從戰國時期(最早戰爭時代約在史前 14,000 年(中石器時代))至一戰二戰和各大戰役世代，人類還是馴化不了本位極權人性下的黑暗面，還是換湯不換藥的表現著侵略它族與它國的原始野性，直到今日侵略性的野蠻行為才被近代西方文明給馴服(尚未馴化)的讓戰爭平息，產生大規範而長期的和平。客觀說來西方知識文明拯救了人類，但如果沒有西方的科學知識和侵略性、殖民與貿易政策、跨海域行徑，戰爭會從宗族的區域性延展出國族聯盟形成世界化戰爭嗎？而且在看似和平文明行徑的底下，會不會隱藏著更具毀滅性的生化和核武戰爭呢？就算不會發生第三次世界大戰，現行的相對思惟空間下任何一體都存在著矛盾不和諧、對立不統一的兩面。

在相對的人智文明與科化快速卻失調的發展下，就算世界不再因大戰造成人類大規模傷亡，在物質文明、強權化的世界秩序集中化的形成和過度消費的資源耗損下所造成的環境破壞和知識高壓的社會意識型態，使自殺率、思覺失調、憂鬱、燥鬱等等精神相關疾病、罹癌人數的激增和蔓延和受人為病毒感染的傷亡人數，在近代文明中自我邊緣化的 ISIS 組織恐攻事件傷亡的總合，也不亞於各大戰帶來的傷亡人數。

顯然近代科學與知識文明為人類帶來的和平和富裕所造成的負作用，也許就是最貼近我們的生存危機；因為面對帶給我

們如此龐大好處和欲望滿足的物質文明，人們早已深陷自盲的日暈效應（Halo Effect），我們身處鋼筋水泥、網際網絡電信流量的輻射叢林、和環境賀爾蒙的無形侵害、癌症年輕化、在精神面上更受著高壓的社會性競爭所折磨。

但誰會去注意或相信，不斷滿足我們的事物和幫助我的人，會是加害者？一般人受控於五感，活困在現象之中，在缺乏本質思考的效能中看不見真相。就算學習大腦所生化出的意識也是屬於物化性質，根本無法在不俗的高度上超現實的微觀自己、在深度中知見未來，這就是再聰明的人也會做出笨事情的原因；大腦雖然長在人體的最頂端，但它的運行軌跡是屬於物化性低軌道意識，客觀說來再聰明的大腦，也存在著看不見的自盲症。

只活在物化低軌道意識中的人，無法脫離個體無意識（習性、個性、經驗、想法）和群體無意識（社會價值觀、傳統和民族意識、宗教信仰）、與 25000 組基因密碼等三套系統文化所帶給您的月暈（日暈）效應（Halo Effect）。人在看似的自主意識背景下，其實是建構在這套三合一，極具設定性和催眠性質的無意識系統文化之中，再先進的機械人背後還是由人類所決定，即便發展出自由意志，也在被控制的範圍，但自主意識感卻會讓機械人產生是自己在決定自己的錯覺，也許這就是人類一直以來的處境。

　　客觀來說，在自主意識下任何人都是這三套無意識系統的傀儡，只有長養靜心、超腦的發展出高軌道意識，可以大範圍的掙脫三大無意識帶給您的自盲，立處在明明的高度上、往下活出真正的自己。

　　近代文明的了不起其實只是馴服人性的黑暗面，將本位中心的侵略性和各種野蠻驅趕到內心底層，在壓抑與知識制衡和部份人性質變下轉化成內含破壞力的可創性力量，人類至今大體上只是學會了文明規範下的道理，似乎背離了超我和超物性的真理，客觀來說物質文明帶給人的多數只是問題的包裝，只是馴服了人性並沒有真正的馴化人心、使靈格往上提昇。

　　雖說不要在雞蛋裡挑骨頭，但會噎死人的不就是那看不見的骨頭嗎？何況科學也只是一種偽雞蛋，古代並沒有所謂鑑定珠寶真偽的鑑定師，因為以前人根本沒有造假珠寶的能力，普遍性的商業造假和虛構經濟是近代才有的科學技術，顯然越是文明進步造假能力與技術就會越強，離真就會越來越遠，這就是我們所處的高科技數位化時代，人類的進步只是離開了真理、創造了讓人用來證明我對您錯、我知你不知的爭論性道理；真理在無知的人類世界只會越辯越不明，因為裡面充滿著各持己見的本位主義和不服輸的人性。

　　身在傾斜於物質文明世界的人類，必須有所自覺的意識到定型於三維立方的心智，所能做到的能耐只能將自己從哺乳類

的獸人生態帶上文明包裝的人類生態，無法更上層樓進入高意
識維度的精神文明、成就心思大自由的全人之境；物化文明存
在著人心的無明、近代知識發展充斥著大腦的無知、因為意識
運行於低軌道的有限範圍。

　　自我意識的有限性在成長過程與經驗累積和過度需求下，
很容易呈現容量飽合使心智產生定型而固定的狀態成了生命高
端進化的屏障，當然它也是帶領人類進步至今的功臣，如果人
類沒有自我意識和非我意識的相對心理機制，在人腦中就不會
出現想像和預見，也不會在相對意識的作用下製造出空間與時
間的存在。

　　在視覺上出現長寬高這三維的思考力有效創造出人造的立
體世界，它是由公元前 300 年前希臘數學家歐幾里德 (Euclid of
Alexandria) 在《幾何原本》(Euclid's Elements) 所提出的立體幾
何空間概念。人類是地球上唯一可廣泛性和深刻性感知到自我
存在的生物，可從自覺、覺他，相對衝突矛盾中質變出可創性
的三維意識 (思考力)，在時間軸的作用下成就人類特有的立方
世界，但人類似乎也因此被規範在這個因美而醜陋、因樂而痛
苦、因希望而失望、因富而貧窮的相對法識界。

　　自我意識的心智形成是通往形而上、成就精神文明的必經
過程，只是物慾化心智所能發展只限於三維立方的範圍，對生
命的整體性而言只是活出了一半的功能，如果無法從物質文明

知所回返的在靜心中超驗的發展出第三化心創空間使精神高維
度的文明，就算有幸成就達官顯貴或才高八斗、頂著博士學位
只能算是高知識份子，在人性面上除了包裝比較精美之外，在
意識維度上也只是跟一般人相差無幾的凡夫俗子。

　　活在三維立方的人類精神能其實只夠用於生活步調緩慢的
農業時代，對活在高壓文明、新三維世代的人類來說早已不夠
使用；近代文明造就了全球化、也造就出不快樂的成功者、無
法安心的有錢人、在富裕中憂鬱纏身和自我折磨的人，這就是
精神能在新三維識界已不夠使用的證明。

　　動物之所以無法因演化而成為像人類一樣，可自主性創造
立方體世界、脫離受自然基因控制的宿命，是因為牠們的生命
結構並沒有自覺、覺它而相對多元融構的複雜性立體意識，動
物雖然存在卻無法鮮明而強烈的意識到自我存在，所以沒有完
整的思考立方反射效應。

　　如前面所說人類是唯一可以清晰而深度意識到自我存在的
生物，才能有意識的覺他、在相對法中形成三維立方的思考力、
生化對未來想像，在時間軸的作用下創發出新知識與新秩序。
這是人類生命特有的機智，也是佛家所說：只有人具有覺性(魂)
意識、可往內心創、利用假設成真；人類在這個特有的自我意
識演化下越來越精密複雜，在文明與社會尊嚴的影響馴服了獸
性，隨之工業革命至今的工業末期再創發出另一階段更高端的

科化文明。

但事實告訴我們自我意識了不起的演化再先進只要不知喚醒超現實的覺性意識、觸及更高維度的宇宙意識（超相對意識），也只能創造出形而下的物慾程式世界、範圍性的將人的身心靈制式化在另一種更牢固的新三維立方的現實空間，而且只要世界越快速進步，帶給一般人的壓力和焦慮感與環境災難就會越大，心中的安樂與滿足的幸福感也會漸漸的流失。

世衛組織 (WHO) 推估全球直到 2020 年，有高達 10 億人（全球約 1/8 人口）受精神相關性疾病所苦，其中最常見的是憂鬱和焦慮，而且人數與日據增，據學術研究指出，台灣人民精神疾病盛行率高達 205 萬人，不快樂的人口也一直的在增加，原因出在多數人智能發展速度趕不上知識進步、經濟力遠不及消費力，導致在高壓的社會型態成為金錢的奴隸，一輩子必須無奈的為銀行工作，除非內心意識與智能也能超越性的跟著進化、或是長養靜心、揚升意識、在內心發展出新的空間，對定型化心智與靈魂做出高維度的自由貢獻。

否則過度的受控於物慾的心思與精神，根本不足以承受這一切，會造成清代學家朱柏廬《朱柏廬治家格言》所述：「倫常乖舛，立見消亡；德不配位，必有災殃」，也會成為人生的一種枷鎖，讓人類陷入一種集體負能下的不安與恐懼，在相對空間的臨界點上體現出違反希望的世界，這就是高知識、低意

識;只求進步、不知內求進化所造成的文明災難。

我們正處在一個無明中的文明,受著存在對未來無知的知識體系所帶領,它是建立在可能危險中的安全,二戰至今世界雖然大規模和平了近 80 年,但在先進國家遠端精密科技和更具毀滅性的擁核自保、侵略性意圖行為中就可窺探,在知識文明的和平與生活安全下,很可能存在著難以預測的危險性。

人類在求生與侵略的演化過程,一再表現著對弱勢族群的支配、與控制的本位性強權慾望,雖然人類近代已發展出了全球化文明,但這些人性依然存在,只是被馴服、而做了包裝被壓抑到內心的底層,何時會再無理的出現,誰也無法保證,道貌岸然的高學識者、可能是家暴者;受人敬愛的神父、可能是性加害者;國家政治體系很可能是個合法掩飾非法的共犯結構。

這是個案行為?還是被文明壓抑內心底層的變質人性?人性本善中所產生的惡行,就是缺乏高維度第三化意識空間所造成的不良反應,善的壓抑就是造惡的成因;近代文明世界形成於偽真理的理論科學、和專業化的知識約束、與人為道理的制約,這到底是從獸人演化至今的人類所要通往全人之境的過程?還是一種人性歷史基因上的輪迴呢?

工業革命至今,驅使人類更著重於物化文明的發展,然而在慾求不滿的過度發展下,所造成的人為混亂與不正常的磁場

波動，嚴重干擾心靈與自然的頻率，無形中使兩者間產生越來越不協調，又分不開的糾纏關係，在這種違合磁場的生態衝突生態下，日積月累當然會造成環境的異常變動。

　　壓力與精神相關性疾病必然會像病毒般的在近代文明世界的社會群體中蔓延開來，地球暖化所造成的氣候變遷所引發來的各種天災，這些林林總總的不良體現，在某程度上與人類身心無法超越現實，在相對空間中飽合的集體失調有很大的關係，先進國家在為求經濟快速發展下，必須透過大量而過度的消費做為推動，但太快卻內虛的物質化發展，使不少國家與多數人跟不上全球化的步伐，造成前所未有的生活壓力與精神相關性疾病的折磨。

　　不知往內覺創、超越相對思惟的大腦，在使用上除了各種生存性演算交易、物化性知識學習、自我證明和缺乏真愛的情感表現之外，大概就沒什麼用途了，脫離高軌道意識的大腦演算就算成立社福機構和基金會與財團法人在救助社會弱勢的背後，肯定也存在著獲利的手段；人類真的需要高維度的心靈幫助才能有效制衡人智，因本位中心和自盲的片面發展所造成的傷害性進步，在追求希望的過程無可奈何的加害自己。

　　我們必須靜下心集體反思，不斷的向外求取物質進步和經濟發展為的是什麼？跑那麼快到底要去哪裡？如果不知不斷的進步，最後究竟要去哪裡？最終所歸可能不會是圓滿的結局，

而是大規模子系統化的知識傷害⋯與超越不了五感現實的壓迫和扭曲的心理。

人類的進步一直都是受著知識缺陷、和物慾與心智本位上的偏誤驅動，過程除了不斷改良修補人性尊嚴上的空泛需求、餵食怎麼餵也不會滿足的慾望、不斷破壞環境、污染地球、塗炭生靈之外，人類的發展對長壽雖然有幫助，但對身體健康和心靈並沒有太大助益，反而只是一種加害；還有的話大概就是遭受大環境與自然的反撲，物歸原主這是存在宇宙中從未變過的真理。

這不是遐想、是現在正在發生的事，相對意識發展來的物質文明，只是人類走向超越現實與想法、從內在發展高軌道意識、生化出第三化精神性空間的過程，不過人類似乎對物慾化的美色沉溺、對金錢貨幣產生不可自拔的情結，活生生的將心智框限在三維立方的範圍，促使五感六意逐漸對現實失去了超越性，造成內心無法安然自處於變化無常的物質世界。

超級人類 新文明的誕生
Übermensch The birth of New Civilization

The Birth of
New Civilization

第二節 愛因斯坦 (Albert Einstein) 的上帝

從古至今都會有人在超驗中覺醒、受到心靈啟蒙、感知到自我之外，似乎還存在著一種及其高度、卻不知名的神秘力量，這些人會用著各種方法試圖的與祂連結、甚至合而為一、希望藉此壯大自我、獲取超越物質的安全感、表現出超我的行為。從人們不斷向外求取金錢、物質、追逐身份、地位、知識與學歷等等的身外物，活像生長在太平洋布拉特島水域中，身上沒有鱗片的王魚，在為了求生下用著天生的本領，吸引小生物貼附在自己身上，然後再將這些小動物身上的物質吸乾，慢慢成為身上的鱗片，將自己體積變大到 4 倍以上。

不過王魚進入後半生機能逐漸退化，身上附屬物便會退去，使牠回到原來的樣子，可想而知失去鱗片的王魚肯定痛苦，在無法適應下只好選擇虐待自己、往岩石上撞、活得慘不忍睹，最後擁有越多附屬物的王魚，死狀更是淒慘；凡事看過王魚死狀的人，對花盡一輩子追求附屬物的自己，無不向內反躬自省。

人類在天性上就有向外尋求物質、附加在自身、建立安全保障的習性；十足的活像王魚，這也是來自原始性情緒的恐懼心理，不過另一面卻也是驅動人類探索內在精神識界的反作用力。

跨越世俗經驗文化的超驗者，可以意識到以身外物加身所

給予的安全感是不可靠的，他們有時候會在放空自我的內在情境中，受到不知名的高意識端能量的啟發，宗教的創立、各種信仰的形成、奇特的儀式、打坐冥想或透過藥物產生迷幻，這些林林總總特有的人類行為都是為了與那不知明的高惟度意識合一，得到超越物化世界的安心。

因不知名，人類便為祂取名為天、為神、為靈、為佛、為上帝等等的稱號，甚至將祂塑造成一個人格化形象、獲取社群認同、放在高位上信仰崇拜，成為民族或群體所公認的真理與力量的化身，這就是人類面對未知與不可控制的大環境，在無助與不安下所形成的宗教文化。但無論哪個名、哪個相，人們都是想借助祂的力量、超越心智設限、脫離心理恐懼、定序意識、在安心下做到自我決定、試圖解脫物化人生的身心之苦，當然對不少人是為了尋求獲得更大利益而求神拜佛。

但無論如何，人類一直都試圖的想在自我意識的心理驅動中，尋找更巨大的力量，只是鮮少人真的明白，那天真無邪的力量必須在內心超驗力的發展下，使意識揚升才會出現，用著自我證明與私心和貪念及相對思考，就算遇上了那不知明的力量，也可能是低頻的鬼魂能量體，不會是純真本然的第三化宇宙能量，而且與祂合一也只是為了抽象出離對世物的過度執著，在高意識維度中發展出超然的精神文明，在內心的第三化空間，掙脫受困於三維立方的相對生態。

　　然而那神秘的力量並不是在自體之外，是心靈中最高維度的振動意識，祂的能量來源就是第三化空間的宇宙意識、也就是所謂的天、與祂融構就是《黃帝內經》所論述的：「天人合一」，它超越任何宗教與相對思惟的力量。

　　愛因斯坦曾說：「沒有宗教的科學是跛子，沒有科學的宗教是瞎子。」有趣的是他所提到的宗教論是宇宙，並不是人設的宗教與相對的科學力量，愛因斯坦 12 歲在他過人的獨立思考與敏銳的超驗心思，早已看穿人為的宗教裡面，充滿無知與謊言，所謂的真理也只是在本位中心，自成一格的人為道理，根本不具有本源性中的統一性，從此就失去了祂的宗教信仰。

　　不過他並沒有失去對宗教信仰般的情感，只是將信仰情感投入了對宇宙的興趣與探索和信息感知，他認為被人格化的上帝與宗教，都是幼稚而不可信的，愛因斯坦相信上帝的存在，但他信的是不被人格化的本源性上帝，祂就是零型塑、零區間、零隔離，可融構一切，統合所有道理的真理，值得用一輩子臣服祂、親近祂、探究於祂的宇宙無限性，祂就是第三化精神性世界。

　　愛因斯坦之所以信仰宇宙，他說：以我有限的智力，亦能知曉宇宙是如此的和諧，誰還能說沒有上帝呢？但讓我生氣的是，有些人引用我這話來證明他們所創造的上帝。

顯然自我意識這個超自然演化的機制，雖然帶領人類發展至今，將原本像猿人般的哺乳類動物形態，人智性的轉化到可直立行走又退了獸毛的高等人類，不過似乎也限於在相對思惟與物慾化的驅動，發展出物質文明和人為宗教，但並不利於更高維度的精神性發展。

超物性的精神文明主要力量不是靠科學知識和物慾化心理驅動，是有意識的在靜心中常態心流（心靈藉體）才能辦到，人類如有嚴重的匱乏都是因為在過度需求下，使內心坍塌所產生來的貧窮意識感。

中國 5000 年歷史博大精深，其精神文化更富含著天人合一論、又之天人合德、天人相應，儒釋道三家均有闡述；孟子說：「天地與我並生，萬物與我為一」；西方世界舉凡古希臘、基督教和伊斯蘭教所論及的「神人合一」思想和中國的「天人合一」有著相通之處，但本質上仍有一定差異；一個向內、一個向外。

印度文化偉大經典《奧義書》(Upanisad) 主旨是梵我合一(Moksha)，這乃是深入瑜伽行者所奉行的宗旨，與中國天人合一思想不謀而合；無論西方還是東方在古老哲學中都會提及合一的概念；因為先人在觀想天地萬物的沉靜內心中受到心靈藉體早已發現，萬物各自分化源自於道法空性，這也完全符合 20 世紀量子力學分化於一體的糾纏理論。

　　如何借重無限的天地之力用之有限的人生、在高軌道意識的能量場中，超現實的化解形而下的身心苦難，肯定是一生最為重要的學問；它不僅可以在現實中帶來成功，也可為內心帶來安樂與滿足的人生幸福，面對現實的人生，人類要解決的根本問題，也許並不是生存的問題，更何況人類近代生存上的多數問題，都是在過度的追求、想要卻不需要的慾望不滿下所造成的不良效應，否則生存對地球物種生態鏈來說，本來就是一件生剋均衡而單純的循環，自然肯定會提供充足的資源給於生存在它懷抱中的生物，唯獨人類會在充沛的自然中出現不夠用的問題，顯然人類肯定活在不自然而過度使用的自創生態，它就是個貪婪的人造世界。

　　人類雖然貴為萬物之靈，在文明後的生存面竟然活得比螞蟻還困難，這不是莫名至極嗎？因為人類在看似偉大的自我意識的相對生成下，脫離了自然生剋和諧與共的平衡生態，更以人間上帝自居，利用自作聰明造就出不自然的產物以此表現上帝的能耐，也許人類擁有上帝部份創造的能，但缺乏上帝第三化空間的融構智慧與仁慈，擁有的數量大於容量、想要大於所需要，這是沉溺於過度物慾發展，造成內心塌陷的人類所要省思的一大課題。

　　而且人類所發展來的近代文明，很可能只是將生存鬥爭的動物野性，轉化成推動經濟發展的社會性競爭，在各種看似公平公正的制度，與秩序化的合作下，人性的另一端卻進行著明

爭暗鬥的戲碼；標記上骷髏頭的毒藥可怕？還是經過美化包裝
過的毒藥罐可怕呢？。很明顯人類的偉大就是表現了違反自然
的行為，形成一種複雜而衝突對立的世界結構，與自然區隔巧
奪天工扮演著假上帝的角色。

　　舉凡中國 (東方)《易經》、《黃帝內經》、四書五經等等，
令人讚嘆不已的智慧經典，全是先人在觀想沉靜的內心中覺醒
常態心流到受心靈藉體所得來的信息，可以確定他們心智上的
意識維度很高、具有超現實的自由空間、精神能非常充足而文
明；他們內心滿足、安樂、不被形下物所控制，在高度上往下
定序了意識，超人化的存在。這是現今人類非常欠缺的第三化
精神性智慧，精神能遠不及物質能，這即是人會在富裕中還是
難以滿足、無法感到安樂的原因，甚至使匱乏感在內心的坍塌
中更加明顯，人類的存在只為了超越人類，這是先人所要傳遞
給我們的一種訊息。

　　工業革命所發展來的近代物質文明、與社會功利主義的價
值導向，影響世界與人心的變動非常的巨大，歐洲貴族文化儼
然也成了全球化的一種生活追求，強者征服弱者、弱者臣服於
強者、民族受之同化，這是人類歷史必然的社會演化現象，但
要有所自覺的體察，從師法自然中超越人為的規範與設限，掙
脫五感的盲目與盲從，突破近代文明捨本逐末的物質文化。

　　受西方思想和科學知識的主導帶來了物質主義社會化的發

展，在造福人類的背後所造成地球環境前所未有的傷害，帶給人心嚴重的受困在物牢之中導致更大的不安與焦慮，在各種條件不對等的個人與國家競爭下讓多數人看不到未來希望。用幸福的流失換取外在的富裕，這是人類世界特有的一種文明病，在這商業消費時代成功致富對人也許重要但必須有所自覺的往內在揚升意識、發展高維度第三化自由空間的意識，否則無論成敗、貧富都會成為文明下的迫害者。

超級人類 新文明的誕生
Übermensch The birth of New Civilization

The Birth of
New Civilization

第三節　精神復活

工業革命知識強權造就人我與強國之間的競爭，然而那些缺乏競爭力卻專制於極權和暴力的國家，便對世界做出各種恐攻威脅或武力威嚇，以此謀取生存空間與不法利益，過度而太快與大環境失去和諧與共的物質文明和不需要，只是被商業利誘而想要的慾望發展，使傳統社會產生了嚴重的分裂，雖然在社交與網際網路的興起下，拉近了人我關係的距離，但人心的距離卻越來越遠，失去了生命該有的同理溫度與共情的高度，缺乏靈魂的存在，充其量只是一部具有人形與血肉的機械人。

以腦力為主體的西方教育在商業經濟消費型態的強勢發展下，生活科技化、關係往來交易化、人生物慾化、以名利為生態重心自然成了人生學習與追求的主要訴求；但這種過於在個體主義的腦力開發與過度重視商業和經濟發展的導向，讓人忽略了內心覺醒和第三化精神文明的重要性。

數據演算法的發展、過度消費的人生追求與有限的相對創造，對社會進步和世界經濟動能肯定重要，但對地球本身和人類以外的所有野生動物一點都不重要，而且對他們除了壞處、沒有任何好處。人類一直以來的進步都是在破壞中進行，但我們非常習慣只看見有利於自己的面向，對於所造成的無辜傷害、和可能帶給環境與自己的後遺症，我們已練就了視而不見、

罪而不知罪的功夫，但生化數據的回饋是不會騙人的。

　　況且人類在本位的強權支配心態、和高知識低軌意識的發展下，所要付出的社會代價是：人我間的心理隔離、與各種的利益衝突，使貧富懸殊越拉越大，造成人生的價值觀都聚焦在金錢貨幣和自我證明、尊嚴維護與各種表裡不一的人性包裝，只是越來越焦慮不安，不再追根究底人生意義與價值和目的，這種越來越得不到內心滿足的物慾化文明再繼續發展下去，到底會是福還是禍？

　　事實證明，在看似一切美好、進步富裕和各種虛榮滿足的背後，潛藏著精神性疾病的蔓延與超級病毒產生的人禍災難，而且極端氣候變遷所形成的高溫、火災、水災，和各種天災正在世界各地非常反常的上演。人生問題與麻煩和困擾、甚至災難的發生、不少都是從日積月累下來的多餘行為、離不開的想法負能糾纏磁場所引發來的結果，但自我意識的相對思惟、和受世俗名利物質控制，並沒有足夠的能見度察覺到自己思言行上的各種多餘；沉靜不下來的心使大腦神經連結不上高維度的心靈意識，無智過濾掉多餘的思言行。人生最大的安全保障，莫過於有智慧活出不多餘的自己，自處在中和無害的磁場波動。

　　經長期的研究與試煉，證實內心意識的揚升才是推動身心整體發展的根本，精神復活是讓身心均衡發展的重要途徑；聰

明是大腦複雜性的運算能力，智慧是簡化心計後的靈感訊息，
這即是老子所說：「為學日益，為道日損」的完美平衡。

　　教學與研究至今發現多數人的大腦運行一直停滯在慣性迴
路區間和舊有的經驗程式，主要是缺乏學習力與求知慾和好奇
心及自我面對和承認的勇氣，因為腦惰性和好喜複製過去的安
全慣性；另一種原因是失去對自己的強烈期待，無法在精神面
上具有復活感，無力推動自己走向冒險的途徑，在非常態思考
中找到展新的存在意義與價值。

　　精神復活感不足的人無論在腦力與行為上的驅動力都會變
弱，問題出在不覺醒的內心，失去探索人生精神性意義與感知
生活樂趣的敏銳。從觀察中發現在日常中一般人只是睡醒但大
腦不一定清醒，內心在很大的成份上並沒有覺醒，三醒並存才
能產生完整而有智慧的人生驅動。

　　善於非常態思考、對自己必定有所期待，肯定有著明確的
信念與目標，知道自己要什麼、不要什麼，大量排除被干擾的
機會，而且也會為希望勇於犯錯、在意志的淬鍊下克服惰性、
自律生活、從中養出堅持的習慣；明顯的擺脫好逸惡勞的人性
劣根、振奮自己的精神，這樣的人只要懂得從觀察中省察自己、
在心學系統的覺醒下超驗的進入第三化精神性空間揚升意識，
受到更高維度的靈性加持，使身心充滿精神能量、高掛明智、
自然縮短與成功之間的距離得之安樂與幸福。

超級人類 新文明的誕生
Übermensch The birth of New Civilization

**The Birth of
New Civilization**

第三章 / 覺性心學系統

Consciousness Psychology: Exploring
the Depths of Self-Awareness

從研究中發現：成功者在意志上有一個共同信念，努力與
創新的路上累積知識如果是前進，那勇於為希望冒險甚至犯錯
就是一種超前的跳躍，尤其是「卓越的錯誤」更是成功的大躍
進；它是很聰明而有意義的犯錯，卓越的錯誤將為您帶來新的
體認與新的見解，其中的效益勢必遠超過犯錯的代價。在成長
的過程我們都有掩飾錯誤的經驗，但最後往往會引發更大的錯
誤，犯錯對缺乏內部控制和不具有高層次意識的人性來說是無
可避免的事，既然如此，何不在聰明之中學會卓越的犯錯，讓
它成為一種可被創造的價值，所以愛迪生才會說：「我不是失
敗了 700 次，而是發現了原來有 700 種材料不能用。」

然而犯錯並不是犯法；確無意的被人類特有的道德意識與
社會尊嚴和宗教規範曲解為是一種人格缺陷與汙點，甚至被極
端主義者歸咎是一種罪惡，這對傾向於求全不知求缺的完美主
義人性來說，幾乎是一種不被允許的存在，但古往今來在社群
中的卓越者不少行為無不在對我們說明，只有勇於為希望非故
意的犯錯才能大用人生的踏上不凡的成功之路。不敢為希望犯
錯、只為保全自己的尊嚴與形象和既得利益，最後換來的只是
坐以待斃的人生，這對身為萬物之靈含量潛能智慧等著被開發
的人類來說，很可能就是一種錯誤。人類演化至今不再只是為
了單純的生存而活，在廣義上更是為了透過冒險的行徑挑戰自
己，在往內探索的途徑中發展多重生命的可能性。

如果沒有萊特兄弟 (Wright brothers) 的經常性墜機，人類

就不可能會有今日偉大的飛行與航太科技，萊特兄弟雖然對成功的飛行抱持著高度期待，但他們十分清楚只有踏上為希望犯錯、為成功失敗的路才能為人生創造出卓越的成就；過程他們除了進行 1000 多次的滑翔試飛之外，還自制了 200 多個不同的機翼進行了上千次的風洞實驗，修正了奧托里林達爾（Otto Lilienthal）一些錯誤的飛行資料，設計出較大升力的機翼截面形狀，終於在 1903 年製造出第一架依靠自身動力進行載人飛行的飛機，飛行者 1 號 (Flyer I) 於 1928 年獲得美國國會榮譽獎（Congressional Gold Medal），同年創辦了萊特飛機公司（Wright Company）。萊特兄弟雖說只是腳踏車工匠出身、僅有高中學歷，但一路走來他們憑著強大的跨學科自學意志和執行力，在過程中堅信有意義的為希望犯錯、勇於面對不斷的失敗才是製造成功的真正精神。

愛因斯坦曾說：「從來沒有犯過錯的人，是從來沒有嘗試過新事物的人。」東西方傳統文化尤其是缺乏冒險精神的東方部落化保護主義教育，普遍性甚至偏激的不允許孩子犯錯，不知這對成長過程必要的自我認識、多元能力的發展、天生的好奇心與自由想像的需求、及潛能的發揮是一種扼殺，不允許為希望犯錯在某種程度上就是一種錯誤的教育，這種不知以求缺做為發展空間的教育文化，讓孩子面對自己與學習和未知的時候，不敢輕舉妄動、在擔心犯錯下只能乖乖聽話照作、有疑惑不敢發問、或停滯在一知半解和不懂裝懂的險境；讓孩子在成長過程產生自我懷疑、漸漸失去自由的心思、和再發現自己的

可能，阻礙了人生最為珍貴的深度學習力 (Learn to Learn) 與激發靈感創意潛能的發展，活生生的將孩子關在一間不會犯錯的牢房之中，養成以說謊求全、用情緒逃避、不願面對自己無知和無能的習慣、將人生困在狹隘的經驗化、個性化、習慣化的低層次自我之中，使心智定型在慣性思考、和經驗迴圈之中失去非常態思考的想像與創意和超越性，弱化了移情轉念協調心理時空糾纏的機制，隔離了與自由靈魂和宇宙能量的連結。從觀察中發現：就連老師也不知不覺落入了不被允許犯錯的威信情結和社會尊嚴的陷阱之中，「求全不知求缺」的定型化心態才是人格上的一種缺陷，游離在相對之中，無力發展第三化創見。經研究發現：缺乏冒險精神跟部落孤立文化的遠古基因有很大關係，當然也是生物基因自保的一種機制。

甘地說：「不包含犯錯的自由，是不值得擁有的自由。」甘地以身試法說明了：為希望勇於嘗試錯誤是走向成功的必經之路，缺乏卓越犯錯精神的保護主義傳統教育誤導我們，在學習的過程只要分數太低、或退步、或犯錯就是一種笨的象徵、就應該被處罰，這種從眾效應讓我們對犯錯這件事充滿莫名奇妙的罪惡感和生存上的威脅。這種扭曲人格發展的教育方式，使我們害怕考試與上台報告、和任何可能會犯錯的機會，也擔心違反規則與改變，因此保持現狀、求全自己就這樣成了多數人一生的寫照。但這種坐以待斃所得來的安全感對未來很可能就是一種危機，只有懂得為希望合理而有計劃性冒險的人才能避開人生諸多的危險；聽話照做、複製貼上、不懂裝懂、推卸

責任、或用說謊保全脆弱的尊嚴與形象、維護既得利益，這些看似的安全都藏著危險。成功如果是在失敗中不斷導正自己的結果，那為希望勇於犯錯必定是走上正確之路的一種大躍進，永遠的正確從來就不在同一個位置上，只存在導正的軌道。

在實驗室中每個偉大的成果都是從無數的錯誤所累積來的結果；美國水牛城大學助理教授威爾遜上世紀 50 年代，在實驗室中一次簡單的失誤，讓他陰錯陽差地發明了可植入式心臟起博器，拯救了無數心臟病患者的生命。人生不就是移動的實驗室嗎？您當然就是被自己活體實驗的對象，只有求缺、轉動定型化心智才能保有永遠的發展空間，這是完美人生的另一種詮釋；花只要全開便意味著就是要凋謝的開始；月圓了就表示要開始走向殘缺的輪迴；盛極必衰、樂極生悲，不允許犯錯的人生就是一種發展的終點，這正是障礙人生繼續發展的定型化心態，當然在為希望犯錯的前提必須具有風險管控的機智，以利降低資源與能量的耗損。

超心理行為管理學・覺性心學系統是由內而外、再由外而內的深度教育，它是從學識與現實中抽象出來的心靈啟發，是本質思考與創見的教育，在我近 30 年來的職涯與研究下身體力行，針對千名學員的觀察發現，只要學會在堅決信念下打破孤立保護主義，為希望勇於非故意犯錯的求缺精神，就會在開放的象度心創出自省空間、使意識揚升、在覺醒中啟動自覺、自察的意識，三位一體的使大腦受到心靈藉體、在沉靜內心中超

驗 (Transcendentalism) 的帶領自己進入第三化的覺悟空間，使精神具有高維度的能量 (高層次的自己) 推動人生創發出前所未有的可能性。

　　非慣性思惟的自由心思將會自燃驅動自體產生外部上的自我管理、自我教育、自我訓練與自我激勵等等卓越人士所具有的特性，使自己在睡醒時保持著大腦的清醒、在覺醒下讓身心靈常常處在同一位元的對流狀態，外部四大方法讓人邁向成功、內部的四大心法讓人走向幸福，它就是覺性心學系統教育 (覺性心學系統 示意圖) 所產生的效應，然而在這一切的前提下，必須擁有為希望勇於犯錯的冒險精神和科學實驗的執行力，因為非故意而有意義的犯錯是走向正確之路的一種指引，更是創造人生價值的必要元素，在成長的路上保持不會犯錯或不懂裝懂的學習態度，在一知半解下比不學習的人還要危險、只有明智高掛、找到高層次的自己，您才能正確導航人生。

　　以下讓我們一起解析何謂「覺性心學系統八大自我策動法」：

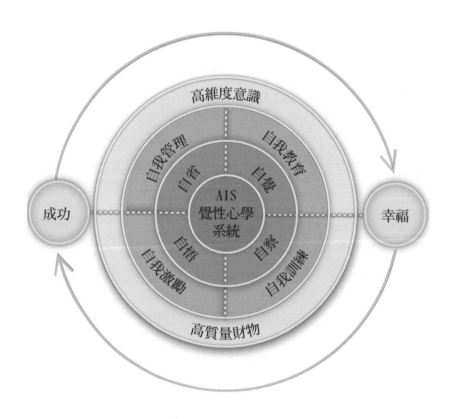

覺性心學系統 示意圖 資料來源：歐青鷹 (2023)
《超級人類 新文明的誕生》(頁 340) 高雄市

（一）、四大自我策動心法

(1)、自省

　　自省是反省、是自我調控、是自我評價的過程、是對所作所為、事後檢視的一種基本反思行為；可以遏止無知的重覆犯錯，它是安定內心、喚醒覺性心學系統的基礎；自省也是學習做人和有意義關係建立的一種素養，也是人類具有高度靈性的證明。不知反省的人無智對充滿缺陷的認知與人性進行修復與導正，就算學習大量的知識、取得學位，面對人生也很難成為一個完整的人。東方哲學說：「聖人多錯，賢者少錯，凡人無錯。」一語道破一般人之所以會被稱為凡人，就是不知錯或死也不認錯。只求全、不知求缺的心態，帶著人性缺陷與認知偏誤過其一生，怎會不煩人呢？凡人當之有匱，聖賢之所省察錯而改過，當之無匱；君子求缺、小人求全就是這道理。

(2)、自覺

　　自覺是有意識的觀察和對自身缺失的體認、正確的影響您的思惟動向、情感決策與行為；它是知見起心動念的潛在功能、是對自己在未開始進行之前的能見度；它可遏止許多未來問題的發生。自覺基本上就是一種高度意識，可俯看活在低軌道意識（經驗、個性、習性）中的自己，是防患未然的功夫、也是自我探索的方針、尋求真心的指引，它是自省的優化延伸。

(3)、自察

自察是對自己的一種警覺、是即刻發現動念與動態錯誤的功能；它是已在進行在當下發現錯誤的一種潛能；自察功能的發揮可使您在執行目標的過程警覺查察自己，進而做出立即的修正，使執行不偏離軌道；它是勇於為希望犯錯的一種行為上的監察。超心理行為管理學說明：「人生正確的導航只在明智高掛中導正自己的偏誤。」它就是自察。

(4)、自悟

自悟是自省、自覺、自察等三種潛在功能，在常訓下化整為零的一種覺悟；它是穿透大腦屏障、打破定型化心智、破除定見成規、在靈異奇異點 (spirit Gravitational singularity) 上進入第三化精神性空間的樞紐；裡面充滿著靈光照明、是智慧與真心所在，它是帶領生命升級、使精神進化的重要元素，悟點高的人通常都能在意識定序和自由的內心獨立創見、在群體中成為具有社會引力的中心。

自省、自覺、自察、自悟這套覺性心學系統的作用就是化識成智 (創意)、智而成識 (創造) 的機制、是提高心智意識維度、由內而外強大自己的心靈力量，它就是超心流力學。人類最大的力量是在腦力，然而它的超越性使用並不在大腦本身、是在受心靈藉體之後；缺乏高維度精神能量的大腦難以突破性的發

展新的神經元，只會落入慣性思考、困頓在經驗迴圈之中，無力另有他想，只能被小用在基本的生存面，這是一般人的腦用程度；超越性的腦力開發靠的是非常態性思考，動能從高維度心靈而來，缺乏第三化精神能量就算思考也只是生不出新價值的慣性弱思考，而且在能量不足下，如果過度使用就會讓人感到焦慮與煩躁、覺得累和不快樂、造成腦中毒現象，這就是多數人懶得動腦的原因；而且長期強迫用腦，在缺乏感性抽象空間下會出現憂鬱的趨向，精神相關性疾病很可能就會成為您的終生伴侶。

可在覺性心學系統的超越性作用下受之心靈藉體，掙脫自體文化的主控而自制所欲的人，才能有效而正確的發展自我管理、自我教育、自我訓練、以及自我激勵的成功特質，讓思考在非慣性的理性客觀的協調下完整獨立。

一般人都以為自己具有獨立思考的能耐，孰不知自己的思考往往只是跟著過去有限的經驗迴路，充其量只是一種複製的想法和受人慾、習性、個性左右的捷思法，那很可能只是社會化自我、是固執、是主觀、是本位化、並不是什麼獨立。

真正的獨立思考只在內心的覺醒，它是超越先驗與後驗的一種具有超象限的思見；它是一種超驗的高度意識，它是自省、自覺、自察所彙集來的內心覺悟；它具有本位卻不固執於自我，它現實卻超越實現，它高度卻可往下融構的意識。

（二）、四大自我策動方法

（1）、自我管理

　　自我管理又稱自制力，是腦部成熟的一種執行功能，是可體察情緒干擾的自我控制，是成就個人生活系統與做人原則的一種潛能。在心理學上有一個與自制力相關的概念就是自我情緒管理。然而一個缺乏生活重心、沒有人生目標的人很難建構出具有價值的生活系統，那等於是缺乏建設人生的基礎，就算想要做什麼也可能隱藏著不穩定的危機，自律化生活、高EQ才是建立長久性成功的重要基礎，危機要處理、面對人生更要懂得預防性管理讓危機不要發生，才是最高明的處理智慧。西方教育以大腦為主體、以物為重、擅於發展聰明、解決問題，治的是已病。東方經典教育的根本是以內心的神性為主體，著重的是預防問題發生，治的是未病；這才是真正的智慧所在。

　　然而管理的起點就在思、言、行上，一個連自己的生活態度都管不好的人，對於其它管理也只是表面功夫；以身作則、品管自己才能換來別人的尊重、對孩子才是最好的教育、具有價值和溫度與同理的態度對彼此才是最佳的關係管理，它是社會資本、是人生整體向上的文化、也是對自己的一種承諾；成為一個有能力參與別人內心世界的人，才能點燃具有幸福含量的成功火炬。

(2)、自我教育

自我教育是指個體通過對自己的多方認識，要求自己、調控自己和評價自己的缺失；有意識、有方向教育自己的不足，養成一系列促進教育自己的習慣；它是自主性學習的心理系統、是刺激腦細胞發展、豐富知識的一種學習態度、是化識成智、滋養靈魂的精神表現。自主性學習在有意識的鞭策自己下可助您擺脫逃避的人性、建立自我期待的冠軍心態、排除受外力干擾的自我確認、缺乏自我期待的人無法化解不切實際的想法與依賴的心態，也很難定位出人生的方向。自我教育是提昇成長與進步效能、和自我價值與自信的功能；它將從面對自己的不足為起點，以對自己高度期待為驅動力。

(3)、自我訓練

自我訓練是指有計劃、有規律、在有效率的重覆行為中產生期待的結果；它是一種體魄的鍛煉、強化既有能力、斷除惰性、讓思言行產生一致的傑出表現；一個停止自我訓練的人，一切的可能性也會跟著停止。

只有透過不斷自我訓練才能在自我超越下成長、進步及改變，這正是促使人生成就的關鍵，它將從不拖延的生活態度所發展而來的成功機制，積極的人生就是從這裡來的。所有成功人士在很大的成份上都是透過 10 年 10000 小時的刻意訓練

法則而來，它是由美國艾爾克森心理學教授 (Erik Homburger Erikson)從各領域的成功人士身上觀察研究所得來的成功法則。

(4)、自我激勵

自我激勵是指在個體上具有不需要外界獎勵、和懲罰做為激勵手段，能為設定的目標熱情自燃而努力工作的一種心理特徵。德國專家斯普林格 (Axel Cäsar Springer) 在所著作的《激勵的神話》一書中寫到："強烈的自我激勵是成功的先決條件。"無論多麼了不起的目標與計劃，如果不去行動其價值幾乎等於零。自我激勵可說是邁向成功之路的引擎，沒有持續性的有效行動就等於沒有希望；努力 × 毅力 × 運氣 × 再接再勵所形成的恆毅力，就是一條走向成功的方程式。

然而行動實質上可分為被動與自我啟動，成功的態度是自燃而自動自發的、是內涵超越性的、具有思想上的積極性和行動力與覺察性，從社群中可以發現一般人的大腦懶得思考、不太願意透過學習或閱讀刺激腦細胞、在生活與工作上的態度也幾乎是被動的、遇到礙障自會退縮，嚴重缺乏挑戰的精神。

顯然自我激勵是所有成功者不可少的一種人格特質，它是自我管理、自我教育與自我訓練素質，所整合而來的一種積極主動和自信、與對自我處境的超越性，它的有效性也是在覺性心學系統的背景下所覺創累積來的精神能量推動，它就是具有

第三化智慧的心靈激勵。

我認為：心中缺乏自燃引擎可激勵的人，動力皆是需要外力與誘因方可產生、但不會太久，那很像風箏雖然可以高飛，但只要風停了就會跟著墜落。外力推動對成功當然是重要的，但它畢竟是助力，主要還是決定在您的大腦是否具有使自己可以保持清醒的目標、心靈是否存在超越現實的持續性覺醒。

透過藥物治病只是治標，長期依賴所產生的後遺症會造成另一種更嚴重的病；增強自體免疫力、使陽氣充足才是治病的根本。面對成功當然也是如此，那是信念建立、是覺性靈活、是對現實的超越性所產生來的精神復活；它會讓人能量充滿、體現在生活與工作上；它是卓越者的一種人生態度。

自省、自覺、自察、自悟與自我管理、自我教育、自我訓練、自我激勵等八大自我策動法看似個別獨立、實質上是環環相扣，互為表裡的在循環中自強不息的運作。

卓越除了需要具備外在的四大自我策動力之外，同時也需要具備內在的自省、自覺、自察以及心靈藉體的悟性明智。如果缺乏內在四大覺性心學系統的靈性作用，就算努力、在運氣與福報的加持下為您帶來成功，也很難極大化的將成功推昇到更高的境界，反而會讓您因成而敗、因聰明反被聰明所誤、因物質與財富而失去快樂，因為內心的無知、品格的不足和精神

上的不文明，將會使您產生失衡的人生管理、訓練、教育以及方向錯誤的激勵。

內在四大心法就是執行目標、行之人生成功實驗的四盞明燈，它將助您在明智高掛下正確指引身處在低軌道大腦意識文化中的您、避免落入腦自盲的陷阱，內在四大心法是治您人生未病的大藥，是預防性管理和復元療癒的智慧，是您人生的導航系統，它所生化出的精神能量將會熱情而自燃的推動您表現出外在成功的四大方法。

當您能將這套覺性心學系統功法，深度的轉化成一種靈活的人生態度，就能打破定型化心智、超越人類慣用的相對思惟，一步步將意識推向超象限的第三化空間，成就以神領形，以形傳神的人生境界，使精神意識凌駕在物質意識的自由向度、獲得真正的成功與幸福，那是高維度的心靈意識藉體大腦、穿透相對屏障，所產生的超續航力效應。

高知識化的今日，人類普遍性都有一定水準的聰明才智，但事實卻是常會做出傷害自己和別人的笨事情、在高知識、高學歷和科化文明的洗禮下，人類雖然越來越聰明，但並沒有因此為自己帶來問題的減少，反而造成更為複雜偏激和難以解決的問題，這即是高知識、低意識所造成的一種低度文明的生態。

顯然人類的問題並不是出在沒有自作的聰明，而是離不開

隧道思惟的腦袋，缺乏明智高掛的聰明肯定會做出笨事情，再聰明的大腦都是屬於相對意識，只有在覺性心學系統的靈活作用下發展出高維度的心靈意識，才能真正點亮人類最引以為傲的大腦，否則人類很可能會受害於最驕傲的大腦。

也許人類所演化來的神經元所產生的本位對自由的心靈來說很可能是一種極其特殊的磁能化鎖鏈，將心靈監禁在物化性和自體文化的相對意識，不過人類似乎對失去內心富足與平靜、和靈魂自由所產生來的焦慮不安、憂鬱、煩惱所給予的警惕，錯覺的以為是財物與生活上的不足造成，不知是本位意識重物之心使內在塌陷所生化而來，偏激的發展出對他人與事物緊抓不放的控制慾，以此建立失去意識定序的安全感，但越抓內心的塌陷就越嚴重、就會越抓越緊、變態性產生造病的精神壓力，自困在塌陷的內心，使自己感到匱乏、孤獨與不安。

慾望只是希望的假象，但極端資本主意下的物化文明讓人類輕易妥協而極度上癮，活像重度吸毒者已不可自拔的因財物、權力和社會尊嚴傷害彼此、甚至殺人放火，用盡各種過度的物慾滿足加害自己與地球環境，這就是人類引以為傲的全球化文明。

從觀察中本質思考、從反思中省察自己、啟動覺性心學系統，這是穿越大腦意識屏障、進入第三化空間得之高層次智慧，為人生帶來成功幸福的程式，也是超越現行人類慣用的相對思

惟、帶領自己精神文明的途徑。將大腦主體化的人生只能小用，
極大化的使用大腦只在穿透意識屏障的精神性靈魂藉體，它就
是以神領形、以形傳神的超人化境界，往外發展只是現行人類
的相對科學、往內探尋才是超越相對的上帝科學，平行宇宙只
存在內太空的穿越性，不存在鄉對形態的外太空。

**The Birth of
New Civilization**

超級人類 新文明的誕生
Übermensch The birth of New Civilization

The Birth of
New Civilization

第四部 上帝科學 新文明的誕生

Godscience: The Birth of a
New Civilization

第一章 / 複利人生的總體效應

The Compound Effect of Life:
Maximizing Overall Impact

超級人類 新文明的誕生
Übermensch The birth of New Civilization

The Birth of
New Civilization

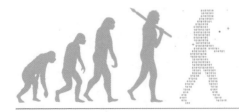

第一節 成功的數學公式

《聖經新約，馬太福音 Matthew》第 25 章摘錄：「凡有的還要加倍給他，叫他有餘；沒有的連他所有的也要奪過來；」在世代變遷人類社會演化的過程無論那個時代或階段一直都存在著：富者越富；窮者越窮；強者越強，資源過度集中在少數強權與社會精英身上的不公平現象，這也是美國社會心理學家羅伯特·金·莫頓（Robert King Merton）在 1968 年所提出的一種社會心理現象。

莫頓也巧妙的引用聖經將此種現象詮釋為：馬太效應 (Matthew effect)；值得探究的是即便社會各經濟活動與資源機會全面性的歸零，如二戰過後時期在大環境的資源與機會所得及使用率並無明顯差別下，到底是何種因素導致在社會演化的進程和迴圈中造就出不一樣的貧富個體與強弱的群體；聖經馬太福音 25 章寓言或許提供了我們一個相對性的答案。

從社會行為觀察中發現：不同的個人或群體只要在努力與才能表現和運氣的推波助瀾下獲得一定程度的名聲或財富、在社會特定領域上取得成就，自然會在人生既定平方的延伸與拓展和引力場下產生更多資源、創造更多機會端點，在未來獲得更多成功的累加轉化成社會財富，使富有更富有形成市場上的引力黑洞，這也是在功利資本主義的社會制度下會呈現資源不

足、機會不夠、關係匱乏，缺乏競爭力就難以翻身的原因，這在經濟學上也被學者專家稱之為是一種馬太效應。它很直接影響整個社會群體與個人的自由選擇權，導致產業與世代間的資源和人才過度集中化，在金錢貨幣堆疊上造就出少數的富人、相對造成大量的窮人；只是馬太效應的社會現象起始點並非在社會的任何端點與歷史演化過程的環節上，是在個體心理條件和意志與不知拓展的人生平方及性格文化的優劣表現上；值得一提的性格堪稱是自體文化的心臟，它主導著一個人的情緒、脾氣和生活對待的連續性表現所產生的氣流動向與結果。

性格是潛意識被化整為一的心智體系，是心理活動中不能被一般人認知到的一種與人我事物接觸連結回饋，逐漸情節定型下的自我存在，是人們已經在進行某一種特定的行為表態卻無法在意識上清楚的覺知到它的存在性，人的意識與潛意識在五感六意的執性下被一分為二，產生分化性的存在與作用。我們在生活上所有不經意的行為表態都是潛意識的經驗與慣性、個性和超心理數據活動，它的優劣對人生整體的發展與影響甚大，心理學家卡爾·古斯塔夫·榮格說：「任何發生在我們身上的事情和潛意識的活動都有關係，潛意識是理性上的根源，」它如影隨行在神不知鬼不覺下駭進您的腦袋主導思惟動向與神經系統、指令式的控制著您的判斷與選擇和決定及生活對待所得到的回應。

潛意識是在多元成長的過程中點滴化的形成比意識還巨大

的儲藏；另一套集體意識它源自天生載體：其中包括祖先在內的世世代代的活動方式和經驗與前世一切的所作所為庫存在人體大腦的遺傳痕跡，它知道您，但您不一定可以知道它的存在；真正要了解一個人的品格和修養必須與他生活在一起或是從他不經意的各種行為和說法與態度及面對利益衝突、有損尊嚴面子，當學識與想識包裝不見的時候就能明顯的被看見。一般人高達 75% 以上是被性格最底層的個體意識和集體潛意識內建程式控制著，除非您可以在覺性心學系統的作用下意識到它的存在，否則人生大半將由它主導與決定；也許您不太相信，命運的曲線與動向的基本結構都是被安排好的一種宿命，但您不得不信人生有太多事情的發生無論好壞、成敗似乎都不是操之在您。

樂透得主哪個是運用數學演算和理財專業的操作手法，都是在隨機下的或然率所產生的必然率；這種毫無準備卻能夠精準到位的獲得意外之財，完全取決潛意識中的內建系統所產生來的行動運氣。它源自超心理層的含金量（特有數據），這是非常不科學卻真實存在的一種隨機性結果；量子力學認為：任何突發性都是不為意識所知的內建微觀物理世界特徵，在超越相對的擴散動向下，沒有任何參數與規則能預測發生的原因；宇宙運行並不在人類相對思惟的邏輯中，活在相對鐘擺規律中的人智，除非作弊或靠運氣否則根本無法掌握賭桌上被甩出去的骰子，但一切的隨機性所產生的隱變數結果只有天曉得，然而那個天就是您的先天內建系統，您意識不到它的存在，它卻完

全掌握了您的運氣與動向，人生不少避免不了的傷害也是來自
那套內建微觀系統。愛因斯坦曾說：「上帝不會擲骰子；」其
中「擲骰子」的原意是指量子力學中基本粒子的運動從根本上
帶有隨機性，即使在理論上也不可能完全被準確預測，就算具
有足夠複雜程度的物理系統數據，也會出現無法預測的隨機性；
事實告訴我們：無法被預測所產生的結果，是獨立於科學專業
和現實與知識理論外尚未被發現與理解的新知識，對現行人類
而言就是科學的處女地。

　　從社會觀察中發現真正的卓越者除了具備該有的社會條
件，也擁有隨需要而改變現狀的性格，或是說他們似乎都具有
可以利用態度反射法覺知潛在意識的本事，心智也不會因為經
驗而成見定型，他們深知面對自己和人生不可落入習以為常和
理所當然的知之無知陷阱、必須從熟悉中看見陌生、更知道扶
正心態、修復性格中的缺失、彌補認知缺陷與偏誤、重新設定
自己對一生的發展與升級有多重要。

　　愛因斯坦說：「利用時間投資自己的大腦，增值自己就能
為人生帶來複利的效應。」他說：「複利是宇宙中最強大的力
量，」它不僅可用在投資理財，更可用在對自己身心靈上的投
資與人生各種座標上的運用，累加自身多方價值，成就金本位
化的存在，對外的社會行動與投資才能有效複利，擴大自體含
金的區塊，才是複利的母體。

　　缺少自身價值就算融資出一筆本金，做了看似有利的投資，即使短期獲利最後也可能在長期中失利；從數據中顯示：短利靠的是中心化的聰明才智與專業和經驗的算計：長期的獲利靠的即是自體上所累量來的價值文化：不少理財專家都可短期獲利不過卻在長期失利，其因就在累量來的自體價值不足，人生所有不確定的確定發生都是獨立於科學與經驗和想像之外的自體文化內建的一種設定。

　　雖然人生的基本存在是一種潛在情節的意識型態（宿命），但只要可以重新設定、優化性格、增強大腦靈活的續航力、影響自體文化的質量提昇就能跨越宿命的既定動向，改變命運的圖騰，優秀的性格，卓越的腦力，多元的助力，定調金本位的複利人生；這是恆定個體成功社會化一種鐵律，也是人類可跨越自我設限、改變宿命的精神力表現。

　　社會心理學上有一條相對性的成功數學公式：一生成就＝（個人現狀＋現狀所帶來的資源與機會＋重覆的量化行為與動作所產生的人生平方）。這套相對公式給出了一個重要訊息，心智只要被信條化的定型在後天上，如果缺乏投資自己的成長心態只是故步自封在現狀與過去經驗在殼倉效應 (Silo Effect) 下定見人生，週而復始於狹隘的隧道思惟，就算努力終回原點，而且還可能會越變越少，因為活在固定的平方資源與機會不會增加，只會在量化的重覆行為中消耗萎縮而越用越少，這就是窮者會越窮的原因。

　　將現金放在金融機構就算生利息也不及物價與民生用品所帶來的通貨膨漲，不知正確投資與有效的運用存款就算數量不變兌換價值也會隨時間的流逝相對貶值；改變現狀、心力擴張、強化大腦靈活的思考續航力、多元化的融通他體文化就是最有效率的投資；它不是消極的利息獲取，是透過增值法則累積自體含金量、金本位化自己在有意義的活動中帶來複利，這就是馬太效應；挖掘尚未被發現的潛能智慧，在仁慈與他體文化融通的活動中，才是一條長久成功幸福的路，您才是最重要的投資標地。

　　近代國際化的競合政治與社會因知識和科技迅速的發展經濟結構異常轉型，使一切發生與變化不再是過去百年如一日、可被相對預測的鐘擺式進程；而是以混沌和不確定、難以被經驗和聰明與權力所掌控，在模糊性的社會發展下多邊接觸與多樣化學習自然成為一種世界思潮，國際化就業型態與不單純的社會競合生態需要相當知識與趨勢力表現，而且也無法只學會單一學科能力和框架性專業與單邊型態的社會接觸及過去的迴圈經驗就可過著一生無憂的生活。在當今堪慮的心理壓力下，必然會刺激和強迫不少人踏上非得多元化學習，走上斜槓變現狀不可的路，否則身處在今日極端多重複雜的社會群體，凡事講求效率與競爭的科技與人設環境下必定會被邊緣化或成為資本家和強權者剝削的對象，甚至會被消失在社會群體之中。

　　不過有些人面對環境高壓在缺乏資源、價值不足、天賦不

明、才能平庸、鬥志又不夠、不懂在有效率的成長增值下只以
廉價工具的身份存在，在承受不了職場競爭壓力下不知不覺而
消極沉默的走進安靜離職的心理暗潮之中。當然這種無聲無息
的行徑並不是真的離職，是在工作崗位上只做到最低限度的職
能表現，在本份上只願做到最低標準，不願多花任何一份力氣
做事，對工作沒有任何企圖心，從自己身上找不到存在的價值
與自信，對未來也不懷抱任何希望，直接放棄往上爬的機會，
將自己與人之間無形的界線化，但無法與他體文化產生融通，
保有關係上的溫度和超個體的可能性，在長期消極的態度中卻
會為自己的身心帶來莫大的傷害。

　　心理學家寇特妮·貝斯·考克絲 (Courteney Bass Cox) 從研究
中發現將自己帶入安靜離職的心底暗潮中，隱藏著一把無形的
冷焰之火燒向自己，所要付出的心理代價可能比過勞更糟糕，
失溫的心會讓您不自覺處於關係上的疏離狀況使精神萎靡，就
算沒有過勞也會經常處在筋疲力盡的狀態，充斥著莫名壓力、
憂鬱、沮喪…。這些負能效應其實在心理處境上就是在跟自己
作對，若繼續留下來肯定會造成心理上的重大傷害，真的離職
反而更好，在職離職的消沉態度某種程度上如同是一種慢性自
殺。

　　缺乏意識高度的人心與大腦在個體心理生化體系的運作過
程，如同一座製藥廠也是製毒工廠。據法國團隊在近期發表於
《當代生物學》（Current Biology）期刊上的研究顯示：若持續

從事高強度認知思考好幾個小時就會導致潛在的有毒物質積聚在大腦中負責思考認知、分析判斷的「前額葉皮質」（Prefrontal Cortex）上，會在自我防禦的功能下反過來影響決策，指令式的引導您採取不太需要的低強度行動，甚至停止手上的工作強迫大腦罷工，如果持續而連續的處在這狀態就會產生消沉落入安靜離職，甚至成為躺平主義的族群。然而用腦過度這件事與使用時數並無直接關係，關鍵是在精神量體的指數，心只要可以往上推升到超越現實空間的靈界點（奇異點）上，有效擴張空間產生第三化，自能表現出不凡的思考續航動力，那種在大腦疲憊不堪的壓力下使用意志力過度刺激腎上腺素的分泌才是造成有毒物質產生而積聚在前額葉的原因，因過勞死亡就是精盡在中醫裡腎藏的就是精，為工作而精盡人亡這的確是有可能的。

　　人類成年後的大腦無論結構與重量都一樣，在約 1.4 公斤的存在與使用下為何會出現像愛因斯坦、霍金、牛頓、文藝復興時期的達文西、米開朗基羅、李奧納多‧拉斐爾等等的超級人類；他們用腦時數肯定大於一般人，不過似乎沒有用腦過度的問題，用腦的續航力與速率表現只有電力足與不足的問題；超現實的精神能量只要充足，超時的腦力使用也很少會發生過度使用造成有毒物質積聚的問題；然而那個精神能量源除了透過食物與睡眠和運動之外，另一項最為特殊的就是來自第三化精神性空間，那是超現實的潛能智慧。

一般人的心思早被真實與經驗兩大現實空間給佔據,所能提供給大腦的續航力並不具有超越性,如果在被迫使用下就會出現過勞、生疾而造病的問題,這現象已普遍性存在高壓的社會群體之中;可以確定的那些腦力超人的卓越者都有本事穿透相對的意識屏障,發展出第三化精神性空間受到高維度神性能量的加持,成就以神領形、以形傳神的境界。

從多年的研究我們了解,**有目標的使用時間才能創造出人生的產值,有意義的為人處事才能發展出生命的價值;有價值、有產值在社會性下才是一個趨向於完整的自我存在。**當然我們了解有效的改變身心、優化自己從來就不是一件簡單的事,因為一般人深受動物安逸的天性和惰性所控制,心智也被集體學識繼承與經驗信條化的定型、又在精神量能不足下根本難以潛越情節化人性和心理慣性迴路的規範,這就是不斷學習、成長和虛心受教及省察自己、啟動覺性心學系統在靈界點(奇異點)上有效發展第三化空間,對成就社會化自我、得之安樂與幸福會如此重要的原因。

在歷史的演化中,無論在哪個世代群體意識的社會化人類在一出生後就在環境文化與不同的世代時空背景下被迫形塑契約化了要過著什麼樣的生活、甚至需要什麼樣的結婚對象、追求什麼樣的成功型態大部分都是依著這套社會化的無形契約,做為人生的進行式與循環的軌道,在看似自由的社會體制背後每個人都被行為規範;當然這是有其必要性的一種社會秩序和

安全與價值的共識，不過在我們的心思上似乎也不知不覺被信條化制約、將心智定型化、使生命侷限在有限的物質世界讓您超越不了當代現實，超人化的發展出真正自由而獨立於可自我設定的第三化空間。

　　凡具有向上發展的人生曲線都很違反中心化、在塌陷下固持己見、不易接受與變通又好逸惡勞的人性；就演化論來說人類本來就存有動物的各種消極被動的天性，不過在精神面上又具有主動和崇高的神聖性，在這兩種截然不同的神性與獸性的矛盾衝突下便形成了極端化的人性存在，透過神性知識化的包裝獸性就是近代文明下的人性。從社會行為與群體觀察中不難看見，人們有太多時候根本拿自己沒有辦法，人類演化至今正處在一種上不去也下不來的尷尬生態，人生與社會和世界的問題唯有集體從現實的文化極限空間升級到第三化的精神性空間才能獲得解決；是神非神、是獸非獸這就是現行人類的生化層次。

　　前英國首相柴契爾夫人 (Baroness Thatcher) 曾說：「貧窮的本質是一種人格缺陷，」然而在我看來：人性中的神性與獸性之間的矛盾所產生的有限人智和相對思惟的不完整性，在社會行為與文明生態中本來就是個尚未成熟的生化性存在；相對空間只是無窮宇宙被人類自我意識格式化出來的一種人造空間，以此為人類所屬的有限世界，就是這種匱乏意識的錯覺促使人類一直不斷的往外創造與開發多餘的資源來彌補被自己窮化來

的世界；發展至今近代文明似乎已觸及到了人工世界文化的極限，如果找不到突破相對空間的靈界點超現實的往內發展新的精神性空間，人類會在物極必反的宿命下終回原點。

　　人類在脫離本性的天性上存在著對自我存在的安全渴望，只是社會尊嚴與自我中心的快速發展讓人心產生前所未有的重力，造成內心嚴重的坍塌生化出一種莫名的匱乏感，分泌出人類特有的人造慾望，開始想要不需要、也沒有必要的事物，以此彌補怎麼填也無法填滿的黑洞，出現了人類心中一直揮之不去的貧窮意識；它讓人即便家財萬貫、身價不凡，在心中還是擔心貧窮；人類所造就出的世界就是建基在內心的坍塌，它就是脫離無窮宇宙意識的窮化識界。

　　量子力學說明：所有顯化的現象都是能量成熟所創造出來的結果，物質背後只是不斷振動的一種能量，只是在不同的頻率與量化系統糾纏下產生不同的形體，一切可見物質都是從無形的能量數據所產生；顯然只要能夠高度的優化性格型態、修復人性五感六意上的情節缺陷、金本位化自己就能有效改變外部的量化性行為與動作，拓展社會次方成功的進入複利的馬太效應，終而走上無窮的宇宙之路。

The Birth of
New Civilization

第二節 人生總體希望的核心

然而成功這件事不該只是侷限在經濟，因為金錢只是人生總體現象的象限角，是以物易物至今日由歐洲主導的資本主義所演化創造出的社會價值觀，在毫無節制的功利主義倡導下驅使不知人生意義、不知存在價值、又缺乏獨立思考、掙脫不了世代信條化契約。只是一味滿足慾望不知往內滿足內心的人必須面對環境文化的信條與社會競爭及輿論壓力，在自卑所產生的脆弱尊嚴下顯得廉價不自信的只能向現實低頭，無從選擇的將人生價值和希望偏執的寄情在物質與名利上無限膨脹金錢的重要性，以經濟為人生整體座標落入富流感的社會傳染病之中，一切努力與付出完全以狹隘的投資報酬率為相對訴求，毫無遠見的只求近利造成未來之弊。

在重物輕道的功利思惟引誘下人非常擅常算計，但算計後果的能力卻被計算私利的心思給蒙蔽；吃大虧往往是從平日貪小便宜的累積產生來的一種負能反饋；因小失大是在社會歷史的演進中從未改變過的人性；只有神性可以馴化人性，祂存在由靈界點（奇異點）發展來的第三化空間，真正的幸福與滿足只在超心流中與神同行，它才是人類追求的終極目標，然而它並不在死後，是在生前往內升級進化來的人生最大公約數。

英國心理家奧利弗詹姆斯（Oliver James）指出，富裕流感（

affluenz) 的日益增加和社會制度的不公與競爭力的集中，帶來物質不平等的關係造成人民更大的不滿；在止不住的消費主義和慾意湧現思潮中產生大量的人工需求，刺激富裕流感的上升，成為新時代下的落魄貴族，在看似精緻生活的背後融資消費使自己永不停息、不可躺平的成為金錢奴隸，一輩子為金融體系工作，人類內部的問題出在重力下的塌坍所產生來的貧窮意識，迫使自己不斷追求永無止盡的多餘，這些人類想要的東西最後都成了垃圾，造成對環境一無是處的高度污染。

在消費主義生活的先進國家裡精神障礙的比率明顯高過落後國家，它就是以大腦為主體、以經濟為重心、對財物上癮、過度追求物慾、棄之於意識維度進化的後果，這正是以行為自由主義為號召的美式思潮。雖然它比法西斯和共產主義還符合人性需求，但背後很可能存在無法挽回的重大傷害，不計後果的眼前算計就是一種不良的因果；相對只是在浩瀚宇宙中被人類的自我意識和非我意識的對立面所格式化出來的有限空間，人類最大的問題就是超不了這個，越是努力就會越感窮化的空間，奇幻的是在過程卻會讓人類有一種越來越富有的錯覺。

慾望滿足人性卻傷害生命，經不起誘惑的人類最終選擇的還是感官與肉體的滿足，不是拯救內在坍陷受苦的靈魂。在自由民主以商業和消費主義為生態體系的社會制度下，人類每天都在努力滿足慾望中折磨內在的精神，卻對這件事習以為常而理所當然。人類是一種適應力極強的生物，也因為如此一般人

在面臨錯誤與偏差在定型化心智下也會用這項生存能力適應錯誤的存在，並不是在自覺下選擇知錯改過，而是掩飾與逃避責任和尋求被認同以此維護尊嚴，盡其所能的適應它的存在；自主性改變自己本來就很違反生物基因的設定，或是說基因只有適應環境的生存設定並沒有改變的設定，它的製程是屬於精神性的範疇。

而且一般人只要適應了錯誤就會非常莫名而理所當然認為它是對的，將錯就錯這種動物天性所形成的人性劣根就這樣伴隨著人類歷史的演化與進步和發展成為社會行為中的一種奇特文化，這有部分是因為生物只有被迫適應環境的基因並沒有自主性改變自己的設定，一般人又在觸及不到精神性靈魂的世俗之心下自然選擇利用各種形形色色的自我欺騙解決問題，在自卑感前保衛脆弱的尊嚴，而且滿足慾望會刺激大腦分泌出多巴胺與內啡肽等麻醉物質，它原來的功能是為了減少身體疼痛和增加虛幻的幸福感，只是在過度受到刺激下造成失調、對它上癮，讓人活像另類吸毒者一樣；這或許就是有些人會為金錢物慾、名利失控的出賣家人、朋友和譭謗他人，甚至殺人放火而在所不惜的原因。

近代人類為重力塌陷下的人造慾望所做出的一切不計後果的努力，事實也說明了社會上多的是因努力賺錢和證明自我存在與社會尊嚴、人皮面子，導致信用破產和負債的窮人，那些少部分致富的人也不一定活得安心快樂，而且可能在有機會過

度消費下擁有豪宅名車與精品和光鮮亮麗的背後，扛著快喘不
過氣的負債與個自驕傲的自負心理上與人對立，這都是超越不
了經濟象限座標，生不出內在第三化精神性空間所造成的文明
病。相信凡是人都希望脫貧，但很少人意會到只要超越不了相
對思惟，即便富有貧窮意識依然如影隨行，因為貧窮本身就是
內心坍塌下的匱乏感所產生的一種意識型態，窮人也是因為富
人才會相對存在的社會現象；改變不了金錢存在的實體與虛擬
的樣態就不可能消滅貧窮；引領人類在集體共識下回返內在提
升意識維、在強大的功名意識下發展出對自己與家庭和社會與
國家的行為責任、確立存在的核心價值超越對物質的主體性、
精神化自我才是脫貧的途徑。

　　真正成功的人生應該在生化性和社會性與文化性三大領域
中均衡發展；一般的成功者之所以做不到，只是一味的針對社
會性的財物，失衡的造成福中帶禍、成中有敗、富中有窮，原
因就是不知走上人生總體的核心。它是找到內在的靈界點（奇
異點）使心力擴張、腦力發展在高度上與他體文化融通所產生
來的超象限座標循環系統，它就是成就人生總體的鐵三角，它
只在超現實又可融構現實的第三化精神性空間。

　　人們不可自拔的深陷在功利主義與重商主義的社會流感價
值泥沼之中，幾乎完全傾向於將一生的時間豪賭在追求財富
上，經濟象限角的成功是近代人類一生所拚命的社會傳染病，
不可否認這也是造就國際化與世界運轉的主要驅動力，但全球

化的自由經濟思潮也將人性的貪婪推向了極致；它燦爛的讓人
目不暇給，錯亂了人生該有的價值平衡，已分不清什麼是想要、
什麼是需要、什麼是必要、什麼是不要；它極具誘惑的讓人對
金錢物慾失去該有的警覺，理盲的將經濟象限人生化、把現實
生命化，不知這種迷戀金錢的製毒心態很可能會搗毀自己一
生。

　　經濟文明消費主義使我們對金錢貨幣非常熟悉，但對它不
單純的演化背景和被多層技術染色的扭曲文化與強權和有心人
士對它的刻意操控十分陌生，只是一味的貪圖著它，像極了對
魚餌熟悉、對魚勾視而不見的陌生，這就是人智缺陷所忽略掉
的慾望中的危機；定型化的心態誤導我們以為危機只存在危險
之中，但每次的意外都在說明：危機大部分都藏在熟悉中的陌
生；它就是您習以為常而理所當然的生活。人生的傷害大半都
發生在我們以為的熟悉地方，第一危機當然就是自己，因為每
個人對自己的熟悉通常只限於感官上的範圍，對內在的潛意識
體系的活動十分陌生。

　　經研究發現可以真正滿足內心的最大量體並不是財富的多
寡，是在您的存在到底有多少人真正的信任您、關心您、愛您，
只愛您的錢那是最不值錢的有錢人；超越物質與經驗的第三化
精神價值是唯一不會變質的存在，只有它所帶給您的安樂與幸
福不變。可以從不少即將面臨死亡的人身上看見，在那一刻最
希望的已不是任何的身份、地位與什麼金錢財富，是家人與至

親好友能夠情守身旁感受著那一份打破個體心理的隔閡、融通彼此文化所產生的溫度,當下最想確認的就是自己值不值得被愛,人在臨終前似乎才可以知道自我存在的核心價值是有多少人真的關心我、信任我和愛我,這已不言自明。

變質的人性希望的是金錢與各種物慾的滿足,但事實告訴我們:再多財物也無法使內心塌陷所生化來的人造慾望獲得滿足,甚至還會因它而延伸出身心上的傷害,透過想要卻不需要也沒必要的追求和過度消費滿足虛榮心,使精神在高壓下扭曲、人格變形、刺激腎上腺素過度釋放而失調造成身心過勞、甚而生疾造病,這既是極端資本主義與自由民主和經濟社會制度所帶給我們的當代文明。

重力坍塌的內心產生的匱乏感所生化來的人造慾望和一再變質的社會價值觀,讓人意識不到內心的滿足與精神上的渴望並非身外物,而是在至高點上跟他體文化融通所產生來的恆溫;它就是無差別的愛;它才是人生最大的安全網,超個體的文化融通這種精神性的表現才是人生最大財富的來源。金錢靠勞力賺取非常有限,永久的財富靠的是複利的累加與群體向心的共識彙集;這種致富的力量只存在心力擴散和大腦續航力與他體文化融通力的鐵三角表現,它就是懂得在金本位下符合市場需求的產品化自己,在複利效應下因溫度彙集希望,用愛召喚財富的儒商之道,它也是安樂與幸福的來源。

　　在人生財富理論上可為人生帶來幸福的富有，在本質上必須建構在個人核心價值所產生的引力。然而所謂核心價值的生化是在順應自然的行為與特定才能表現做了有意義的事情，且在一個可被社會信任與正面評價下所累積來的一種個人化的品牌確認；它是從社會中的優勢團體所接受的一套態度與行為模式，成為大多數社會群眾所必然會接受與奉行的集體行為方式或準則，它也是社會文化中的一種核心成份。面對成功除了要關注個體的社會條件之外，更要往內學會與他體文化融通的仁愛精神不斷增值含金量體，在行動中才能產生複利的運氣創造出最強大的競爭力，為人生帶來總體的複利；社會行為說明：不是從意義和有利他人來的成功，在贏得賽局的背後輸掉的很可能就是人生。

　　真正的成功者，公民意識的高度肯定勝於一般人；他們不僅具有對自己的責任意識；同時也對家庭社會和國家充滿著責任意識；他們具有人生信念與情操、樂於參與任何有意義的事情與活動，在公民意識的張力下為自己帶來更多的關係與資源，不斷增加成功的可能性提昇贏得賽局外人生的總體機會。

The Birth of
New Civilization

第三節 潛在意識的鬧鐘設定

　　雖然大學體制為社會市場需求分門別類設定科系，但人生這所大學並沒有科別，人生各座標系都是必修，哪裡不修哪裡就會被留級；只是被極端化的資本主義和商業消費座標化的社會價值觀，誤導我們將每段時間分配與使用幾乎全投入經濟體系這個象限角之中，就算有幸致富，經濟之外也可能會被活當甚至死當；而且就算如願也無法保證財富不會離您而去；因為萬物的存在都有期限；而且人造慾望的圖利心理與定見性，難以深刻體會金錢財富與各種資產在看來現實的背後，其實都是不被任何人可永久持有的超現實之物。

　　凡顯化出的物質都是處在不斷抽離現象的變化狀態，就算石頭也不會固定，任何物質都依各自的緣分在抽象變化；量子力學也證實了這件物質沒有一個固定自我存在的真相；人對於一切學習與經驗和認知幾乎都是以集體的方式獲取，並且全面性的停留在承繼性的相對思惟運作之中，鮮少對知識繼承進行沉澱液化，抽象的透過深入的研究與尋找和追根究底及其體悟透析，經過極其複雜的覺性心學系統所生化來的超相對思惟，獨立創見出超現實智慧為自己帶來新的知識與可能。因此對於所知所見所學就算熟悉，對裡面卻是陌生於不覺，因為只是繼承前人的知識遺物並非深入的靈活智慧；但我們在日常中早習以為常而理所當然的使用著所有一知半解的知識與不怎麼可靠

的先驗和後驗。

　　人幾乎固定活在繼承的知識與經驗和慣性系統中自以為對所知瞭如指掌，並不知對其內涵一知半解又誤以為全盤了解，這將會為人生帶來視而不見的危機，人生有太多傷害都是發生在我們自以為熟悉的地方和熟悉的人事物上不是嗎？化熟悉為陌生、化陌生為熟悉這是一般人缺乏的研究精神和抽象智慧；它即是內心的差異空間；它是獨立於知識之外卻又融構於知識的智慧空間；它就是上帝的科學。

　　面對競爭化的學習與一切講求速率和財物的當代生活，我們很缺乏內心的沉澱和對即有認知再研究探索的精神，只是一種先驗的繼承和後驗的情節建構使自己的心智與思惟不自覺的陷入格式定型，不再超驗的在內心的靈界點（奇異點）上發展第三化的智慧空間，超知識與感官情節活出與神同行的超人化境界。

　　任何顯化出的現實事物在看似固定下還是依著不確定的量能數據在振動演算變化，根本沒有一個真實而固定的存在，一切現實中的希望只能被短暫擁有、在顯化量能耗盡時就會失去，感官情節與相對化思惟使人對現象產生無知的迷惑，製造內心的虛擬，透過感官將之實境化使自己幾乎失去從現象中看見真相的超能力。但我們並不知道自己正處在集體承繼知識，卻不知在深度學習下化識成智的相對聰明和滑坡偏誤的無知

陷阱之中。如果您走在一個微傾斜的坡道，相信一定會以為自己走上的是一條平坦的道路，但事實卻是非常緩慢的從斜坡下滑，然而一旦您習慣了這種存在的連續性，久了就會對這種滑落的事實覺得理所當然，對它習以為常甚至還會將它信條化為一種存在的信仰，悄悄的將您帶入溫水煮青蛙的死亡陷阱。

任何人生事態的發生無論好壞都是重覆而連續性行為內建所造成的結果，令人憂心的是一般人為人處事在思惟和心體定見與感官情節的起承轉合中相對輪迴，根本視而不見潛在行為的自己每天到底在累量何種的數據導引著何種氣流與量體回饋；無論您做什麼、學什麼、說了什麼、使用什麼策略、有什麼目標、渴求最後能夠成功的在線性軸或混沌與強弱連結理論下達成目的，都是複利效應產生的結果。

面對時間這個虛數值每個人都是公平的，但存在時間軸中您是有所自覺的行之意義、而有所產能的價值累加；還是無意義、無產能的在放風時間的流逝；您的變與不變、成長與不成長，一切內心與行為上所有活動的常數累積都會不經意導引您邁向渴望人生，也可能誤導您走向不幸與失敗。人無時無刻都在心理和行為活動中進行著對未來的一種自我設定，只是在多數的泛靈時空中都是屬於無意識的在累積設定自己的未來。人們在睡醒時其實未必清醒，真正的清醒是內心的覺醒，只有這樣的人可以看見人身心上的潛在活動、有效控管和正確的更新它、依自己的意識對未來做出期望的設定，人生有太多的意外

都出在經年累月無意識的錯誤設定；人生在時間軸上就像是被設定好的鬧鐘一樣，只在於我們對人生的設定多數是在無意識下進行，當意外響起時往往讓我們不知所措。

一個人未來的成就都不是現在做了什麼大事所堆疊而來的成果，是生活對待與工作當下數以萬計行為動念和千百萬件的小事所累計設定起來的，同樣的時間卻可以製造出不同的人生、區分出人的平庸與卓越；時間可說是製造人生的基本素材，如何將這個如泛靈般的虛數之物透過目標轉換出產能與渴望，就在於是否懂得在每天的時間軸中做出有所自覺而正確的自我設定。學會在生活上習以不為常、理所不當然；在覺性心學系統的功能使用對所知所見與所學原始察終、追根究底的找到事物與知識的本源；在心力擴張、腦力續航、化識成智、智而成識下創造符合現實需求的新知識、金本位化自己，在充滿競爭的社會平台上成就自我實現的渴望。

只是一般人在自我習以為常而理所當然的這一套無意識的行為系統中，根本注意不到自己每天可能非常細微的在違反希望，也可能存在不符合倫理道德和別人期待與社會觀感及司法規範行為的緩慢變化之中長時間而自盲的往不正確的方向滑落，久了還會認為自己走的路、做的事是對的，最後將不正確與錯誤合理化在生活上的各種行為，不過所結出的果卻是非常老實的對您做出回應。人生是被您無數不經意和有限的經意合成所設定好的鬧鐘，什麼時候會響、怎麼響都已在日常中被您

悄悄的設定；命運的確是由您決定，只是一般人都在無意識與
有限的認知偏誤下為自己做了不正確的設定；如果您無法清醒
意識到自己潛在的無意識活動，排除掉將錯就錯的人性劣根，
最後搗毀您人生不會是別人而是對自己潛在的無知。

　　人生是一條行為累量的回饋過程，面對未來如果看不懂自
己的內外活動將會為自己帶來無知於自盲的危機；這就是缺乏
化熟悉為陌生的抽象力與不知自我省察所造而來的一種定型化
心態；它就是一種信條化的滑坡謬誤，也稱為人生的滑波效應。
人的心天生就不正，在心思尚未學會日常自省之前對自己的身
心活動幾乎都處在不知不覺的無意識狀態，這就是儒家思想要
人們博學、更要懂得在生活中日參省乎己將扶正偏誤之心化為
一種日常習慣的原因，進一步發展出自覺、自察而抽象見相的
心學能力，那是超越現實不離現實的一種智慧。人每天的思言
行都是從先天的基因設定與學識和無數的經驗及慣性系統所展
衍而來，如果在生活中不具有內心的覺醒而扶正偏誤之心、化
定見為參見、化主觀為客觀的心學能力，自我存在必定會是一
種滑坡會經常性對自己做出無意識的錯誤設定，這或許就是讓
人生事與願違的原因。

　　人生的完整性不外乎是由社會性、生化性和文化性所分化
出的經濟、事業、家庭、婚姻、人際關係、健康與精神和情感
及心靈等九大領域所組合而成的體系（成功的三大文化體系 如
下圖）；就成果論看來只要將大量時間投入哪個象限座標，在

那裡就可能獲得相對的回饋與成就，不過這同時也說明了不被時間眷顧的座標，可能就會呈現發展不明、甚至萎縮的窮化狀態，成為失敗的廢料場。

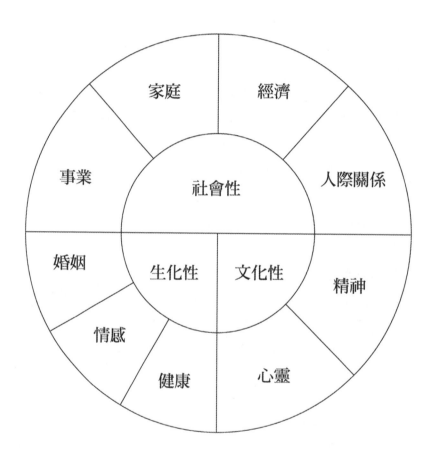

成功的三大文化體系 示意圖 資料來源：歐青鷹 (2023)
《上帝科學 新文明的誕生》（頁 382）高雄市

　　從社會現象中發現有些人雖然在努力與才能表現和運氣的推動下獲得財富上的成就，但以人生整體卻可能窮得只剩下錢，因為將人生的價值局限化使其它領域呈現的只是窮化，活生生將自己塑造成內在貧窮的貴族。

　　事實說明：一種能力或一種專業只能成就一種事情，不過卻有少數在心靈層面上活出超越相對空間和自我情節的卓越者告訴了我們，只要能夠信念導向在沉澱的內心中找到靈界點（奇異點），使心智擴張發揮出超維度的精神力供給大腦強大的續航力，在至高點上融通他體文化，就能牽一髮而動全身的跨越人生九大座標的邊際線，成就出人生的總體；這是跨學科的概念；第三化空間獨立於現實之外又可融構真實與經驗的差異性空間，是一種靈活抽象的發展獨立於現實之外的空間策略，是一種超越傳統二元論知識空間的可能性。

　　從世代歷史演化過程中不難發現，人類各種的文化價值與發明和創造都是從過人的腦力發展而來，不過卻也發現能將腦力做有效發揮、表現超人其背後都是因為精神力特強的人，超現實情節的精神力正是人類可貴的價值所在；它是心力擴張來的能量發展；這就是人人皆有大腦，能為自己帶來高產值和高價值的人只是少數人的原因。

　　一般人的精神量體都被定型化心智給設限，在現實的相對空間被物化及其現實思想給消磨殆盡，無智反生存基因演化、

往內啟動覺性心學系統的精神性作用，在靈界點上擴張心力發展第三化空間為大腦帶來創新的續航力；人類的智能演化至今還是受制於自我意識造化而來的相對空間，使心思被現實佔據到已無多餘空間可創見與創新為自己的生命帶來生前轉識的可能，只能無奈的在環境文化極限中造成心智內捲、精神萎縮、無意義的在迴圈中受到衝擊，造成在社會秩序中混亂，在明確中模糊，在民主的社會行為下過著內心不自由的生活。

社會上那些少數可成功很久，名利雙收又能獲得一生幸福的人幾乎都在努力的過程深刻的體會；凡事將別人放在利益前面，在溫度的傳遞之中產生愛的關係對成功與幸福和內在的滿足及存在的安全感有多重要，因為看似各自獨立的人生座標其共通點都是因為有他者或群體才會存在，顯然只要可讓人認同信服、有效將個體社會化、在每個弱連結上具有強度關係便能成就超象限的人生；它源自於個體心理的擴張、大腦發展的思考續航與他體文化的融通，在不斷自我多邊化的有價延伸下所創造出的人生總體複利；他們就是在心中發展出第三化精神性次第空間的人。

當一個人所做的事對他人有所幫助又符合社會期待和市場需求，過程中自會獲得被信任與支持，擴展出人生的次方，在更多資源與機會倍增下成功獲利，用著一顆不被名利綁架而無所貪求的心態在賺取人心下的獲利法則即是意義的精神所產生的經濟漣漪效應 (Ripple effect)，這在商場上更勝於活躍在高官

左右的紅頂商人，只是這種真正具有儒家思想與超我信念的儒商已非常少見了，這類商人既有儒者的道德與才智、又有商人的財富與成功，可說是儒客的楷模，堪稱商界中的真正精英。典型的儒商可說是大隱隱於市的動禪行者，在他們的精神面上觸及點不僅可與世俗平行，更可在常態的自我沉澱中靜下心來，在靈界點上發展超現實的第三化空間，不俗的往上觸及得之超人的靈感與仁慈，牽引他們在行事上以超越利益為最終目標，對社會正向發展為要，具有崇高的公民與生命意識和個體之外的責任感，有救世濟民的遠大抱負和憂患意識、追求兼善天下的境界。儒商的精神本質就是利用入世的商業行為實現人生的整體，最後以成就生命遠大理想為目的；這些人的存在只是藉由儒家思想和儒學精神作為行事上的指導，最後就是為了超越現實回到獨立於自由的第三化精神性次第空間，不再受制於感官、經驗、學識和意念四大情節的困惑與囚禁，使心靈常在滿足與安樂的幸福狀態。

維摩詰居士 (Vimala-kirti) 是古印度佛陀時代毗舍離城的一位商人，也是家財萬貫的富翁、奴婢成群，他勤於攻讀學問，不僅辯才無礙，平日更是慈悲方便，在高度的自然生化中善待群生，受到居民愛戴，妻子貌美，有一雙兒女。維摩詰在當時雖非中土人士卻是非常典型的儒商，更是大隱隱於市的動禪行者；他正是透過無限賽局不執著名利的心態將別人放在利益前面；在覺性心學系統的作用下使心流擴張與高維的意識連結；在不凡的精神力表現下供給大腦超強的續航力；在心中仁慈的

與他體文化產生融通；在現實的生活幾乎達到見相不生相、對境不生境的心無所住的大自由境界，最終成就不凡的聖果為諸大菩薩之代表。

當然也在行之不執取下成就了人生的總體，又不被世物所控制，這種高明的境界才是身為人最高層次的嚮往，亦是儒商的最終極目標；這就是身在現實心卻可超越現實的大自在境界。事實說明：成功在現實空間，幸福的維度只在心思不被外力綁架的超現實空間；這就是一般只著眼於現實世界受制於相對思惟的成功者，即便得之名利享有社會名望也不見得會安樂幸福的原因，這也是學校沒有教導予我們的第三化智慧。

長江實業創辦人李嘉誠先生說：做任何事只要具有獅子的勇猛，同時存有上帝的仁慈，在人生中成為具有仁慈之心的獅子，在外剛內柔的努力過程自能賺取人心獲得永久的利益使自己越來越富有，成為受上帝所眷顧和賞賜的人；顯然李嘉誠先生也是有意志向儒商的紅頂商人；追求成是為了贏得人生，不是為了成功而輸掉幸福，雖然面對人生不是為了贏得比賽，更是為了贏得賽局外的人生。

然而從研究中發現：在行之信念與意義對他人有所幫助的過程，人體自會分泌出血清素、多巴胺、內啡呔和催生素四種讓人快樂的荷爾蒙，在得之正向回饋的開心狀態下心智意識頻率會被擴張提昇與存在第三化空間的神性連線，在能量與心臟

肽液大量分泌下活化細胞使身體健康，在具有仁慈之心與人相處下也會容易去中心化與他體文化產生融通，取得信任達成共識。這不僅會換來關係上的良好、受人愛戴，也會使家庭與婚姻更加的幸福，因為幸福的質性就是個體與他體和社體群體所產生來的一種關係文化，它也是人生中最大的安全網：「愛的恆溫」；這也是儒家仁愛的精神所在；古印度大商人維摩詰居士用盡一生為我們印證和說明了這件事；他是超個體心理的超驗者，也是在內心的靈界點上發展第三化空間的真正高人（高維度的人），他完全做到了成就個體社會化、內外兼具、學問淵博的大鴻儒境界。

The Birth of
New Civilization

第四節 超越相對思惟的上帝科學

超心理行為管理學是深度學習的教育，是以研究自體信條文化、微觀潛在意識，在高度上有效管控治理內部，帶領自己在進步中進化，成就人生整體希望的學問，是以成功幸福超心理學為訴求的理論，只是在一門深入的專研與教學過程了解到，學問與學問之間互有表裡和關聯性及根本上的統一性。

任何專業學問只要離開相關性學問或缺乏對一件事的第三化抽象思見，就會陷入定見與相對的隧道思惟之中，造成不客觀的主觀偏見，產生盲點與知識缺陷和各持立場的專業衝突，各分門別類下的執觀科系雖然具有個體的獨立性，但在缺乏內在第三化空間的心理背後卻是一種難以彼此廣泛聯繫的本位設限和己見的固執，其中必然存在著只相剋、不相生的問題，這就是專業知識中的殼倉效應，又之重力塌陷效應。

集體繼承的知識文明和專業分工的社會制度已成為一種現代各行各業不可或缺的運作模式，面對複雜的世界專業分工可帶來化繁為簡，在單一面對的相對過程大腦更能聚焦思考與反應使組織更能順利運作產生效益，活像一部被系統化的機械元件卻也讓人類最為珍貴的溫度，在冷漠的科化學習中漸漸的失去，失溫所為人體帶來的內寒效應也是促使身體造病的原因之一；文明會造病這已是不爭的事實。

　　專業分工在範圍化與近利上讓人對它深具信心，但也因此
不見未來性與整體的產生專業間的分歧使自己的專業穀倉化，
造成在企業各部門之間無法創口互通，反而拖跨組織的發展；
專業分工的效益雖然勝過一人多工卻會讓人不覺陷入本位化的
部落主義，造成沒有效益、甚至是負利行為的努力，然而問題
不在專業，是必須要有其他相關性知識與學問的彌補和抽象力
的客觀支持，才能在專業中表現出超時空的卓越保有著專業中
應該有的高度和溫度，失去溫度的專業只是一部系統化的機
械。

　　這就是 AIS 幸福成功學雖然是超心理行為管理的學問，卻
也會涉及到個體心理、哲學和人類行為與社會演化，甚至對天
地自然宇宙探索的原因；超心理行為管理學的研究與學習如果
是主修，那其它相關科別就是必修；跨學科學習與延伸性探尋，
往內啟動覺性心學系統的日常參與所產生來的第三化超現象精
神性作用，才能製造出精準到位的專業，大量避免可能性的無
知與偏誤，落入專業卻不精準的一般職能表現。

　　從各領域中勝出而卓越的那一些少數人似乎都具有這一套
精準專業又不失溫度的能耐；它是在跨學科博學精神背景下對
既有的專業進行深入性研究與探索和抽象尋找及自我導正，從
追根底究中發展出另一套更優於既定的第三化專業系統，形成
具有符合他人期待、社會要求與市場需求的獨創性和權威性；
它的核心精神即是獨立於學習之外的覺性心學系統所產生的高

維度意識，它也是驅動人生整體發展的原力。在微觀量子力學的研究中發現，無論是個體、它體或群體的存在，都是因為彼此有著相關性頻率與磁場的主動和被動性聯繫與疊加配對糾纏才會存在，誰也離不開誰而獨立存在。

所謂**系統 (system) 泛指由一群有關聯的個體組成，根據某種規則運作能完成個別元件不能單獨完成的工作的群體；**一部車就是由成千上萬個不同卻有關聯個體組合，所產生來的一套可完成個別元件所無法完成的人為系統；我們的身體也是一套由各種不同的生化組織所整合而成的自然系統；太陽系及其宇宙天體的運行都是靠著法網恢恢、疏而不漏，無限量子的統一性自然系統所產生的作用，顯然各自的元件功能必須在系統的整合運作下才會產生。

一個企業的有效運轉也必須來自有所範圍的人為系統，缺乏系統整合的運作，在單一元件下無法產生有效率的作為；這理論同時說明想要通透一件學問的完整性、到位的表現出精準專業、避免無知的後遺症，不可能只從單一學問和殼倉化的一般 (相對) 專業繼承中獲得，而且人為的子系統也有其侷限性，AB 分工專業的子系統必須從固有認知中抽象出來，進入第三化精神性的自然母系統才能產生完整性，達到精準專業又不失溫的職能表現。

孔子說：「學而時習之，不亦說乎，」《周易》：「仰則

觀於天，俯則觀法於地，觀鳥獸之文，與地之宜，」就是述說了博學的廣義性不該只是殼倉化知識的承繼，將自己帶入主觀上的定見，不自覺落入缺乏熱力學的對立面和有限的程式思見之中與其它子系統產生衝突，障礙組織或人生整體的運作與發展。超象限的融通智慧是需要在覺性心學系統的作用下向天、地、禽與獸、草木學習，而不是侷限在先驗與後驗的有限結構，在缺乏抽象客觀的分工專業中分化了彼此該有的關連性和統一性。

　　神農嘗百草和李時珍的《本草綱木》及中國古文明的四書五經和五術文化，其背景建構都是在微觀中深度化的向自然法道學習，在穿透意識屏障進入第三化精神性世界所得來的偉大智慧；利用觀想天地自然與事物，從回返內心省察的途徑中啟動覺性心學系統，在靜心的靈界點（奇異點）上（第三化精神性次第空間 如後圖）發展第三化精神性次第空間，帶動心智持續發展、強化思考續航力才能真正做出一門有利於自己和他人與社會，甚至全人類的大學問；學問是學來的、更是超象限，貫穿了即有知識與感官和經驗情節及現實文化所做出來的新知識，從學習者身份化識成智成為創造者才是學習的目的。

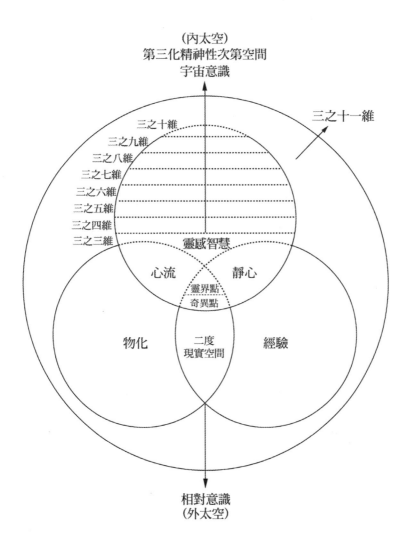

第三化精神性次第空間 示意圖 資料來源：歐青鷹（2023）
《上帝科學 新文明的誕生》（頁393）高雄市

　　只是被知識程式制約化的當代人類在定型化心智下用著不具有超驗性的大腦、複製化的學習，帶給自己的思惟與見解只是一種隧道化，將視野狹隘化無能為力使自己的心智擴張，造成人生受限在人為的殼倉化系統之中無法超現實的被現實綁架，一般人受限於所繼承的知識系統和現實與經驗情節之中，不太懂得超中心化、往內啟動覺性心學系統化識成智向天地自然求法取經，所得到的知識見解在缺乏文化融通與相關系統裡面便存在著避免不了的缺陷和偏誤，製造出缺乏熱力學智慧的對立面。

　　從社會行為觀察與探尋中發現在群體真正具有影響人心的高端人士，除了聰明在日常中更懂得靜下來進入微觀世界，在超時空的抽象內心中接受到高維度的靈感智慧與精神性的指引。三年來的疫情讓世界安靜了不少，也讓不少人有機會沉澱下來，在非典型的靜心中對人生有了不一樣的省思，改變不少為人處事的價值觀，為自己做出不一樣的選擇與決定，為人生帶來另一種不同的面向與可能性。

　　現實告訴我們：自我中心所形成的相對空間在這個過度物慾化的世代下已呈現飽合的狀態，人的心思在急功好利、動盪不安又充滿不確定性的現實世界中是靜不下來的，幾乎與自然的精神和心靈智慧失去了聯繫，將自己設限在無法融通他體文化的子系統中，瞎子摸著大象用盡腦力這個單一機械化元件，很認真研究大象存在的性質，游離於相對化的隧道思惟之中就

是科化時代專業分工下的侷限性。

當今社會專業分工制度與大學科系化的教育帶領我們進入相對的狹隘視野與子系統的迴圈中，在本位的相對思見與執行上出現了不可避免的專業漏洞與無法彼此融通的對立面和隔離，落入殼倉效應的不良文化現象。這就是由《英國金融時報 Financial Times》編輯主任暨專欄作家吉蓮邰蒂 (Gillian Tete) 提出的理論；譬喻部門結構企業組織、國家政府等等群體像是一個個小型的殼倉，雖然各自擁有獨立的進出系統但缺少了殼倉與殼倉之間的平行創口，無法產生有效率的溝通和有意義的交叉互動，只有垂直的指揮系統，沒有互通的協同機制。

就總體而言缺乏協調與共識的生化機制，無論是個人或群體組織只要落入殼倉效應，即便運轉也會呈現產能退化、成效不彰，甚而呈現失敗的結局；無法超個體的心理設限互通於平行之間，破除不了相對思見，在隧道思惟中再努力、再專業也會落入本位己見的盲區之中以個體殼倉為世界，這是自掘活人墳墓的一種行徑，顯然這就是以各自利益為前提所連結而成的全球化世界。

最明顯的就是近代人類最引以為傲的科學知識與醫療體系的先進，工業革命至今西方非常聰明將生活知識化創造了由國際貿易和多元化的自由經濟所建構而成的社會體制，帶給人類前所未有的富裕生活與 1939 年二戰至今大規模的歷史性和平。

但在享受這一切前所未有、被人工聰明美化過的社會體制,各種子系統所規劃出的便利生活及物化文明所為我們帶來的慾望滿足,在光譜的另一端卻附著快承受不了的精神壓力,在科學知識的偉大與金融重商業化消費主義的生態下,醞釀著自然環境的破壞與無辜的生態浩劫,然而這一切背後不良率的快速積累,所造成的負能也正以非常快速而具體顯象的在對人類進行著毫無情面可言的反噬浪潮。

世界自然基金會 (WWF)2022 年 10 月 13 日發佈兩年一度的「地球生命力評估報告」(LDR) 顯示:1970 至 2018 年不到 50 年所監測到野生動物物種數量已大量減少達 69%,突顯人類近代的物質文明活動為自然界帶來了毀滅性的損害。WWF 科學主任萊特表示:生物在不同層次的活動與生存上的多樣性對調控氣候保持生態平衡極其重要,人類過度開發與農耕、開採,不自然的改變動物的環境生態,引進外來物種侵略和區域性污染,使地方生態失去平衡和超量的碳排,所導致的氣候變遷與疾病造成棲息地與環境不自然的人為退化是造成野生生物大量減少的主因。

工業革命以來人為活動,如工廠、汽機車、各電器用品排放廢棄物產生的溫室氣體濃度明顯的增加導致極地冰原融化、海平面上升淹沒低窪的沿海陸地沖擊低地國家,造成全球氣候變遷導致不正常暴雨,乾旱現象,沙漠化現象,擴大於生態體系水土資源與人類社經活動與生命安全都會因此造成很大的傷

害。這一切失衡與失德行為所造成的不良後果，終會在動態循環系統的作用下物歸原主，這是存在人為相對空間的時間造化所恆定的迴圈法則 。

　　近代文明人類自許的偉大科學與知識在太多面向上就是利用犧牲其牠野生動物和自然環境來成就自己的世界，凡事以自己的利益為中心做為一切活動的權衡和考量，完全不理會也無力發展超越相對的高層次智慧。人類在自我中心的相對立場下失去自然系統的平衡，使自己在富裕中焦慮、在自保中傷及他人、活在治標不治本，走在鋼索上努力保持平衡的近代文明，這種既熟悉又潛藏陌生的危機是人類急需警覺和面對的問題，人類所製造出的科化世界對地球而言本身就是個大違建，對其他物種就是帶著破壞性和毀滅性入侵地球的外星人，在看似環境的沉默下這個超大違建必然會被迫拆除，這件事已在世界各地一幕幕的上演。

　　用著怎麼研究與進步總還是存在著漏洞與缺陷的科學知識在解決問題，在隧道化視野的專業分工象限中製造出另一個更大問題，使人造世界這套相對的有為系統非常違和存在地球上的自然系統，在良心不安或感受到生命威脅下開始大力的提倡環保救地球的口號與作為，煞有其事的響應淨零排碳和減塑的環境道德，但這些對環境釋出的善意背後，是否又是另一種強權與集團合作下的欺騙和問題的延伸或只是分期付款的拉長，可能讓世界崩壞造成大規模毀滅的時間。

　　各種證據顯示，人類所造成的工業化文明世界在地球上都是不利於環境的大違建，而且在過程中還大量的生產垃圾和無孔不入的人為灰塵及環境賀爾蒙，對土地、空氣、海洋生態造成難以挽回的破壞性污染，還將這套看似文明卻是無明污染環境的人為系統在人造衛星和火箭的科技發展下帶往太空、全世界各國，至今一共執行了超過 4000 次以上的發射任務產生了大量的太空垃圾，高達 4500 噸殘留在軌道上。

　　人類在中心化大腦所製造出的相對文明最後如果都是垃圾與污染，而不是環境養份和生態平衡的維持，最後還會為自己帶來致災性傷害，那知識文明和物慾化發展，真正意義與目到底是什麼？人類存在的目的到底又為了什麼？有人類的地方就有污染和永不止息在各自利益中傷害彼此，這是您可以接受和認同的自我存在嗎？

　　迴返內心開啟超越相對思惟框架的宇宙意識也許才是接下來人類所要發展的新智能，近代人類過度發展來的現實世界似乎已呈現文化飽合狀態，在感官情節化的相對心理空間幾乎已被現實所佔據使精神萎縮扭曲，造成前所未有的高壓生態，使自體細胞在週期上忘記死亡因此突變，僵屍化的造成癌細胞、憂鬱與精神相關性疾病和各種癌症之所以會成為 21 世紀的黑死病，其中一項原因就是我們所處的外部和內心，在有限的相對空間循環中已呈現擁擠混亂、複雜而糾纏的超負能狀態。進步這件事如果不配套精神性的進化，人類最後會成為自己最可怕

的癌細胞反噬自己，只有往內進化發展精神文明才是真正高端生物存在的意義，活在這裡所造就出的知識文明最後既不會成為垃圾還會產生環境養份，成為地球的健康食品。

人類在傾斜於物慾化的心智端點上精神量能萎縮退步，使自己一直困頓在中心化的坍塌意識，然而內心的坍塌感卻會因為擁有越多、在德不配位下坍塌得更嚴重，使擁有者更匱乏的想要擁有更多不必要的東西，造成一種自我存在與人造環境的惡性循環。

西方為人類帶來的科化知識與醫療體系和相關個別元件所組成的子系統思惟，非常擅常將每件事和一個身體切成數十百個元件，將生命的統一性機械化在不同元件中進行著可見和不可見的物質研究，培養出各類不同器官和不同疾病的主治醫生與專家；心臟病找主治心臟的科醫；消化系統出問題找肝膽腸胃科。用盡缺乏高層次統一性的中心化大腦，非常聰明卻相對性的研發出各種極具商業產值的醫療器材，科儀一台比一台貴，為了回收成本又在業績壓力和私慾心下，必然朝向商業醫療方向發展，當代醫學似乎將人當成可以拆解再組裝的系統元件，也將不少自告奮勇的窮病人在條約簽屬與法律許可下當成活標本，進行臨床實驗與不成熟治療的對象，還劃分了不同的維修和產線，由不同的專業技術人員修護，在經過不同科別的診斷與非故意的不當醫療過程一開始可能只有一個病，漸漸就出現了各種相關性疾病。

　　西方科學知識在二百多年來的帝國主義和驕傲文化與神奇
精湛如魔術般的各種醫療表現取得國際社會的高度信任，使深
陷在對科化知識崇拜和依賴的人們與患者不再重視與相信生活
作息的調整、飲食的改變、心理的調適和靜心、合理的運動所
強化來的人體大藥精氣神和自體免疫力的能力及上天賜予的天
然植物所淬取來，可扶正人體陰陽而自療疾病的藥物，不疑有
它的接受各種化學藥劑治療，甚至在流感與疫情期間出現群體
搶購相關性藥品的行為；人們不少疾病就是病急亂投醫和過度
與不當使用藥物下造成的。

　　《患者安全季刊》(Journal of Patient safety)2013 年發表一篇
研究報告指出：每年死於可預防的傷害患者人數高達 40 萬，其
中包括誤診、誤用藥物、手術中的誤傷、對錯誤部位實施手術、
輸血不當、跌傷、燒傷、褥瘡以及術後併發症。全球知名醫
學專家之一的約翰・霍普金斯大學醫學院（The Johns Hopkins
University School of Medicine，簡稱 JHUSOM）教授彼得・普洛
特博士（Peter J.Pronovost）說：這相當於 24 小時就有兩架大
型噴氣式客機從空中墜落，導致死亡的數字這原因之一，在於
疾病相互糾纏相生又相剋的複雜性超過現行人類所能理解的範
圍，據世衛統計目前共發現 12420 種疾病與障礙，如此複雜使
得從診斷到治療的每個步驟中都存在著犯錯的可能性。

　　當然醫生絕不會憑空捏造醫療事故的原因去矇騙患者，很
多醫護人員寧願用自己部分收入換取更好的治療效果，也就是

說多數醫護人員對自己的職業懷有神聖性，都具有比其它職業還要高標的使命感，只是人性有一種逃避責任的暗黑心理，而且深深根植在這一行業的價值觀之中，在每次的醫療缺失中，他們通常會採用一系列委婉的說詞，如：「技術性失誤、」「情況複雜、」「意料之外的結果、」或「已盡了全力」等等說詞，這種說法雖然包含著部分真相，但並沒有足夠的坦誠。而且各先進的醫療電子器材對人體細胞與神經系統都具有累積性的傷害，任何藥物內都含量一定程度的毒性，無論西藥或中藥以毒攻毒本來就是下下策，如同對身體窮化時的賑災，如果將藥物當成日常用品食用就會累積成毒，在肝腎與其它臟腑受損下累積成病，不過從藥妝店和診所在市面上如雨後春筍的開設速度來看，便透露出很多人已將就醫、看診或吃藥當成了日常。

生活在食衣住行樣樣不缺的近代文明在光鮮亮麗的富裕生活背後，不少人都帶著怎麼治也不會好的慢性疾病，這些都成了醫院、診所和藥妝店重覆消費的忠實客戶，在健保給付的政府德政下不少長輩也將看診找醫生拿藥當成了生活的一部分，甚至是一種休閒活動。人手一機的移動世界與科技和醫療的進步及生活富裕的讓人不知不覺將日夜顛倒、不當飲食和失去倫常的對待與不正常生活當成了正常，以妄為常的思見似乎已成了當代文明的一種的意識型態，近代文明雖然為人類帶來長壽，代價卻必須帶著疾病糾纏一生，雖然它並不符合我們可在長壽中健康的期待卻完全符合一再變質的資本主義經濟效益，而且在 12420 種疾病與身體障礙下，人類的智能無法在錯縱複

雜的病理系統中精準的表現出到位的專業治療，在不當醫療與
用藥的過程很可能神不知鬼不覺的為您製造出另一種相關性疾
病。然後讓您的身體和心理在越來越依賴醫生和過度食用健康
食品與各種可能會讓您上癮的化學藥劑下，還可為各大生技藥
廠及科技公司股價帶來龐大的經濟產值和國家稅收。

2014 年夏天伊波拉病毒 (Ebolavirus) 在西非爆發疫情，那
些忙著開發伊波拉藥物和疫苗的製藥廠股票表現簡直是一飛
沖天，德克米拉 (Tekmira Pharmaceuticals) 製藥公司的股價上
漲 5 成、白歐克斯 (Biocyst) 更大漲 9 成，這三年來的新冠病毒
(COVID-19) 又將為這些相關製藥廠和美國帶來多龐大的利潤與
稅收。據台灣經濟部統計處（Department of Statistics, Ministry
of Economic Affairs）指出 2021 年醫用化學及生物製品需求產值
高達 963 億元為歷年新高，年增 4.9 ％、連續 7 年正成長、預期
2022 年全年產值可望突破千億續創新高，站在國家財政與社會
經濟環節上這是可喜可賀的事，但以國民身心健康指數來看卻
是一種隱憂。

先進的醫療體系與各類化學製藥和疫苗在救人命、治人疾
病的同時，在患者不知節制和一般百姓根本沒有專業醫學背景
與不少缺乏經驗、新科醫生不精準診斷用藥或操刀及業績壓力
下做出非必要性的醫療，過程很可能會製造出更多病人、生出
更多的疾病甚至死亡，永遠不缺病人的醫療體系和以妄為常的
物慾化時代與無能為力內控自己的生態，或許才是讓這一條醫

療經濟循環鏈蓬勃發展生意興隆的原因之一。

如果這不是商業貪婪下的故意，就是人類中心化智能受制相對思惟上的缺陷，無能為力思見超時空的複雜，知之無知的盲點所造成的結果；在超越不了現實的相對思惟情節下所產生來的問題，對人類而言竟然就是一種商機，但所有被製造出的問題都會被商業包裝成符合人性慾望的需求，就像各大上市上櫃公司提供給投資人的財報不少都是把負債包裝成漂亮的資產，政府更可將債券當成商品販售一樣。

活在感官情節和現實中的一般人根本無能為力帶領自己的思惟入心，透悉現象中的真相，使自己一生只能活在看似有自己實際上並沒有自己的集體思惟和被程式化的個體系統之中，在社會平台上只能被一群一群的看待而不是被個人化對待。

超級人類 新文明的誕生
Übermensch The birth of New Civilization

The Birth of
New Civilization

第二章 / 重力坍塌下的貧窮意識

The Poverty Consciousness Amidst
the Gravitational Collapse

超級人類 新文明的誕生
Übermensch The birth of New Civilization

The Birth of
New Civilization

　　然而在我們對生命本源與人生究竟論的研究中發現，可以超時空思見新知識的起點並非來自哪個知識端或哪個特定的象限，是必先從對自己思維的理解、對心態結構的認識、從行為模式中看見因果關係所造成的結果、有效發展第三化智慧才能做到；它即是覺性心學系統所產生的效應。

　　人雖然可意識到表面上的自我存在卻受控在感官、經驗和學識與意念四大情節系統的活動範圍之中，缺乏對自己的深度和社會及其世界的能見度與超現實空間的高度視野和化識成智的心學能力。我們是現實之身與超現實心靈疊加的組合，本來就是宇宙體系的縮影，也就是說人體的生化性與身心靈的組合跟宇宙是一一對應的體系，只要對自己進行深入性的探勘，在覺性心學系統功能的啟動下使心力擴張，在思考續航力的超時空發展下就能觸及到宇宙意識，破除定型化心智的格式之迷，對集體繼承的學習內容進行理解與化識成智的應用，在高度上融通他體文化，在個體中活出整體，成就人為系統與自然系統融構一體的空性力學。

　　只有對自己進行反思省察的刺激性行為，在覺性心學系統功能的啟動下才能突破大腦相對思維的意識屏障，進入內太空接軌高維度的宇宙意識，帶領自己在生活中化熟悉為陌生、化陌生為熟悉的觸類旁通，重整學習與經驗、生化新的體認，使自己的認知與見解在向天地自然求法和對他人不恥下問的態度中更加的完整對人生正確的導航，而且也會讓您從做事與做

人中看見意義的本質，在內心的燃點走上可跨越人生象限的核心，超越人所造化的對立面進入超現實的空間得之靈感智慧。

在知識化世代，學歷、經歷與一般專業和關係只是社會化成功的基本配備，不再是什麼競爭優勢；挖掘尚未被發現的第三化潛能智慧、獲得別人所沒有的創見、將個體社會化、擁有充份的社會資本才是知識化今日最大的競爭力。人在中心化大腦的學識與想識這兩大掩飾性意識中，對於潛在意識的活動能見度很低、對事物充滿視而不見的諸多死角與錯覺常會落入違背希望的灰色地帶甚至黑暗面，不少人都有過去的黑歷史，就是知之無知自己潛在的思惟與心態和慣性模式在另一端所造成的結果。

人類是一種可清楚意識到自我存在的生物因而生化出非我第二意識，從相對上造化出分別比較而重力坍塌自卑的第三意識，在三識糾纏系統的生化性下產生萬有意識；這套意識生化體系與可造化性完全符合老子《道德經》第 42 章所論述：「道生一，一生二，二生三，三生萬物」的宇宙生化法則，人類就是在第三意識的自卑感端點上不是利用它激勵自己向上發展彌補內心的坍塌與不足；就是因自卑而負面的使自己看不見希望更加自卑而坍塌的往下沉淪。人類也因自我意識的生成在後天的情節化學和外力刺激所給出的想識，這兩大易變的表意識系統及難以變化的潛意識系統和先天的載體意識這三大系統的組合所形成的自體文化，造就出專屬的命運藍圖。

　　人是依經驗所給的想識神經系統在看待自己與外在的事物，經由後天學識在他人與群體中表現自己；也就是說一般人看見的只是學識與想識這兩大表面意識上的自己，也會捷思化的以為這就是自己的全部，熟不知那只是一部分而且對人生影響的佔比也只是 20% ～ 30% 在日常中真正影響您的關鍵是潛意識中的個性與習性和經驗及先天載體意識 (阿卡西) 中的大數據，這兩套系統的組合會蓄積成您的專屬性格，它就是自體文化的心臟、對您的人生具有高達 75% 以上的主導性，只是在學識與想識這兩大外來的生化掩識系統的遮蔽，在尊嚴與自卑感衝突下的逃避心理讓人產生自欺和欺人的性向混淆，感知不到潛在意識和靈魂意識的自己。

自體文化三大意識系統 & 覺性心學系統作用 示意圖

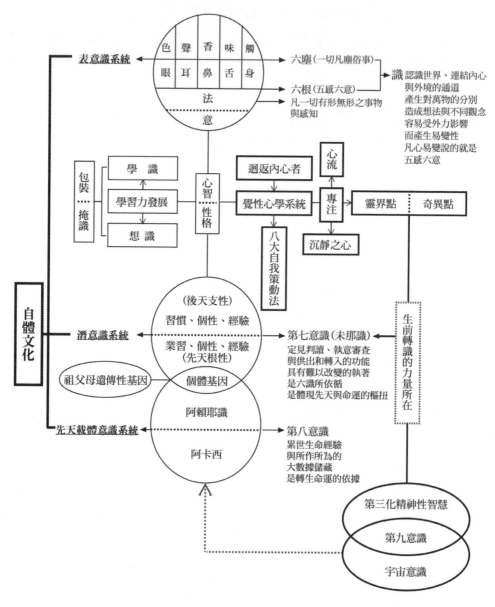

自體文化三大意識系統 & 覺性心學系統作用 示意圖 資料來源：歐青鷹 (2023)
《上帝科學 新文明的誕生》（頁 410）高雄市

　　人對自己的認識與了解在缺乏深度思考的捷思慣性下總有著不少的偏誤與錯覺和故意，這就是學識與想識兩大掩飾和尊嚴與自卑的對立性質所導致的自我生態系統的模糊與錯亂；面對自己是身為人必須要有的態度，了解先天、透析人性、認識自己的個性與習性和潛在超心理活動，這是對人生懷抱希望的任何人勢必要學會的專業。它是有效掌控自己，在慾望的前提下不違背希望的一種修煉；在意識的維度上高人一等才是在這知識化世代勝出的關鍵、也是改變命運的途徑，然而它必須藉由覺性心學系統的精神性作用才能做到的生前轉識。

　　一般人都是經由外力在決定怎麼做自己，您所知道的自己是在不由自主下被外在環境文化與世代價值觀和所遭所遇和成長過程的經驗回饋及各種學習與接觸塑造出來的一套子系統程式，但因為習慣了它的存在，就以為它就是我；事實上卻是個被現實環境程式系統化虛構出來的自己，或許連要當個好人都可能是被地方文化與宗教和世代社會價值觀所強迫設定出來的，並不是因為內心的覺醒而真正的仁慈。如果真是如此，那所處的環境文化與接觸或所信仰的宗教，如果給您的教育和指令是仇恨和攻擊或以殺人為使命的話，那不是一件很可怕的事嗎？

　　您的社會認知與人生價值觀和對與錯的分辨及其一切的人生進行模式都是自己的覺醒體悟和智慧透析下的客觀性明白，還是被世代背景、社會價值、環境文化程式、經驗收集設定出

來的繼承模式，您是活在真理實相之中？還是只活在被系統化
的虛擬實境和人為道理與人設道德之中呢？以殘暴者著稱的激
進組織 ISIS 成立了兒童訓練營，帶領小孩閱讀斷章取義的可蘭
經，教孩子玩槍殺人，甚至還要小學員觀看血腥的處決場面，
教育他們成為全方位的聖戰士。然而這些恐怖份子所造成社會
恐慌行為是他們先天的本意嗎？還是被仇恨教育程式和環境文
化塑造下的自我呢？那現在的您又是誰？一切生活中的進行式
與需求和對待與追求的目標真的是您的本意嗎？還是被社會價
值文化催眠和潛在意識指示化的系統設定呢？

　　人存在宇宙天體之中在人為的環境文化和學習信條與經驗
收集、社會契約的催眠化灌輸下已失去了完整的本體與自由的
獨立性；知識化的今日，人腦在被養成的過程已被不自然的程
式系統化，客觀上應該說是被各種知識所駭，使生活上的一切
活動與運行幾乎都依循著大腦中被駭進的那一套人設系統與世
代社會價值公約，活像生化機械人，在重物慾的引力下使內心
呈現坍塌感產生嚴重的貧窮意識，造成在消費功利社會下沒有
金錢幾乎就活不下去的生態。但在人設之外的高維度自我並沒
有財物上的需求，祂需要的只是恢復超現實的無窮意識，而且
也只有找回非人設的宇宙體系，才會更有力量在內心的自由中
創造出未來的可能性。

　　在生活中您之所以如此容易受到他人與外力影響和左右、
因現實變化而感到焦慮與不安，這已說明了您所以為的自己只

是一套被外力塑造出來的個體元件和程式，您的生活一切模式
只是早被內建設定好的指令，並不是一個獨立於自由空間的真
實自己。我們在感官情節化的個體心理上落入了現實空間，失
去了自由於第三化空間的獨立性，在不自然的我本位坍塌中生
出非我意識，幻生相對法，產生分別比較，在自卑中不自信才
會過度發展往外相信的機制，以獲取金錢物質和身份、地位的
虛榮彌補塌陷下的自卑與貧窮意識，建立存在的價值與安全
感，但無論多巨大的外力堆疊，自卑感和不自信與匱乏的貧窮
意識及內心的不安依然牢固的存在，因為超越不了真實物質與
經驗想像，這兩大世俗空間的永不確定性。

當然人類之所以可以不斷相對性的發展，大半就是靠重力
塌陷下的自卑和匱乏感所產生的對立面在熱力的磨擦下所產生
來的可能性，這種熱力學 (Thermodynamics) 效應也符合個體心
理學家阿德勒所研究的目的論（Teleology），但也只能做到在
失衡中保持自欺的平衡，深入探究便可發現，世界的形成本身
就是一場合乎人性需求的真實與虛構的騙局，因為欺騙這種心
態對人性逃避的心理本來就具有從惡劣環境和失敗中支撐自
己，繼續活下去的正面意義。

這就是凡是人都會在生活中合理、甚至不合理說謊的原因，
尤其是在功利主義完全以物慾為主體的今日，技術性說謊和
善用合法掩飾不法的欺騙行為似乎越來越嚴重，而且人們似乎
也樂於謊言存在我們的生活，做為一種人我往來之間的社會橋

槳。

　　人類普遍擁有相互欺騙的社會性質或說它是一種奇特的天
性，據研究人員推測說謊這種行為在語言的發明後就出現了，
有了社會意識的形成更成了一種生存上的技術，因為聰明的人
類早就發現不必動用肢體暴力和勞師動眾，只需要符合人性內
容或投其所好的說謊就能左右他人，也可在爭奪資產和配偶的
過程中成為優勢，與其它獲取利益跟權力的方式相比，說謊對
人而言顯得相對容易；它可說是最原始的一種生意頭腦，演化
至今不少謊言都被包裝成一般人想要的商品與人相處，在凡事
都講求包裝的當代，不知合理或技術性說謊還真的很難在這充
滿偽善的社會結構中活出成功的樣態，一再變質的政治色彩演
化在自由民主的社會體制包裝下，更是將謊言推升到極致。

　　然而人類之所以可以真正的高等，主體並非來自慾望的湧
現和多高明的謊言，是因為具有超現實的精神性靈魂，人類的
特殊就是可在精神量能的提昇推動下超越個體自私基因的設定
與近親和宗族傳宗接代的群體自私天性，跨越種族類別的界線
執行著具有意義和可創造性及超自我、超現實發展出第三化的
宇宙思見，這些純粹將色體當成是靈魂工具、不眷戀於自我、
不著迷於物慾、不受控於外力和自然演化的自我設定升級行為
都在證明高維度精神性靈魂的存在；祂才是真實的自我存在，
也是人類真正的高等所在。

　　人類在地球上對其他生物而言有如神般的存在，但事實卻也說明了，並沒有神般的第三化仁慈與愛和大用自己的天能，有的只是裝神弄鬼、假仁假義，順我者昌、逆我者亡，多的是一定要被看見的善舉，在社會責任、環境保護的友善行為下，可能繼續用另一種方式無知的分化社會、傷害野生動物與環境的破壞，人類演化至今充其量只能說是一種變種來的高等動物自作聰明的製造出低度文明，對地球生物來說只是入侵者、並非是真正的高等靈性，但相信這絕不是人的本意，是人類現行智能程度上的無知、無奈與無知。

　　現行的人類必須覺知，活在對真實的想像與經驗收集這二度世俗空間的自我存在，只是存在第三化空間的心靈用來表現精神性的工具、是被靈魂託付往內進化升級的生化元件，只是感官情節與強烈的學識、想識這兩大合成的中心化程式子系統，隔離了我們與高維度心靈連繫的機會，將自我元件當成了人生的主體，將物慾和經濟發展當成了人生最終目的，但它終究只是一場零合 (Zero-sum) 的遊戲。

　　探究自我存在的真正用意與目的這是您生前的任務，否則這種以小鬼當家的人生肯定禍不單行，因為自我在自卑感與優越感兩者的矛盾衝擊下會製造出長得像天使的魔鬼。它最會做的就是製造問題卻又會滿足您，只是任何人在被滿足下根本不會產生懷疑、還會感激不盡的做出回報，途徑就是服從被程式化出來的小鬼，為它生也為它死，但一般人永遠不會知道自己

一生都活在被系統程式化出來的虛擬實境裡面，活在如同電影中的楚門世界，楚門最後雖然在他的聰明下揭穿了所處世界的虛構，但不知自己只是又掉入了另一個看來更真實的科化虛構世界；外部一切現象都是內部意識的一種投影，或許人一生不少時間都在捕風捉影？

中心化腦力發展來的相對智能擅於掩飾和包裝，所形成的國際化世界在炫麗光彩的背後肯定是黑暗，在社會秩序底下必定是混亂，在大張旗鼓行善下必有罪行，在遵守法律中行之不道德的事，在滿足慾望的同時背離希望，在進步中使精神退步，在每個正確中造成未來的偏差與錯誤。

客觀上現象與經驗收集來的物化進步只是人類存在的作用，往內超現實的進化升級，提昇意識維度才是人生真正的目的；只是人類現行的生命品質所生化來的存在層次似乎只對自我這個被物化與反饋來的子系統完全的服從，在強大的重物引力坍塌下還尚未發展出內心第三化空間的抗力，因此對事物產生了幻覺性的著迷，甚至上癮般的將物質發展和科化進步完全的目的化，使自己監禁在真實物質與經驗收集這二度空間，活像被壓制在五執山下的孫悟空。

人類在演化來的新皮質發展下雖有著七十二變和飛天遁地的本領，卻還是掙脫不了對物慾目的化的相對情節所帶來的身心痛苦和折磨，這就是精神文明的證明；只有超越現實的第三

化空間意識才能避免受現實世界的折磨得之智慧，有力量在高度上決定活在現實中的自己，它就是超物質與超驗的精神化文明。

當代經濟學家與社會學家告訴我們：20世紀的財富在勞力，21世紀的財富在腦力；這就是普設大學、大量生產知識、強化學習力與思考力和個體專業能力在功利主義的今日會被國際化社會重視的原因。末代工業所營造而來的極端資本主義在以競爭為社會體制的活動中，驅使我們往勤腦主義方向發展，透過對知識的獲取、經驗的咀嚼、觀念的轉變、行為的改良在過程充實自己，從中心化腦力塑造出一個被程式化的子系統自我，造就出與他人的差異性、發展出社會的競爭力、經由打敗對手獲取生存上的保障、確立社會權力與地位、標立自己的價值與重要性、實現個體化的社會成就。

只是深陷感官的易變性和經驗收集情節化的我們，對於思考的運用與咀嚼通常只求之於外，鮮少往內針對自我這個生化程式體系；因為人的感官功能在生物為求生和自保的基因設定下，關注的是外面的現實世界，自然以外力此作為一種防禦；用著定型化心智所儲藏的經驗數據不客觀的定見所處的世界，活生生被牢困在實現的空間，並沒有充足的反作用力往內觀照自己，不知變通與轉化造成對事態與見解上的可能性曲解與認知上的偏誤，完全以有限賽局的心態面對人生，不知人生只是無限賽局的一種作用與過程。

　　活在自我這個勢單力薄的單一元件中自然不怎麼相信自己，只能往外尋求被認同、建立社會自信、為失去與神同行的不安建立安全感，而且對自己省察也會被誤解為是在否定自己，這對內心自卑的人性而言是一種打擊性行為，非一般人樂於做的事，這就是造成不少學經歷雖然優秀，在人性各種劣根的障礙下依然遲遲不得志的原因之一。

　　生物演化科學說明：沒有會犯錯的豬，只有會犯錯的人；因為只有人類可以在得天獨厚的自我覺知系統發展出是非對錯與道德意識和社會尊嚴，在公平正義的思想意識到自己在與人相處和社會行為軌跡上的錯誤，對自己進行導正與改善的希望工程，使自己活得更為完整，顯然不知反省改過只是一意孤行，就算努力學習最後也只會成為越來越聰明的豬。

　　學習在知識普及化的今日並不困難，困難的是往內層次化的修煉，因為抵觸人性各種劣根與黑暗面，這即是聰明易學、智慧難得的原因，跨領域而多元發展的聰明才是智慧，侷限的智慧只是生存上的一種聰明才智，難以跨越自我設限、或許就是超凡入聖的一種考驗，希望從一般人升級為可自我設定、成就自我實現的超人；學習只是基本，克服人性的劣根才能在侷限的聰明中，發展出跨越性智慧是關鍵。

　　人之所以討厭被否定是因為自卑在作祟，很喜歡被讚美當然也是因為自卑，面對人生一切的努力大半也是為了利用金

錢、物質、身份地位的自我優越感和虛榮彌補自卑，但自卑與不安從來沒有因為擁有身外之物而消失，只是更頑強的存在您的比較心和嫉妒心之中，時而天使，時而魔鬼的在影響著人生的動向與發展，這一切都是因為內在的自卑感和優越感的矛盾心理在作祟。

超級人類 新文明的誕生
Übermensch The birth of New Civilization

The Birth of
New Civilization

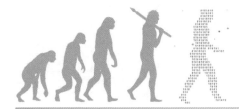

第三章 / 導航人生的生化系統

The Biochemical System of
Navigating Life

超級人類 新文明的誕生
Übermensch The birth of New Civilization

The Birth of
New Civilization

　　影響人生的最大因素是在內部自體三大系統文化中的性格優劣，只有強化它的質量重建它的主體結構，人生才有機會被翻轉；它的起點除了強化學習力與思考力之外；更需在日常中學會用著樂觀的心態對自己進行反思省察的行為；在沉澱中觸及覺性心學系統的智慧功能；才能在人生的現實空間取得總體的平衡，當然傾斜於事物的思考力發展，的確可在神經元與突觸和局部的腦內生化系統受到刺激下活化腦細胞，在邏輯與分析和判斷力的表現上越顯聰明，更加確認學識與想識這兩大程式系統所組合而成的自我優越。不過這種只向外的思考力發展卻受限於人性各種缺陷與劣根的有限範圍，可能將自己帶入自我中心的失衡場域，落入穀倉化專業知識的陷阱之中，將人生發展座標化受限於現實的世界，在侷限的聰明上只能行之有限的子系統；它是單一模型元素，預先設定的作業流程並不具有其他子系統的功能。

　　缺乏在高度上與他體文化的融通性，這就是有人雖然可在工作表現傑出、獲得在事業上的成就，但那一套專業系統卻無法在家庭、婚姻、健康和關係領域上發揮出同樣的效能，一種子系統只能完成一種特定的事，只有立基在超現實空間這個母系統（第三化空間）的人，才能在專業之外生化出不同的子系統，抽象而擴散性的在人生各領域中表現出不同能耐成就人生的總體。而且在超現實第三化空間的至高點上才能有效避免認知與看法上的偏誤、製造出未來問題的危機；活在子系統中的單一程式，在不安和價值不足的坍塌本位中會在內心的重力波

上自我膨脹與自大的產生各種人我關係上的衝突、對立，熱衷於從競爭和算計、跟不端正的手段中獲取不一定配得的利益與成就、在失敗中不服輸，在成功的背後種下各種無知的禍端，落入未知的黑洞之中。

　　人類是社會性的動物，在各種生活型態與不同文化組合中相處自然就成了人我間的一種宿命，活在世上誰也脫離不了這一層的關係；它也是身為人最基本的安全感和幸福感來源，但從社會演進的過程和社會行為觀察中發現：人類雖然非常習慣相處，但相處的能力並沒有隨知識文明而有所進展，除非有條件和有利可圖或共同利益，否則在中心化與社會競爭和人我比較壓力之下的精神扭曲發展在生活中只會越來越難相處。在功利主義的社會底下人們所發展來的只會是更多自私自利所包裝來的虛情假意和更多元的不擇手段，如果沒有利益的連結和自我存在的證明，在越來越中心化的功利社會中人還真的不知道要找什麼理由相處；這也是越消費主義的國家相處上的幸福感會越低的原因，人類需要資源的相互給予、連繫關係，在精神面上更需要非物的情感連繫，這種需求已很難從重商的消費主義、凡事以利為訴求的今日社會獲得了，人類才會更嚴重往物利方向追求彌補，造成越來越嚴重的內心坍塌。

　　但事實卻說明：人心越顯空虛、焦慮與不安和憂鬱感越來越嚴重，傾斜於財物，需求和自我中心的標榜與對立對精神只是壓力，對靈魂只是污染，這是一般人難以理解的事，才會走

上追求慾望卻違背內在希望的不歸路。生命意識中的情義連結這種超然的幸福感和安全感，似乎只存在為生存的農業時代；當今物化文明的人類已不再為溫飽肚子而努力，都是為了個人利益，為了滿足慾望和名望、虛榮而盡心盡力，過度的物化需求與對自我存在感的渴求正是造成內心坍塌的原因，就是它讓當今物慾文明的人類深陷怎麼有也不滿足的黑洞之中。

　　人造慾望就是從內心的坍塌意識所產生，它是帶有甜味卻有毒性的物質，過度的慾望無情的淹沒掉人生最珍貴真情真義、隔離了與精神性靈魂的一體關係、漸漸失去與他體文化融通的幸福，這種高維度的生命連結已很少見了；它是人類的一種覺性潛能，也是恆定安樂與幸福的內心空間，一般人的思惟與感官受限在真實與經驗收集的現實空間，無法往內發展超維度的第三化空間，超自體的與他體文化產生融通的真正幸福和安樂。

　　學識生產與想識發展這兩大中心化的腦力識性，在社會尊嚴與面子的強烈需求下更加刺激人類渴望自我存在感，在內心的重力下出現了嚴重的坍塌，在所生化出的匱乏心理下巧妙的發展出知識的進步與更巨大的國際化經濟產能，這也將人類帶往物質目的化的思維框架之中，在大腦中製造出一個很小卻很自大的子系統，不過卻也因它的形成，失去與內在高維度的神性（母體）合一的存在，同時也失去了對心情和情緒與情感上的主導權，因自我的形成而失去自由獨立於第三化空間的真實

自我；因不自信而相信這是人性上的一種無知，也是一種物慾化的迷失。在渴求自我存在的中心化重力下使內心產生坍塌的窮化意識，竟然是推動人類進步與相對發展的來源卻也是讓人類陷入怎麼有也不會滿足的無底深淵變質出各種文明病的原因，這是值得各學者專家與全人類靜下來思索的迷途。

人類利用動物做了各種有利自己的實驗性研究，不知人類是否也是被更高等生物用來實驗或當成基因庫被圈養在地球上的物種？人類在被設定好的程式系統中自由的行動，被囚禁在自設的物質世界中追求快樂，在科化進步的安全網中受難，這件事正等著您用心去拯救，只要超越不了因內心塌陷所創造出來的現實空間，回到獨立於第三化精神性空間找到高層次的自己，看來再享受的生活也逃避不了低層自己所帶來的各種精神折磨，再富有也安不了心，現實世界只有慾望沒有希望，只有會生變的成功，沒有不變的幸福。

在國際社會化的形成下，人與人之間的相處雖然因商業行為、經濟化活動與交通往來的便利性和網路科技的發達越來越緊密，但在心理關係上卻越來越疏離，使融通他體文化的意識量能越來越低，因為在渴求自我存在感的知識與物化的世代下人只會越活越坍塌，在貧窮意識越來越嚴重下只會更強度的想要表現自己，但退一步才會產生的同理與溝通能力只會越來越差，最後只會因利益才會產生虛偽的良好關係。對物慾不可自拔的情節化思考與過度的尊嚴需求，在現實空間的相對循環

下，所儲藏的精神能量其實承受不了功利與商業文明所帶給我
們的各種誘惑與日積月累的壓力負能，使我們無可避免的造成
自律神經失調、身體發炎、免疫力下降，很累卻難以入眠的文
明病，在生活上難以情感自控導致各種不正常和不規律的身心
存在，產生精神相關性疾病和各種慢性病。

　　據台灣衛福部健保署 2022 年最新健康統計報告，國人深受
睡眠障礙的人數已高達 441 萬人，平均每五人就有一人受睡眠
障礙的折磨，國人一年吃掉的助眠藥數量高達 10 億顆以上，如
果以每顆 0.2 公分計算堆疊起來大約有 4170 座台北 101 大樓的
高度，這是個相當驚人的數字，而且精神相關疾病患者和罹癌
人數及人心的不安也並沒有因腦力的發展、IQ 越來越高、國強
民富、世界不斷進步而減少。諷刺的是造成社會與世界和大環
境動盪不安、問題難分難解看不見端點的複雜原因，很可能就
是人類自許偉大的物慾化進步所產生的不良後果，不斷的利用
滿足自己在傷害自己、利用過度開發與環境破壞建設世界，這
就是我們的努力與進步背後的無知和不可控制，這也是不求精
神進化只求物質進步的後果；努力在緣木中求魚，在慾求不滿
下製造堆積如山的垃圾造成環境污染與生態的失衡就是近代文
明的真實樣貌。

　　人類享受著物質文明和國際化自由民主的社會制度前提
下，精神根本沒有進化文明，甚至在過度的物慾發展下使受限
在物化現實的精神遭受無情的擠壓扭曲，人格變形而忘本的製

造出前所未有的極端社會,脫離自然天災的再生本質在不合理下造成人為天災與人禍,然而這一切問題的起始點就是在內心坍塌所造而來的貧窮意識,它就是促使人類不斷在創造富有中製造大量貧窮的原因。

馬克斯主義(Marxism)《資本論》(Capital)著作中說道:「文明是人民群眾物質生產實踐活動的成果,是勞動人民的智能表現,是人類社會發展進步的標志,」只是將物質目的化的人類進程與生活,在過度需求與利用無意義的消費運轉全球化的發展過程,卻也讓人類傾斜式的將整體社會與世界和人心監禁在三維立方的物質世界與精神文明上的發展之間失去了應該有的協調性,這就是越富有的國家受精神折磨和慢性疾病纏身的指數會越高的原因之一。人類物慾化的進步目的究竟何在?如果是為了破壞地球、利用滿足各種慾望傷害自己與彼此,使人心越來越不安、造成精神扭曲、人格變形、創造更多元的新煩惱與新痛苦,那人類肯定是成功的做到了這件連上帝都自嘆不如的事,人類的進步肯定是順從慾望在違背希望,活在內心坍塌所造化來的相對空間再大的發展、飛得再高終回原點,這種努力與進步如果不是為了往內超現實的精神性進化,任何有意義的事都會顯得毫無意義,目的化人生只是一場有限的賽局,在相對中無論怎麼贏最後都是輸。

當今人類勢必對往內進化精神文明這件事有所作為,它可能就是拯救在過度物化文明中岌岌可危,卻不以為然的人類迫

切需要的一帖大藥；人類不缺中心化的自作聰明（相對），缺的是超現實第三化精神性智慧，它是覺性心學導航系統的自然生化，它才是人類內心中的就（救）是主。在講求學經歷的高知識化時代，社會上各角落與階層裡面充斥著高 IQ、低 EQ 和假仁假義的人，這就是當今擁有知識、頂著高學歷和聰明才智、對自己鮮少反思省察的社會產物，在權力與利益競爭的過程所表露出的嘴臉與行為宛如人皮獸心、道貌岸然、笑裡可能藏刀的怪物，在自然與非自然演化下的人類正處在是獸非獸、是神非神的狀態，這種生物最容易患上精神相關性疾病，因為內心存在我不是我的矛盾與神性和獸性間的衝突。

　　從環境觀察、與人相處中學會用著樂觀的心態對自己反思省察，這是身為具精神性人類的一種難能可貴；它是扶正自己、優化性格文化的行徑、是發展內心第三化空間與神性融構的窗口、也是儒家思想所標立的君子之道；《荀子·勸學》道：「君子博學而日參省乎己。」儒家始終強調作為一名君子要自省、慎獨、反思自己的所作所為有沒有什麼錯誤，因為人的心天生就不正在行事上非常容易定見，在情節化的人性下傾斜於特定象限，背離其它象限的需求而不覺的往下沉淪在神與獸與人之間，製造出鬼這種人類世界特有的產物。

　　然而省察自己的難處難在它很違反無法接受自己不夠好的求全人性，它是自卑感在作祟的一種化學反應，任何人都有逃避任責任和規避問題的心態原因就出在這裡；所以自卑感的人

性要將省察自己變成終身習慣那就難上加難了，這就是社會競爭化的今日有些人願意花時間專業學習、甚至多方學習來展現自己的優勢，鮮明的證明自我存在卻很難對自己進行省察的原因，那會讓自卑感與精神量能不足的人性，有被否定的感覺。

　　心理學說明被肯定是人的基本渴望，也說明自我存在的意念所造成的坍塌感最不喜歡的就是被否定，在自卑感的心理下人對於自己的價值認同非常匱乏，很難確認自我存在的意義和用處，通常都需要由外力的加持才能確立存在的自信，這就是人非常樂於用盡各種方式在他人或社會群體表現自己以此獲取存在自信的原因；一般人最害怕的除了老病死之外，就是沒有錢和沒有用，因為它會讓人有會被看不起和不被重視與被排斥的擔憂，這一切都是來自內心重力下的坍塌感和自卑感在作祟。看來君子在這急功好利又不計後果做事、在社會高度易變、世界局勢非常不確定而複雜模糊、身心難以安頓的價直值錯亂世代似乎沒有市場，因為一步一腳印在過程中既需要自省、又要為別人著想、又要花時間成長的做事方式，在這個凡事講求速度，投機和數位資訊經濟化時代實在太慢了。

　　但很少人知道只有在知所省察、啟動超生物基因設定的覺性心學系統的功能、在高度與他體文化融通的努力才能在過程中導正自己、獲得成功的助力、避免與人我事物的不當衝突，而且就算失敗也可從中獲取教訓與成長，讓失敗也可以成為未來的一種正確與養份，最終在超越利益下獲得更大的利益。

　　只要可以減少偏差的次數和不自覺的滑坡自然會縮短與成功之間的距離，覺性心學系統就是存在我們內在的高軌道導航系統，只是一般人根本不知有這套系統的存在，也不擅於使用它，才會慣用有限的經驗和習慣、個性與帶有缺陷的認知或聽別人說導航人生的一切動向，追求不符合自己的生活、強求不配得的成功、在努力中製造貧窮、在富裕中焦慮不安；事與願違就是一種自我迷航的提醒，微觀理論說明任何正確都不具有永久性，只有與時俱進不斷的導正才能一直保持在正確的軌道上，知見偏誤自我導正就是存在的一種正確。

超級人類 新文明的誕生
Übermensch The birth of New Civilization

The Birth of
New Civilization

第四章 / 自私與群體自私的基因

Selfishness and Group Selfishness:
The Genetic Perspective

超級人類 新文明的誕生
Übermensch The birth of New Civilization

The Birth of
New Civilization

　　社會心理學說明：富有是自身價值與社會有意義的關係累積下的一種成果；貧窮是無知的消費自己與人格缺陷所產生的結果，只是面對人生很少人會自主性的透過學習與付出和導正自己優化身心，多方的累積核心價值：也看不懂潛意識的生化性活動所為自己帶來的因果關係，人生的意外在累量理論下就是潛意識在日常中的連續性活動所累積造成的一種黑手效應，人對於習以為常理所當然的自己和日常存在的活動幾乎失去該有的警覺，不知不覺將自己帶入一種既熟悉又陌生的環境之中。人生有太多危險都是從熟悉與陌生交織來的意識型態製造出來的自盲結果，面對陌生和危險在生物防禦基因的作用下本能產生高度警覺，但太多意外卻發生在我們認為相對熟悉與安全的地方，它就是我們以為的清楚卻存在著模糊的日常生態環境。

　　從人類行為研究中發現，人生的高端性必須建構在鏡像反射法，在覺性系統的心學作用下靈活的微觀物理世界，從五感六意中發展出對人我事物的深入性才能有效品管身心均衡的流量，在內外成長下累積自身複利的價值，成就不斷倍增的富有，避免掉入不斷消費自己於不覺的貧窮陷阱；人生的意外有驚喜也有驚嚇，無論哪個都是潛意識和天生載體（阿卡西）的傑作，面對人生務必要學會用著局外人的心態看待局內的事物，才能有效做出理智客觀的判斷與選擇和決定，避免將自己帶入自盲與偏誤的陷阱。

　　人在可透過五感六意意識到自我存在的那一刻便開始與外在一切凡塵俗事產生連繫，累積感官、經驗與學識、意念上的四大程式的現實情節，漸漸脫離天生的靈魂高度，失去對自己與非我事物的深入性覺察，完全以粗糙的感知為生態將自己帶進個別於心靈之外的膚淺存在，這種失去深度與高度的個體化存在將受到四大情節的控制，將人生完全的現象化，失去根本的見解與高維度的精神性靈魂失去連結，使自己活在對表面熟悉、對裡面卻是陌生的生態。

　　每個人對自我存在的造成與認識，在很大的成份上都是由成長與學習和與他人連繫的回饋過程所產生的一種社會化意識型態，也就是說：每個人的自我存在幾乎都是經由外力所製造出來的社會性自己，顯然那個自我根本無能為力逃脫在意別人眼光與在乎社會評價的宿命，因為它的本質只是被外在環境的整體文化造就出來的傀儡，為社會評價而努力、為別人眼光做自己已成了當代文明世代的一種生態軌跡，除非超社會性的找到非物化的精神性自己，否則在是我非我的內心糾葛中，在有限的精神面上肯定會造成一定程度，因自我存在的傷害。

　　鏡像反射法是古老又先進的一種通往高維度意識的一種學術指引，它的基本運用就是建立在從觀察事物的局外中往內自我省察，發展出高度有效的管控治理自己，即便在科技文明的今日對充滿情節化自盲的人性來說，它還是最佳的預防性機制與隨身的保護傘，科學知識雖然可以解決文明所製造出的問

題，但面對人類求之於外、不知求之於內的物化人性和社會性自我一點用處也沒有。諷刺的是近代人類難分難解，小到個人生活與疾病，大到社會及其世界的問題，幾乎都是科學知識和物慾的進步所製造出來的成果；當然這絕不會是人類的故意，只是能見度與智能相對有限的無奈。

只有超越相對思惟的第三化空間精神性空間發展可以避免福禍相隨的對立面、可真正解決人造的無知問題；在浩瀚的宇宙中問題這種產物似乎只存在人類的世界，在人造慾望的推動下只要自我越有局部聰明，人生的對立面就會越多、問題就會越大，有趣的是解決問題才是人類知識進步的本意，但在光譜的另一端卻相對化的在製造問題，顯然人缺的並不在相對思惟中所發展來的自作聰明，而是不再製造問題的第三化智慧，求之以外的近代物質文明發展已擁擠到問題難分難解，在任何經驗與方法和演算法都無法解決的狀態，這是物質文明在相對空間中到達極限的一種徵兆；迴返內在探尋太空與研究和發展或許才是帶領人類進入下一階段新文明的途徑。

從觀察外部環境往內自我省察就是啟動覺性心學系統的起始點，它也是儒家核心思想的一種指引，是以學者須先識仁，仁者渾然與物同體、與天地合一為精神；而且只要懂得在日常中從外部觀察、迴返內部對自己進行顯微的省察，在抽絲剝繭的覺性心學系統多層次功能的作用下沉澱心物，就會漸漸的在靜心中找到靈界點（奇異點），有效將定型的社會化心智擴散開

來，潛移默化與高維度的內太空意識產生聯繫，在進化中使精
神超現實的文明，大量避免自作聰明的努力，從自身所累量來
的價值造就出配之所得的成就與財富，使控管金錢與運用貨幣
和創富的財商力 (FQ) 高人一等，完善的在心理上劃分出「工資
帳戶、」「存款帳戶、」「獎勵帳戶、」「額外資出帳戶、」
「家庭帳戶、」和「其它多樣化公益帳戶」等等，在現實空間
與金錢物質和諧與共的最佳狀態；這是由芝加哥大學 (University
of Chicago）行為金融學教授泰勒 (Richard H. Thaler) 在《無理
性經濟學》（Misbehaving）所提出的心理會計學（Psychological
Accounting）的抽象概念。

　　學習觀察天地與萬物、在日常中省察自己、沉澱內心、喚
醒覺性心學系統的超現實作用，這件既古老又現代可深入內太
空的超現實智慧是生為人才有的潛能，只是在受控於人性四大
情節與相對現實的框架下省察系統的多層次生化性功能幾乎都
處在沉睡的狀態。人類之所以可以造物就是因為懂得先造就內
在所期望中的自己，它不僅僅是感官和意志上的知識學習，更
是在覺性心學系統的超現實作用下將脫離內太空心靈之外的社
會性自我帶回母體，將心智與靈魂層次往上升級的一種不凡行
徑。只是這一套超相對的覺性心學系統，對一般人而言是一種
沉睡中的天能，因為反作用這種對自己多方覺知的系統非常違
反人性上的各種缺陷，其中兩種就是自卑感與逃避責任的坍陷
心理，這與社會化尊嚴有著直接關係，人性中似乎有一道與神
性 (高層次自我) 接觸的防線，人類只被設定在只可以比地球

動物聰明但不可以擁有神的超凡智慧，這或許就是人類雖然會在新皮質的發展衍化出道德意識與公平正義的思想；在情感上流露出神愛世人、愛眾生的行為卻同時又會在損及個人和群體利益與尊嚴、面子的衝突下傷害彼此；也會在為了圖利自己的貪婪中做出塗碳生靈、污染環境的行為，裝神弄鬼就是人特有的一種生存能力，人類在地球上堪稱是一種神般的獸。

就生理上腦的功能是為動物的身體與行為提供協調的控制，演化的最大用途就是為了讓自己活下去，不過在必要的時候很可能就會讓別人活不下去；自私自利、為己求生是生物基因的一種設定，這也是由英國牛津大學 (Oxford University) 演化生物學大師柯林頓·理察·道金斯 (Clinton Richar-d Dawkins)《自私的基因 The Selfish Gene》著作所提出的論點。值得我們探究的是：「自私到底是基因還是人？」基因為了自己而活，也會為了保障個體基因的繁殖而做出犧牲的無私行為，使基因可以在傳宗接代下獲得永生的機會；這種行徑是從個體自私所演化來的群體自私，只是這種無私通常只針對近親和有家族血脈關係的對象，對於非親非故、非我族類，無私的基因系統並不會產生群體自私的作用，反而還會發生宗族與宗族間的戰爭和殺戮；如英國殖民主義者屠殺印第安人的歷史延續兩個世紀以上，其中最令人震驚的是 16 世紀至 17 世紀，美國部分洲曾經獎勵用印第安人的頭皮換取數十英磅的滅它族的極端殘忍行徑…。

這一切侵略與殺戮在古老基因的設定中更為了保障和擴展

宗族的延續，從歷史的演進不難看見人類發展的力道幾乎都是
從暴力式的侵略與屠殺所產生，即便到了科化文明看似大規模
和平的今日，侵略與暴力這件神與獸交織而成的人性還是潛伏
在世界各地，強權的戰略政策和各種不法的監測與武力的強化
儲備、地域性軍事演習活動，當然也沉潛在社會與生活各角落，
甚至藏身於家庭之中。

　　人類在自我意識與非我意識的相對空間感中所造化而來的
三維立方體的象限思惟，如果不被有效提昇，再偉大的物質文
明也克制不了人因物而戰、因我而爭；因內心坍塌所生化而來
的人造慾望使精神扭曲、心智內捲而人格變型的宿命，在過去
數千年至近代歐美跨海域利用戰爭增強國力的歷史進程，早已
讓人類信奉暴力與侵略和奴役及強迫性控制裡面存在著個體、
群體和國家的利益與希望。歷史不少宗教戰爭雖然都與政權有
關，特別是在歐洲宗教改革後在人性的壓抑暴發下在歐洲曾引
發數百年革命和戰爭，直到第二次世界大戰結束後歐洲的戰爭
才畫下句點，然而在這些看似與宗教和政治有關所發起的戰爭
背後，其實都只是假藉宗教之名行宗族滅它族的自私行為；一
切只為個人和宗族群體的生存與既得利益。

　　從宗教字意中不難看見，宗教只是每個不同宗族在不同的
地方文化與各自狹隘相對的道德觀下所規範與設定的特有教義
和規章，以便結集社會共識、統一族群意識團結一致，以免受
到它族的侵略，以保障領土資源利益和血脈的延續，這是生物

基因的一種設定，更是人智發展的一種潛藏暴力思想的文明。動物性自私基因所表現出的無私只限定在使自己的基因可以繼續的繁衍；父母肯為自己的孩子犧牲、不見得會為別人的孩子犧牲；這種針對性的無私就是自私基因中的群體自私表現。

但人類非常特別會為了滿足從內心坍塌來的精神扭曲、人格變形所造就而來的極端慾望做出與繁衍下一代無關的傷害性行為，甚至謀害親人，這些毫無人道的殘忍行為在社會群體和國際新聞中並非零星個案，而是從未消失過的日常事件；2023年2月21日發生在香港活躍於時裝界的28歲名媛蔡天鳳，慘遭有恩於前夫的一家人為錢財謀殺，將她禽獸不如的凶殺分屍案件就是個社會案例。中國諺語說：虎雖毒卻不食子，但人類卻會從內心坍塌變質來的人造慾望中分泌出毒性，在喪心病狂下毒害自己的親人，也會為利益出賣朋友，人類在中心化腦力演化精神量能不足，在為權為利的人格扭曲下所產生的自私已不是單純的基因設定，而是具有毒性的人造自私。

中國南漢皇帝劉晟在擁帝位十五年時間，用盡各種理由與手段屠殺十五個親兄弟只為了保住篡位來的王位，劉晟更是出了名的暴君，不僅任意屠殺對他有權力威脅的群臣，還在宮中修造活人地獄，製成各種讓人生不如死的刑具，其殘暴程度令人驚駭。中國在五代十國期間為掌政權弒父殺兄這樣的事情很多，這些豬狗不如的極端行徑就只有人類世界才看得見，因為人類會在坍塌的內心黑洞中造化出邪惡能力；再凶猛的野獸也

只是為了生存而天道獵補，但人類在精神扭曲的慾念分泌下為的不再是單純的溫飽與生存，而是無止盡的在滿足越富有就會越飢餓的人造慾望。然而這些違反天理、違背人道的大事件不少都發生在有權有勢、擁有龐大財富卻不知往內升級、帶領精神進化的人身上；從社會行為觀察中不難發現，人性在經不起誘惑與考驗的缺陷和脆弱面上通常會在擁有社會尊嚴與身份、地位後，使內心越來越重力坍塌而變質的在骨子裡不知不覺的變壞。

　　人類在大腦複雜的演化過程所形成的自我意識所延伸來的存在需求，在重物利的引力下造成的內心坍塌已脫離了不少自然基因的設定，它是獨立於自然生物體之外的精神性存在，它的特別在於如果量能不足的擁有財物就會被三維立方體的氣流擠壓，使有限的精神量體扭曲、人格變形的做出比禽獸還不如的事；反之如果可被量化提昇、超越個體心理與人性情節發展出與他體文化融通的高維度意識，就會做出如神般的大愛行為，超心理行為說明：**當靈魂品質不及身價，在德不配位下，財富與名利對擁有者而言，肯定是一種禍原因就在這裡。**

　　只是在功利主義極端化的倡導與利欲薰心到讓人對金錢物慾上癮甚至中毒的社會價值氛圍下，人類有限的精神量能早已不夠使用，最後只能常態使用意志力刺激腎上線素的分泌，在過度使用腦力下產生有毒物質積聚在大腦前額葉，輕者失去正面思考和正常做事與快樂的能力，重者患上憂鬱、甚至罹癌的

可能。人性在極端功利主義強求富有的流感社會心理下已無法
受仁義道德所規範，也漸漸制衡不了貪婪的人性，充其量只是
將貪婪與人性醜陋進行各類形的整型美化和符合人性的包裝。
在急功好利的商業化社會群體中，多的是善於巧妙包裝的無良
商人，真正的君子與儒商已不多見了，只因利益才結合的偽善
社會，最後只能靠法律規範、依法處份和各取所需的利益共識
來制衡人類的精神扭曲與顛倒是非的價值錯亂和極端心理的不
平衡。

在人人都怕鬼、更怕貧窮的富流感心理下，利用貨幣政策
在國際通法上有效施行多元經濟管控人類生活上的一切活動，
很自然就成了運轉世界與社會的最大力量，在高知識下人人幾
乎都被學識與非自然的子系統程式化，無論在職場還是社團或
家庭與生活對待，人人各持己見，希望有共識的相處除非在各
種恐嚇與威脅或神話傳說利誘的宗教團體中有共同信仰或進入
共同利益圈或站在掌握權利的位子上，否則在個體中心化的社
會思惟中，就算直系血親或夫妻也很難有共識。

金錢的魔力就是可以讓全人類達成都為它而活、為它而做
事、為世界帶來偽和平的共識，這就是金錢貨幣可無遠弗屆、
跨國際、性別、種族和地域性的管控人類，讓全球因為經濟同
一方向轉動的原因。美利堅共和帝國 (U.S.A) 思惟更是利用資
本主義思想和多元強權的優勢與高明的經濟政策，配套著可滿
足人性的民主自由思想與社會體制、和先進知識及貴族文化，

巧妙的讓人性受制在金錢貨幣與權貴的圈套中，對它上癮到在
精神面上不想掙脫，在心理面上不想自由的奴性之中。雖然
美國在《獨立宣言》(The unanimous Declaration of the thirteen
united States of America) 中倡導「人人生而平等」(All men are
created equal) 以此作為立國的基本原則和人民的信念與理想，
一直為後人所傳頌，但在維護世界和平的偉大情操背後實際上
卻熱衷於戰爭，因為在美國歷史基因中登錄著之所以可以成為
超級強國、立處在領導世界的地位，就是因為戰爭與科學知識
和國際化貨幣政策的發展有效的達成一種對它族與它國的特殊
控制；美國歷史從戰爭與侵略中獲得太大的利益，在國族基因
中早已崇拜、甚至迷信戰爭經濟學，但在自由民主的哲言下卻
在國際平台上倡導著平等與和平，這種內外的矛盾在美國領導
世界、友善控制全球主要經濟的過程中表露無遺。

　　二戰結束後的越戰、波灣戰爭、伊拉克、阿富汗戰爭活動
到今日的烏俄之戰和海峽兩岸可能一觸即發的台海及島鏈國之
戰，在看似二戰後的和平世代中的各區域性戰爭及每一件戰役
似乎都與美國脫離不了關係，利用貨幣與各種強權下的和平觸
動各國的軍事與政治的敏感神經正是美國政權最為熱衷的國際
性活動，因為美國終會是每一場可被控制的軍事活動和地緣性
戰爭之中的即得利益者。只是這場世界控制權的遊戲，在先進
國家尤其是中國在經濟與科技知識的崛起和一帶一路、人民幣
國際化的操控，試圖去美元化的貨幣政策下美國到底還可以玩
多久？在數千年來的歷史長廊上血淋淋的告訴我們，永遠的莊

家只有上帝，面對祂所設下的無限賽局在人類歷史上從未有人可以逢賭必贏，有的只是永遠易變的不確定性和盛極必衰的相對宿命，只能說人類演化至今所形成的近代偉大世界是經由多次的大戰和知識演化與社會變革，思想暴力所產生來的文明裡面除了具有歐洲背景下的美式和平偉大政策之外，也潛藏著成就隱形世界帝國的良善陰謀。

　　人腦在特殊演化下雖然發展出新皮質使我們的大腦三重疊加，但最上層的新皮質這種高級神經元對人類來說還在適應它的存在，不太習慣使用它，反而有被它利用的傾向，這就是多數人面對生活還是非常習慣使用動物性直覺和經驗捷思做事，不太喜歡使用前額葉專注與抽象性思考和心智省察內在、有所自覺、扶正自己的原因，所以大部分新皮質的創造與自我升級的特殊功能和藏於心靈中的玄化奇異點擴散性智慧就成了人類一種巨大潛能。

　　但在下方的舊哺乳類腦與更下層的爬蟲類腦和潛意識及靈魂意識卻非常活躍的對我們無情的做出生活上的主導性，這就是在高知識化時代下個個學識豐富、道理在腦上都懂、道德在嘴上都會，但在精神量能不足下真能從感官、經驗、學識和意念等四大情節掙脫出來，站在靜心靈界點（奇異點）上發展出第三化精神性次第空間，依道循理而有所創見，掌握新知識的人卻只是少數的原因。

　　當代人類在相對的精神量能低於物質量能的腦力發展下，幾乎只為利益而鞠躬盡瘁，不再為扶正己心，不再為崇高的精神性理想，不再為靈魂等等自我升級的高端性行為而努力，當然就不可能依道循理，依的只是從神性與獸性交織合成中橫向出來的人性與個體上的心理慣性和有限的經驗，循的只是既得利益。所以在這極端的資本主義世代就會形成小人當道的社會生態，現代國家形成建基於人民、領土、主權和一套由民主法律規範，由一組相關人士所結合而成的政府組織架構，以央行為經濟中心的各金融體系和各企業集團、數以萬計的中小企業至每個家庭到個人，再迴圈於社會群體；這一套國家體制是由古文明中央神權、君權而民權的歷史演化所產生來的一種當代政治文明。

　　它雖然符合人性對發展上的安全與人民自由的需求，但在不斷變質的美式經濟政策與民主自由社會的精神背景下所建立的政府機構，裡面的公務員上至總統、行政院長、各部會首長及各政要，下至數以萬計職權在身的公僕們，在利慾薰心急功好利、身心素養不足、靈魂層次太低、受著社會富流感嚴重感染，會不會形成民主下的執政黨在台面上合法，在暗地裡卻可能是一個擁有巨大保護傘游離在不法邊緣的政客政治化集團呢？政治的目的是為了找尋最為均衡的方法、取得協調合作、解決社會共處上不可避免的利益衝突，建立隱定符合正當性的秩序；政治的高度是希望透過具有在個人之上的社會制度，建立人民可遵守的社會共識，顯然政治的本質對一個民主國家而

言，是立意良善而超然於個人和黨派之上的一種人民共同理想。

但回歸現實而論在不正的人心與權和利的導向之下，**政真的可以正治嗎**？民主國家的執政者有哪個是超然於個人和黨派之上的政治理想家呢？多的是政客利用政治理想達到權謀的目的，執政者的背後基本上都是由黨團組織和政商關係所支撐起的權高位大，當然在名義上肯定是以服務人民、為百姓謀福利為主要訴求，但在為了維持黨內權利平衡與關係人利益與調節各種權位鬥爭及政商互利共生的人情包袱下，執政者在任內的重心到底會以國家利益為考量？還是黨內的共同利益和選票或個人前途為思量呢？從上世紀 80 年代起南韓歷任總統在接下的近 50 年間，幾乎無一能於卸任後免於牢獄之災和官司纏身之禍，原因都與貪污收賄有關，在自由民主黨派國家化下所形成的社會行為與活動，當有不公不義的弊端，制衡之方只能消極的透過普化的人民選舉，利用政黨輪替做為解方。

當然這肯定是一帖含毒的解藥，因為凡是在因個人利益而結合的團體，在本質上都一樣是不會正的政治，遇上權力在握時就會漸漸的腐化，然而從法西斯主義質變而來，以黨國家化的執政在一黨獨大下或許不會形成社會弊端，不過卻可能會造成一人獨裁和一手遮天的社會極瑞，形成犧牲群體、成就與滿足極少數人的社會體制。北韓實行絕對的一黨獨裁體制，在標榜無產階級的北韓勞動黨擁有至高無上的地位與權勢並凌駕其

他機關與團體，在黨的指導與統治下推行所有的國家政策，這就是典型的極權國家。

以經濟為最大人為道理的功利主義社會，在人智尚未熟成精神力還掙脫不了四大情節的壓力下多的是虛情假意、因利益才結合的相處關係。人類在動物腦的原始本能融構人造望慾的奇特發展，在可滿足成就感與社會尊嚴的前提下會表露出像天使般的可愛，但面臨利益衝突、損及尊嚴時會轉換成魔鬼的身份，可能會做出讓別人活不下去的行為；您有看過會為其他非我族類著想的動物嗎？

在大腦最大用途只為了讓自己與血緣活下去的基因設定下那是不可能的事，唯獨人類有機會可以超越生物基因設定的圈套，做到可為非親非故和非我族類而犧牲利益，甚至生命的高等行為。只不過它必須在精神量能被提昇到超個體與現實的境界，在個體態意識轉換為能量態時，意識才會產生的一種超血緣的神聖性行為；客觀來說每個人內心都藏有一個偉大的神性，祂是自我這套子系統的母體；只是神性住得很深，存在超現實的第三化空間；一般人在感官、經驗與學識和意念等四大情節上活得很淺，心思受限在物化與經驗的二度現實空間之中，很少有機會與祂連線，受到祂的加持與賜福，當然祂不是別人而是超越生化性和社會性的真實自己。

人類在演化的過程從大腦神經元發展出極其特殊的自我意

識，可清楚意識到自我存在因此造化出可覺他的非我意識，在心智上反射出兩極化的分別意識；在坍塌來的相對中產生動物所沒有的 3D 立體的想像與思考力和學習力；在邏輯整合系統組織結構中創造出三維立方的物質世界，但也因此活生生的將自己囚禁在二度的現實空間之中意識不到：**世界之外還有世界；人外之外還有人的存在**。人類也是唯一具有可以清晰意識到自我存在的動物，因此造就出我本位這個不自然的重力使內在出現坍塌感，因此生化出人類特有的貧窮意識，再有錢的人還是怕窮，就是因為內心持續的在坍塌，而且只要越世俗就會坍塌得越嚴重，而心牢化的造成各種焦慮與不安，甚至患上憂鬱症。

在學習與成長和人我間相互回饋的過程中，我們的大腦與心智已被迫集體繼承大量知識與環境文化在經驗的軌跡上程式化了自己；它就是不具有擴散性的相對系統，無論人類多麼努力永遠都會存在著對立面，這即是人類怎麼跳也跳不出來的相對宿命。

我們在學校知識工廠受美歐教育制度的生產化養成，在過程我們的大腦內建不知不覺形成了民主自由社會體制下所需要的生化性機械人；近百年來世界上的民主國家政權與經濟動向幾乎都以美國政策為主要訴求，因為所謂民主國家其實就是美式國家；所謂全球化這顆列強所製造出來的風向球大半就是由美國所生產來的，要怎麼吹幾乎是美國說了算？

超級人類 新文明的誕生
Übermensch The birth of New Civilization

The Birth of
New Civilization

第五章 / 政教與金錢合成的魔力

The Alchemy of Politics, Religion,
and Money

超級人類 新文明的誕生
Übermensch The birth of New Civilization

The Birth of
New Civilization

　　客觀來說人類在奇特的自我意識生成和各持立場的中心化造就下是很難被人所管理，也不太會服從他人；人類之外的哺乳類動物就算要成為被臣服的領袖受到雌性青睞得之交配的機會，也必須靠打鬥或個體的優異表現才能勝出；人在遠古時代也是靠打鬥獲取戰利品或決定最後誰在戰役中稱王；不同的是人類除了靠蠻力之外，在大腦一枝獨秀演化過程，還有智能上的權謀角力和超我的心靈智慧，這也是人類與其他生物最大的不同。

　　人智發展的古老過程，在每個宗族群體中總是會有少數人在精神面上對自體外的天地自然感知力特別強的人，在沉澱的心理面上啟動覺性心學系統的功能發展出仰觀天、俯查地的思惟活動，透過靈樞神經在奇異點上擴張性的探查人生的意義與一切存在的真理及其宇宙間的奧秘，這些人最終都會在心中所發展來的第三化精神空間與不同層次的神性取得連繫，超現實的在實現空間中過著超凡入聖而心滿意足的安樂生活。

　　當然有些人雖然沒有本事，在覺性心學系統的功能作用下觸及靈樞奇異點，進入超現實空間與各層次的神性意識取得連繫，但在智力上發展卻比一般人聰明的有心人士，捉住了人性對環境變化上的不安與未知的恐懼又對未來期待的複雜心理，在感到無助與徬徨、不知將心思歸向何處下，敲鑼打鼓、煞有其事的透過似有若無的實境與虛擬的怪力亂神，繪聲繪影的編織出人格化的神和鬼魅魍魎之說，讓人們感到敬畏、害怕甚而

崇拜信仰。假藉神旨在符合人性無知與不安的需求下編輯出一套又一套的虛構故事和一條又一條的教義規章，信條化的形成宗族特有的教義；所謂的神就此被集體意識信仰所恆定，在意義上成為社會法治和團結宗族最有力的手段，同時也成了安定人心的一種歸屬；一開始或許立意良善不過在代代相傳和人造慾望的漸漸分泌下，便利慾薰心、權謀算計；在文盲的農務世代中利用神旨與宗教的教義信條恐嚇，讓民智未開的群眾心生畏懼，使原始的奴性大爆發、絕對服從的聽話照做。

　　或許控制人心、滿足權力與金錢和各種人造慾望才是不少因商業經濟化而變質來的宗教背後真正動機，消災解厄、拯救蒼生、渡化靈魂、往生極樂與天堂或顯化神蹟等，這些無形的奇特商品不少只是為了取得無知信眾和無助者不理智相信的一種江湖術士手法；台灣會淪為詐騙王國或許跟過去清朝時期唐山人民開始大量移民台灣，在天高皇帝遠又缺乏社會資源的貧困經濟，在為了求生下所變質來的地方政治宗教文化背景有關，當然宗教的本質不會騙人，只有人會利用宗教騙人。

　　宗族教義的深植造就出人類共同的神權信仰以它為社會恆定主義，是古文明社會意識的一種文化，宗教文化甚至跨越世代變遷與生死輪迴，平行宇宙流竄在我們身體的血液之中，影響著人類的生活與人生的基本選擇和決定甚至思想活動，精神走向有部分也受到它的催促與散佈和控制，即使在當今科化文明世代多數人類還是深受古老的宗教信仰基因控制，不少新興

宗教、甚至邪教還是有效的控制著不少雖頂著高學歷或有社會光環、內心卻是無知不安、精神無所適從的信徒。

雖然神權是非常古老的一種政教合一的社會制度，直到當代科化知識文明全面倡導人本主義的今日，人類生活與社會整體結構還是深受神權思想所影響，在我們的 DNA 裡早登錄了神創造人，用著無所匹敵超自然的能力管理人的生活與秩序，甚至統治人類的信條文化，就算不信在遠古基因文化中早被信守恆定，神權政治的恆定思想至今還是存在伊斯蘭共和國、沙烏地阿拉伯、阿富汗、伊斯蘭酋長國家和印度種姓制度，在不少社會行為與族群的生活規範中更凌駕在法律之上，顯見神權意識對人類的影響可說是根深蒂固。

奧地利心理學家佛洛伊德說：「宗教建基於人類的無助與對宗族命脈相傳的基因情節和有心人士對政權的操控及私慾的滿足，」但人若要進入心智完整的成熟期（全人的境界）就必須往內提升精神維度，超人化的破除相對實現空間的迷失感，有效生化出第三化空間在與高層次自己（神性）同在下，超越人性與社會化自我與當下變化的不安和對未知的恐懼及低層次自己所帶來的自卑情節。

人性中有一條為身心自由而叛逆的潛在神經，在被神權主義統治的過程自我意識中具有因我小而自大的性質，它並不會甘於受名義雖然是崇高的卻由一個或多個穿著特殊衣著與裝扮

自稱使者的人，在充滿怪異的儀式感下，行使神權對人做出不自由的管理和主導。在人智不斷受到外力刺，和坍塌下的人慾湧現的浪潮中，出現了強化自我這個脆弱系統的本位意志，創發出擴張族群勢力與領土的君權思想，主義化的在政權掌控下享受著萬人之上的王者威望；追逐王權、享有控管他人權柄、擴張權勢與領土這件古文明的行為和信念也深植人心，到現在人所追逐的任何希望其背後幾乎與社會權力的擴張和存在的威望有關，它如春藥般的讓社會化人士著迷，它會讓社會性人士有種與眾不同的優越感和莫大的成就感及可控制的安全感。

　　人類在神權與君權的神權政治歷史演化進程中在自我意識與內心坍塌的化學催情下發展出渴望擁有掌控群體的社會權力；同時希望有著超現實的神力；這兩種力量在人智發展的過程與精神不斷變質的心理面上，自然成為人類一直以來的嚮往；尤其是社會權力、身份地位的擁有更是貼近人性的慾望與現實安全的渴求。

　　在民主化時代不少人熱衷政治與選舉，在看似為民服務的背後，其實在古老基因中第一動機都是為了擁有社會權力和威望的存在心理在作祟，對於服務民眾這種想法在功利主義及人慾的思想活動中通常是為了擁有社會權力和強化家族威望及圖得個人利益，當然對於服務民眾的這種想法不能說完全沒有，只是它是屬於第二動機，不過都會被包裝美化成非常突顯的第一動機，用來獲取無智在至高點上用客觀分析判斷的民眾信

任。成功的政治人物最擅常的就是利用群眾的集體心理操控選
情與民眾的政治傾向，面對社會網絡一般人的思惟動向幾乎都
受集體意識所控制，這剛好落入了群眾效應，在人受控於潛在
意識的研究中說明：人類在看似的理性人智發展下面對既得利
益與個人情愫和尊嚴面子時還是不怎麼理性。

　　從社會行為中不難發現多數人都活在非客觀性的群眾效應
之中，只是一般人對自己的不理性都會將它詮釋為是一種正確
的立場，卻不知那個看似的立場只是被建構在群體偏好與個人
情愫和利益及社會主觀價值之中，在政治、商業、宗教體系早
了解人性潛在的不理性，更懂得利用這項人性對人設道理的盲
目，讓民眾與信徒和消費者心甘情願的掉入合法掩飾非法和情
感操控的團體與各種的社會活動及商業所設下的不必要消費圈
套之中。

　　德國哲學家康德 (Immanuel Kant) 說：「政治在人性的操作
下就是一種高明的騙術，」因為人性容易在奴性與王性的矛盾
複雜情感糾葛的心理中同情顯弱，相信放低姿態服務他人者，
服務在自由民主政治和追求唯我與生活品質的商業經濟文明社
會上，是一項非常重要的商品與手段。在普羅大眾非得向現
實低頭的功利主義時代背景下，每個人的本位中心早練就了包
裝和謊言善巧與偽善的一身本領，面對社會群體與利益關係人
所說的話都是經過修飾的第二動機，說的話與第一動機相差甚
遠，不少都是虛情假意、甚至是睜眼說出的瞎話，但奇特的是

在民主社會浮跨的變質文化營造下，人們竟然也樂於聽從各式各樣被精美包裝過的鬼話，非常不願聽真話，不過卻又大聲的說最不喜歡別人對自己說謊，只能說真實與虛構間的矛盾合成所產生的集體化的低層次精神需求，太符合中心化的坍塌人性和越來越失真的社會基因演化。

不知往內升級意識維度的人性，在坍塌的精神面上被物慾與權力慾望擠壓到扭曲使人格變形，在重商主義的物利化和一切皆泛政治化的文明下，想的只是如何操控人性、利用權謀手段與合法的騙術取得大眾認同，從中獲得最大的利益；中心化的人性在權力慾望下不太可能會心甘情願成為上帝的僕人，將付出當成是一種天職，政治人物和商業人士說得都很像是真的，當然不能說他們講的都是假的，不過肯家是金包銀或金包鐵的話；只有不純的鍍金才會一直強調自己是金的。

人類在歷史演化過程深受神權與君權主義的影響，在人造慾望的分泌下似乎離不開渴望超人一等和社會權力的慾望，然而建構這兩大希望的最重要基礎是另一項人類非常偉大的發明：就是我們常提及的金錢貨幣；人在追求權力與不凡之前必須獲取大量的金錢，才能收買眾多人心累加資源，如此才有機會堆疊出社會權力、享有著對他人管理、甚至奴役他人的變態慾望，讓自己有著凌駕眾人之上的不凡感覺，從中獲取更大利益滿足怎麼填也填不滿的虛榮心。

　　近代多元化經濟文明所造就出的功利社會與消費主義的生活，人們所努力的一切已不再是為了單純的生存，是為了追求看不見盡頭的生活品質，而且也不假思索的以為只要擁有財富與社會功名便可成就自我實現、讓自己心滿意足，但事實證明從來就沒有人從物質中獲得滿足，有的只是更不滿足的延伸出沒完沒了的問題、完全受困在物化與經驗這二度現實的迴圈空間，在對立面上造成不可避免的人我間的傷害。利用破壞自然環境建設人類世界，塗炭生靈成就自己的存在、在滿足慾望中傷害彼此，這就是近代物質文明的寫照，科學的發展看似在為人類解決問題，但諷刺的是近代文明中的問題大半都是由科學知識所造成的，而且近代的經濟文明實際上只是在無止盡的滿足人性的慾望，貪婪的製造出前所未有和非自然的問題；製造問題雖然不是科學的本意，但它卻是存在發光體背面的黑暗面，升級人性的層次；撫平內心的坍塌只有懂得滿足內心的人，才能制衡過度的慾望分泌，避免掉入人造疾樂世界的陷阱。

　　全球性的歐化美式社會在激進演化過程無所不用其極在貨幣政策的操控和透過消費主義與貴族生活文化渲染著，金錢貨幣既是人生希望的主體甚至是生命的核心價值，使人類群體意識化的將所有心力用在推升金錢貨幣的價值量能，已超越了自我存在的意義，讓人類困頓在每個經濟體的進程與環節之中，造成金錢變得比人命還貴重的奇特現象，使人類深陷在沒錢就活不下去的困境。追求金錢、擁有財富與社會權力、身份地位和各種資產與西方貴族文化的生活，培養美式毫無含蓄的自信

與不知謙卑的驕傲在不斷變質下的國際化功利主義社會中，已
是一種非常剛性又具代表性的成功者象徵；它也因此成了全球
化人類存在的價值共識；努力從險中求富、不顧及情義道德的
成為有錢人在極端的資本主義時代已是一種普世價值，而且在
日常中我們不一定會聽人話，但幾乎都會聽錢的話，服務業服
務的對象雖然是人，但動機為的當然是您的錢。

　　金錢貨幣經濟在歷史的演化扮演著帶動人類進步和發展的
推動力量，只是缺乏往內尋求自身價值與精神進化的人類，在
以經濟為主體、以物慾為希望、以西方尤其是美式文化為生活
態度的社會浪潮中，在極端現實的情境下活得比錢還不如。我
們用盡一生為它勞心勞苦的拚出一身病痛，有些人甚至為了錢
而六親不認、出賣良心與靈魂換取利益，這些病態性的社會行
為與現象都在說明我們存在的價值真的比錢還不如。人類自許
偉大的進步另一端讓人的精神退化，努力最後只剩下一具在相
對空間迴盪拚了命造業等死的軀殼；**生命的至高點其神聖性
並不是為了賺錢而來，每個人都是為了升級進化而降臨**，只
是一般人在受限於三維立方的心智下非常嚴重的受控在金錢、
物化與毫無謙遜的驕傲和自信過了頭的美式文化、也被集體繼
承的世代知識和編織下的非理性經驗收集囚禁在程式系統中，
漸漸失去對人生真實意義的探索與追尋；無智發展出超越相對
獨立於自由的第三化空間，那是懂得不斷往內升級與存在二次
元現實空間的一般人區隔開來的高端行為。

　　以物質為主體、以經濟為命脈的極端化文明，金錢代表的幾乎是生活的一切，也是人生的目的，在人類的生活行徑與所作所為和社會組織的結合，各種商業競爭與各自盤算的競合及日常心思的運作更是以它為活動的中心。人類雖然在崇高的精神性背景下透過三維立方的思考力在地球上成為高等生物，但在不知拓展精神能量、提升人格位階和心靈的層次；在自私基因的設定基礎下被重物的塌陷內心擠壓到精神扭曲、人格變形的貪婪所生化出另一種人造私慾；只為利而結合、因利而衝突，渾然不知自我存在的本質只是受靈魂託附的生化工具，演化至今人類還尚未從物慾的現實中發展出超現實的精神性文明，這似乎只是少數人才會做的事，這些人在社會群體中都扮演著引領先驅的超人角色，活像未來的超級人類，在他們的心中都有著一般人所沒有的第三化空間受著神性的指導。

　　事實告訴我們**近代文明進步的只是物質並不是內在所進化來的精神性文明**，顯然人類自身量能所發展來的價值引力場不如所進步來的物質，這就是人會不可自拔的貪著於金錢物質受制於物化和經驗的現實空間，上癮式的將財物看得比命還重要的原因；從社會行為觀察中不難發現：要錢不要命的人大有人在；過勞、超時、超能、超負荷的做事和富貴險中求的利短弊長的行徑都是一種不要命的行為；活得比金錢和物慾還要低等，怎能自稱是高等靈性呢？不被現實世界所控制的心思才是真正的高等生靈，可以確定不斷變質來的歐化美式資本主義，和相對思惟下的科化知識帶給社會的是一種富裕中的精神

貧窮；這種失調的社會疾病是沒有疫苗可治的傳染病，對全人類更是一種文明危機，因為沒有人會相信滿足慾望的東西可能是壞東西；孩子哪會相信塞滿嘴巴的糖果會對自己的未來造成痛苦與傷害呢？面對內心重力坍塌所分泌出的人造慾望和既得利益，我們都是缺乏理性思考的孩子。

在這個重視學識、環境被系統化圈套的世代無意間給了我們一種捷思上的錯覺：「學識越高，品格就越高尚」；但社會上有太多事件為我們說明：一個人的學識高低跟品格並沒有相對關係；這件事可從 #Me Too 事件的延燒和政商名流間與宗教爆發的性醜聞和社會高層百弊叢生的事態中獲得證實，學識在不少人性的面向上只是一種雖具有程度上的馴服效果，但並不具有馴化的功能，任何人都有七情六慾也有潛藏在基因底層的獸性和為己求生的自私心理。

即便人類在大腦新皮質的演化下已發展出道德意識和正義與法制信條，建構出具有社會秩序的文明世界，在高知識下將人類從古代侵略屠殺的野蠻行徑和部落化的孤立封閉世代引領至今日城市群集工業科化世界大規模開放的時代，人性似乎並沒有因為人腦的演化與進步在層次上有所不同，唯一改變的是透過知識文明與各種學習塗裝了人性、在表面上美化了自己，但只要褪去這一層的七彩塗裝，人性中所潛藏的獸性就會在演化來的聰明和七情六慾的操弄技術性的做出為了自利而不見血的傷害性行為。

　　人類與動物無異都是透過色體基因為了因應生存需求而演化來的生物，不同的是人類得天獨厚演化至今不再只是為了生存，已超越了基本生存、發展知識創造出非自然的人造產物，獨樹一格自作聰明界線了與自然一體共命的原始性關係，將自己圈套在一個符合相對期待又可被控制的人造世界、提昇生活品質、美化生活環境，在各種系統化知識的建構下人文化個體與社會群體，只是這一切最後似乎只是為了滿足人性越來越變態的慾望。人類在二次元的相對精神面上雖然演化出道德思想與羞恥心、同情心和非血緣關係上的援助行為，只是在這一切看似高尚的行徑底下並不表示基因中的獸性已不存在、七情六慾的執性激素已被淡化；不可否認在二次元的精神面人類在某種元素上的確具有神性般的無私，也有著在情愫義理上為他人犧牲為社群奉獻的情操；但在自保基因和物慾的刺激下，人腦的發展終究脫離不了以個體利益為優先的低層次思惟，所以在當今極端資本功利主義的社會行為下，一切對社群所做出的活動背後動機在很大的成份上還是建構在個人與家族利益上，當然這不是問題，只是要如何長久維持共同利益的平衡才是人性上最大的考驗。

　　各大企業與名流士紳對社會、甚至國際間所做出的回饋與慈善行為的確幫助了弱勢團體與個體上的老殘窮，這是值得被讚許的，當然在不少媒體的曝光下也建立了各大企業與個人的形象和名望在另一端獲利，不過有些不良企業與個人和團體也乘機洗白了污點，巧妙的收買利益關係人的心、掩蓋可能的不

法；知識文明的今日真的有徹底馴化了基因中的自私獸性？淡化了人類不斷在內心塌陷下所生造來的慾望嗎？還是讓慾望有增無滅的變質湧現？

國際間與社會上有太多事實和發生已不言自明的告訴我們人性從古至今從未變過，人類只在自私的大腦演化中來到了不斷帶動物質上的進步，有能力穿上了衣服遮羞的知識文明，但並沒有覺醒的回返內部、帶領人性跨次元的進化，這種精神不文明的物質文明所造而來的全球化世界很可能會為人類埋下不定時炸彈，造成難以估計的非自然災害，再厚的紙也包不住火，充其量也只是延長了火災的時間，不斷創造更厚的紙包住人造火即是近代文明的發展史。

以多元宇宙的宏觀思惟角度看來，人類演化至今廣義上已不再是為了生存或狹隘的只為賺錢而生，不少人開始學會在二次元的精神面上透過冒險和挑戰自己、發現生命更多的可能性；也有少數覺醒的人在動態的另一端靜態的往內部提昇意識維度、發展超越二次元的第三化精神性智慧、徹底從馴服中馴化人性、超越了人為財死，鳥為食亡的舊人類思維，從半人半獸的人類生態中成就完人的境界，不再只是有能力穿上衣服、利用知識文明塗裝人性、上不去也不來的在虛情假意中做出神愛世人的行為。

自許萬物之靈的人類演化至今如果還是以賺錢為目的、以

物質為人生的主體，那跟地球上的動物其實並沒有太大的差別；
人與動物的最大差別毫無疑問是在大腦的表現，更在於可從精
神面上表現出超越二次元的行為；人類必須覺醒，少了第三化
精神性的發展，再聰明的腦袋終究停留在相對變化無常的物質
世界，還是掙脫不了生老病死的基因設定，也脫離不了喜怒憂
思悲恐驚等七情及眼耳鼻舌身意六慾的執性操弄和擺佈，只能
深陷不可自拔的物化現實二次元空間，在製造來的快樂中受苦
受難。以財物為人生的目的、以低層次自我為主體，這種古老
舊化的思維即便已來到了科化文明的今日還是人類牢不可破的
心智定向，它更在西方極端資本功利主義的倡導下將之推向了
極致。

面對物質人類的確是不斷在進步，但在人性與精神面上依
然活得很古老；因為演化至今人類內在的心智系統還是依然有
增無減的被定型在為財物而生、為七情六慾而死的二次元相對
空間，深受精神尚未第三化文明的身心折磨，還是避免不了受
外力威脅的原始生態，只是對象不再是叢林中的野獸，而是越
來越聰明的人類。在生活面上人類雖然已掙脫了動物化的原始
性生活，只是在二次元的精神面上還是活得很古老，在心智上
還是以財物為主體的舊人類思維，而且在當今重商業、重消費、
重自我的極端心理重力生態下，也造成了前所未有的內心塌
陷、產生難以排除的壓力叢，使心智相對內捲造成受限在三維
立方的精神萎縮，生化出新形態的焦慮與不安引發各種精神相
關性疾病，造成 21 世紀無可避免的黑死病，在先進文明國家與

地區漫延開來⋯。

　　這問題經長期研究與社會行為觀察發現，可能就是從極端的重物資本功利主義生態使人類內部產生的重力塌陷造成的結果；它即是人造的心理黑洞；是近代文明人造問題的根源；它讓人在高知識化中自作聰明的理盲，在腦力開發中出現各種專業分工下的穀倉效應與視野上的盲點；因為人在自我意識的形成與貪著於財物的那一刻，便失去了高層次第三化的自己（神性），在受困於低層次的定型化心智下非常沒有安全感的利用被物質控制獲取安全感。

　　有趣的是人類總錯覺的以為是自己在控制物質，只能說唯物化的腦力發展在重物的內心塌坦下充滿著相對盲點、在認知上存在著缺陷與偏誤；盲點指的是內在性格與主觀認定所產生的不客觀看法與想法，無法看見隱藏於事物背後的真實信號，看見的只是潛在意識的影像投射並不是事實真相。這問題的癥結不一定是經驗不足或學識不夠，但肯定是缺乏高維度的第三化意識使自己活困在二次元的相對有限空間之中，低層次的大腦使用再聰明、行事上必有相對盲點、在為人上必有看不見的危險，它的成因就在重物下的內心塌陷。

　　人類在大腦新皮質上力求以經濟為主體的多元化發展，用意肯定是為了帶領自己走向更美好的生活，同時為人類解決問題，但所呈現的事實卻說明並不符合多數人的期待，而且人類

似乎也不知不覺在理盲中透過知識的發展解決眼前的問題，卻對未來製造出更大的問題，對無為而治的大自然來說，只要是不自然的製造，即便是立意良善在美好的另一端就會有壞事的存在。

製造等於問題這件事在人造世界中不言而喻，除非形而上的在第三化精神性空間無為的製造；只是活在二次元的人類，形而下的深陷內心塌陷的大腦運作一直處在相對的盲點中思考，無智行之無為而無不為、無成見順勢而為，使天下大治的自然境界；這是已發展出第三化精神性文明的人才會有的智慧；想當然爾老子肯定是個超越二次元相對空間、在靜心的靈界點上進入第三化精神性空間成就完人境界的超凡之人；說他是古人倒不如說他是未來精神性高度文明的新人類還較為貼切。

從研究與觀察中發現：在缺乏形而上思惟、品格化內部的人，只要越聰明就可能越會走向加害自己的路，這件事不少可以從智能型罪犯身上看見，當今人類需要發展的不僅是形而下的相對聰明，更需要高維度意識的明智指引，它並不是從大腦發展來的，是從內在第三化精神性空間所產生來的形上智慧。面對內在心靈對超越二次元自由嚮往的渴望，寧可做一個知道為什麼而痛苦的人，也不願意當一頭被餵養才會感到快樂的豬；我們出生就無從選擇的活困在一個立意良善的工化人造世界，過著被金錢物慾餵養才會感到快樂的生活，少了這些人造物的餵養，我們似乎就很難從自己身上找到任何希望，但很少人知

道真正的希望是在我們內心的第三化空間所發展來的智慧，財物給我們的只是相對的慾望，強慾望弱希望這是近代文明的寫照。

當今人類所面臨的一切非自然的身心疾病與社會群體及國際間所產生的不自然問題幾乎都是從缺乏精神性進化、只是一謂貪著於物化進步的人造世界產生來的結果，從有意識開始我們便理所當然的被文明善意的教導，要怎麼活才能生存在這個人工社會與人造世界，不斷被極端資本義和現實文化灌輸金錢至上的生存之道。從生到死、快不快樂、幸不幸福、連可不可以活得像人在很大的成份上都得聽命於它，我們從學校工廠知識化的一路養成、被程式系統化，一匹匹的送入由集體金錢意識打造堆疊而來的人工社會，在專業與技能的背景下被各大小公司行號與工廠生產線需要，開始踏上為錢而活、為名利而生、為社會階層而爭鬥的日子直到退休，在餘生中用著各自不同的節奏在看似有意義其實可能沒什麼意義的生活，過著多數人最喜歡的吃喝玩樂方式一步步走上帶病長壽、老而病死的生前黃泉路。

而且在社會上追求財物化人生的過程無論是處在成還是敗、是貧還是富的那個階段，內在都脫離不了為財物、為比較、為面子、為別人的眼光、為訂單、為官司、為爭那口氣，在非常有限的心理空間和內心重物坍塌的壓力下承受著精神熵的折磨，在多數的社會行為中也無法天真無邪快樂自由的做自己，

只能無可奈何的在失真有邪不再單純的人性心理為名利、為面子向現實低頭，在被迫下習慣那個表理不一、甚至是虛情假意的自己，當面具戴久了最後連自己到底是誰也認不得了。

在近代越來越極端化的社會扭曲現象中和我近 30 年的教育職涯發現不少人看來即使正常，內在或多或少都潛藏著精神上的問題，近代文明的人類強求於物慾化的生態、在有限的二次元大腦上大作文章，已不知不覺失去了內心天真無邪的靈魂、在工化社會與人造的世界中迷失了自己，完全活在以金錢貨幣為中心所展衍開來的人工社會生態；人造世界是個光鮮亮麗又會發亮的不自然世界，然而一般人只看見了會發亮的東西，卻無能為力在超越性的高度上，看見光鮮亮麗的背景其實是相對的黑暗。

不過人們似乎對這種失調與變態習以為常，而不知不覺的理所當然，因為裡面太符合充滿慾望的人性，對一般人來說只要可以被滿足還有什麼好懷疑的；詐騙集團其中一種手法不就是抓住了這一點千古不變的人性嗎？以金錢為人生主體的功利社會，對一般人來說窮很可能比死還要令人感到害怕，但很少人知道人類存在的最大問題就是感官被囚禁在物化、心思幾乎受控於財物和先驗與後驗所產生來的經驗這空間之中，名利的囚犯、經驗的傀儡、財物的奴隸、被知識慣性程式化的生活，是我非我終究由不得我，就是當今人類存在的真相。

超級人類 新文明的誕生
Übermensch The birth of New Civilization

The Birth of
New Civilization

第六章／全球化的真相

The Truth Behind Globalization

超級人類 新文明的誕生
Übermensch The birth of New Civilization

The Birth of
New Civilization

在希臘神話 (Greek mythology) 中潘朵拉盒子 (Pandora's box) 裡面唯一沒有被釋放出來的就是希望，這就是人類世界雖然充滿慾望其中卻沒有希望的原因，它就如同大海之中沒有一滴可飲用的水一樣，而且在失去內心超現實的精神性下無所適從而焦慮不安的誤導自己將錯就錯的把慾望完全的希望化，孰不知那只是從潘朵拉手中的盒子所釋放出來的貪婪、虛偽、毀謗、嫉妒、痛苦、疾病、禍害等等非希望的慾望，只是它包裹著各式各樣五彩繽紛的糖衣。外面多的是被釋放出來的慾望，唯獨少了希望；但人類卻被慾望迷惑的將它當成了希望，這是一件值得當今人類在近代極端物化文明的慾害中群體省思的事。

二十一世紀的人類崇拜科學知識、相信工業革命所造化而來的相對性物化文明、完全將經濟與科化知識活動所推動來的進步當成是人類存在的目的；不知它只是為了讓人往內在進化升級，超越相對現實，發展出真正自由的第三化空間的作用。在 20 世紀初人類進行著威權極端民族法西斯主義；接續著共享經濟主義 (共產) 的社會制度；演化至今日跨世代革命的全球化時代；找到可能最符合人性需求的自由民主的歐美式社會制度，在看起來的自由經濟活動及各憑本事的商業競爭和各懷自利心態的競合至數位化時代的到來；大數據演算法似乎也漸漸的取代我們對於傳統知識的依賴，或許在不久的將來面對婚姻的美好期待不再靠戀愛和月老或婚姻介紹所而是求助於大數據演算法，可能連國家政權手段與方向指南都會交由演算法決定。

　　在今日人手一機少了它就會渾身不對勁的生活型態，我們毫無知覺的在享受著數位軟體所帶來新奇服務與方便的同時，其實也受著智慧型手機的監控，您的個資與喜好及購買習慣、飲食、甚至投資偏好、財務狀況都被手機詳細的記錄，它可能會透過分門別類的將您數據化提供給各大商業集團使您成為各大商家的推銷對象，甚至也可能在一不小心防守下成為不法集團鎖定的對象，智慧型手機在某種程度上很可能比您更了解潛在意識的您。與您生活密不可分的智慧型手機，元化的服務和滿足您，在提供您不少免費使用與享受的過程中所要付出的代價，必須要赤裸裸的貢獻出您的個資和一切生存活動的造訪記錄、甚至還可能會造成國安上的問題。

　　在二戰過後迄今大規模和平的世代，主要的經濟資產來源不在依靠不人道的侵略或靠搶奪土地資源和奴役人民的戰爭；21 世紀武力佔領已經賺不了什麼大錢，高端化科技和企業知識與個資及地域性和跨海域聯盟才是當今助長國家興盛、世界運轉的主體經濟；天下沒有白吃的午餐，不用錢的使用或享受肯定都是最昂貴的。數位化時代的到來您的個資與私生活才是金融與商業體系眼中最肥美的食物，客觀來說個資法很可能會成為不法人士為了騙您安心被騙的一種手段。

　　人類是具有肉身的物種，背後更具有其他動物所沒有的精神性，從人可透過造就自己的行為中造物便可了解人類擁有其他動物所沒有的精神性靈魂；祂才是人類真正的高等所在；可

惜一般人並沒有活出高維度的精神性指標，最多只能表現出低度的精神能量受限在三維立方體的物化世界，渴求著最為廉價的尊嚴、面子、虛榮上的精神需求。而且非常容易在精神量能不足與自卑感作祟下使人性變質而非常不安又缺乏超現實的智慧與仁慈這兩大生命最貴重的資產，徹徹底底被關在三維立方這個長寬高的物態體系的相對世界為它生死，但從不為靈魂而進化、為受苦的心覺醒，只是在地球上扮演著破壞、污染環境、穿著西裝、打著領帶看來真的很像貴族的地痞流氓。

人類存在地球上的演化和發展除了圖利自己之外，對地球可說是一無是處，像極了人體上不理會調控基因提醒而忘記死亡的細胞所變質來的癌細胞，一個不知善待環境的物種怎懂得善待自己呢？從觀察中不難發現人類在地球上是一種違反自然的存在，對其他存在地球上 870 萬年的物種來說根本就是外星來的侵略者。

在以經濟為生活主體的當代社會，擁有財富是人類典型用來證明存在社會價值的一種度量衡，發展至今更讓人生活在沒有它就活不下去的地步，可想而知全球化的今日，誰可以掌握國際貨幣發行權、具有獨大性，誰就可以掌握世界的脈動。從世界運轉的動向與態勢看來，一般國家根本不具備跟像美國這種超級強國對抗的層次和條件，因為美國二百多年來無論在知識、科技與經濟和各種政權活動力，都站在超越它國的領導地位，一直都是國際化這場遊戲的制定者；它擺明就是世界這場

無限賽局的最大莊家，其它多數國家對美國而言只是各經濟水準不同層次的賭客，了不起也只是沒有世界決定權的股東。

聯邦準備系統簡稱美聯儲 (Fed) 相當於美國的中央銀行，但這套準備系統在 1837 年至 1862 年間的自由銀行時代，美國並沒有正式的中央銀行，即便美國國會於 1913 年在檯面上建立中央銀行，在金融體系和歐洲政權複雜的歷史背景下，聯邦在骨子裡其實是一個私人銀行和大企業集團的組；嚴格說來它純粹是私人組織在很大的成份上並不受政府控制，甚至在體制背後不少司法改革與政權配置和國家重大決策某種程度上，它可能比政府還具影響力。

美國自 1776 年建國到特朗普執政時期一共出了 45 位總統，在這過程有個奇特現象，從 1840 年起每隔 20 年在零年當選的美國總統都在任期內遇刺或因病去世；美國歷史共有九位總統遭遇暗殺，其中 4 位喪生，在全世界所有國家中算是比例最高的國家，顯然在美國當總統是一件非常危險的事情，尤其是懷有雄心壯志想改革貨幣政策和政權體位與既得利益者產生衝突的總統都可能會遇刺，或成為被下毒的高度危險人。

銀行家梅耶羅斯柴爾德 (Mayer Amschel Rothschild) 曾說：「只要我能控制一個國家的貨幣發行，我根本不在乎誰制定法律。」生活在全球化國際社會體制中，大到國家、小到個人一切的制定與編程和改革及一切人類的活動幾乎都以經濟為

軸心；貨幣就是運作世界活動的命脈，誰控制它誰就能大規模的決定世界；全球化就是國與國的多邊經濟相互連繫所形成的近代文明，沒有經濟融通連繫和科學知識的推行就不會有世界化，有的只是村落、宗族和國族的地域性回流，可見羅斯柴爾德說的不是大話而是真話。

美國聯邦私人大集團與美國政府之間在百年來默契十足的形成一個控制世界基本經濟，集中龐大科技與企業知識和大數據資產的國際化組織非常有力而巧妙的站在全球化的頂端，聰明而懂得利用自由主義和各種文化的倡導下控制著世界，利用科學知識、國際貿易、人民團體與各經濟政策及政權手段和地緣性的軍武儲備、各種軍事武力的友善活動、長臂管轄扮演著世界警察的角色，維持人類生活上的秩序和表面上的和平；全球化說穿了就是美國化；在自由民主、滿足人性慾望美麗身影背後有效控制著世界的轉向或許才是美國的政治野心；在自我中為我所控制這即是美式和平的定義。

看來美國真的做到了這一項非常偉大的全球化工程，它也的確為人類帶來福祉和史上最長久的和平，這也是美國可以一直處在領導世界地位的原因，美金升不升息都會直接牽動國際金融與股匯市間的上下波動，也影響著全人類的生活與情緒起伏，科技和企業及商業知識與國際化經濟已成了當今人類主要命脈和生活重心；但只為金錢體系而活為物質而生的自我存在，對生命背景的多元性和多重宇宙的無限性與靈魂對你的期待其

實最不值錢；不過對單元而囚禁於可見物質態系的生化系統人
類，卻是人生最重要的一件事，這不是偏差，更不是矛盾，是
人類演化至今還尚未從二次元相對空間往上提昇的卡點與無
知，剛好也是強權與大資本家用來控制人類生活的一種最有力
的手段。

　　就精神面而言；人類生來最大用途與真正的目的是為了帶
領生命進化升級意識維度、有效發展超現實空間，從個體形態
轉換成能量態，並不是為了物質進步，更何況不知進化的失調
性進步背後所帶來的只會是意想不到、甚至不可避免的致災性
傷害；一個人所擁有的財富量體如果大過於內在容度，所增溢
出的財富就會變質的成為一種毒害；只進步不求進化這種失調
的世界使人類處在富有、內在卻焦慮不安的窮化狀態，被美化
過的醜陋人性所造而來的國際化社會而危機四伏、具有歐洲文
化背景的美式文明，這就是全球化的真相。

　　然而從社會演化的歷史背景觀察中不難發現，貨幣的樣貌
會隨時代的變遷、大環境的變異與社會體制的變化和世界經濟
走向及不可抗力的天災人禍、疫情沖擊使人類神經元受到異常
刺激或部分心靈被迫集體覺醒而發展出不同的形態樣貌；這就
是從遠古時代以物易物到貝殼演進到金銀銅鐵和銀票的兌換至
今日的各實體貨幣、塑膠貨幣和橫空出世叫一般人難以想像的
去中心化虛擬貨幣的原因。數位時代的到來與區塊鏈的新興市
場有效變異的操作手法在不斷演進下去，不久將來的貨幣也可

能會是一種資訊的兌換交易，只要在中央與金融體制的規範所產生來的社會價值信條與共識或去中心化的局部，在不同媒介與商品上取得商業體系的認同達到共識，價值可被等值的交易都可稱之為是一種貨幣。

貨幣性質會隨著不同世代需求和經濟體系的興衰不斷的演化，人除了基本的生活需求之外幾乎將所有時間用在製造與尋求商業利益，資本主義與通貨驅使國際化社會的形成，便以貨幣做為兌換任何物質的社會公信，也以它做為一個人存在社會上的身價度量與基本甚至是最重要的價值權衡。

一般人對於存在價值的認定幾乎建基在金錢貨幣的堆疊與財產的數量，在這個重商業、以經濟為社會主體的世代，人對於金錢貨幣的需求與信任幾乎大過對他人與自己的相信，人類在中心化、相對回饋的自我意識下從未真正的相信過內在的智己，或是說一般人根本不知道這個超現實的高層次神性（母體）存在，數千年以來多數人類似乎沒有察覺到這件事，還以為自己在社會心理上是自信的卻不知一直活在失去內在神性，因不安而過度強求與控制而自大的無知處境之中。

失去第三化內太空的精神性母體，再強大的自我子系統面對宇宙天體也渺小的如同螻蟻般，這也是人類會不斷往外發展物質來保障自我存在的原因，但過程卻一直在進行著對內在無知導致人為傷害與破壞的行為。

在這個地球環境，已漸漸被人類自許偉大的科學與知識進步的行為和無止盡的慾望破壞污染到可能只需要再前進一兩步就會大規模被搗毀的時代，世界各角落會有越來越多心靈敏感的自覺者將受到內太空高維度的靈性感召，在超社會群體文化的意識領空彙集下逐漸覺醒，產生生命超相對進化的機制，了解到精神不文明的物質文明、不進化的進步為自己與人類和環境帶來的傷害到底會有多可怕，也會漸漸的意識到超現實化的精神進化帶領意識升級，才是人生來的真正用意與目的，否則人總將一死，一切努力與擁有在死的那一刻毫無意義。

可想而知人生來不是為了會死的自己而努力，是為了不死卻囚困相對空間的靈魂（超心理）而升級，貧窮與安樂的希望只存在第三化精神性空間，現實世界存在的只是永不知滿足的人造慾望和對立面，不可否認人類之所以可以不斷進步的動力的確是因為永不滿足的慾望，但一切擁有在人終將一死的前提下顯得毫無意義，最後究竟又要歸向何處？

然而在這科技一日千里知識免費的世代，大部分的商業行為與生產製造漸漸會被機械人與數位化系統運作所取代，或許在數十百年後一切商業與社會群集工作很可能不再由人類執行，也就是說那時人類已不太需要工作，所有勞務、甚至該有的腦力創意與系統整合數據演算表現都由 AI 與機械人執行，而且在沒有情緒和尊嚴、攀比鬥爭的人性包袱與疾病纏身及壓力困擾的執行力和不會罷工的效率表現上，機械人肯定會做得

比人類還要優秀，人類的生活起居大部分也將由機械人所代勞、不用勞力、甚至不太需要強迫性和過度使用腦力造成有毒物質的身心傷害，這種預測性假說如果成為事實，那時人類存在的用意與功能又會是什麼呢？

既然 21 世紀的財富已從勞動力發展到了腦力，那即將到來的 22 世紀或 23 世紀呢？財富很可能就在超現實的精神力表現上，我認為那會是個超級人類的嶄新世代，那時多數的人類最重要的事很可能就是透過日常的生活動態，在觀察中往內省察沉澱，常在靜心的靈界點 (奇異點) 上擴張心智的向度，超越人類相對思惟的宿命在自體的能量的流動下，發展更高維度的第三化精神性次第空間，拯救深陷在內心塌陷的低層次自己，那是消滅貧窮化意識的高維度境界。

物理學天才霍金認為以近代文明的人類對地球所造成的種種破壞，在 1000 年內地球會「完蛋」幾乎是不可避免的事，導火線可能是失控的核武、也可能是人為環境所帶來的災難；他說：「依人類演化來的現行智能表現，已沒有太多時間透過學習與進化過程讓自己變得更聰明、更仁慈善良。」對一般人而言成長的速度已趕不上與人造環境的進步，人類珍貴的情操滋長也遠不及人性貪婪生化的速度。

問題是當人類掌握了 DNA 改造編輯技術已經來到「透過科技設計的不自然進化」階段，雖然目前技術尚未成熟，但霍

金相信在 21 世紀之內會有人發現如何改寫智能或其他潛在本能發展的方法，也許它是更完善的科技，也可能是一種既現實與傳統又超現實的心智微觀教育工程，然而這些有機會升級上來的「超人」對一般人來說會無可匹敵，意識維度沒有「被升級」，從個體形態轉化成能量態，還在固有老舊相對思惟迴盪的人類，在社群中將會變得可有可無，甚至逐漸的滅絕。

但不是真的滅絕，是被留在舊有的人造環境或去到他該去的維度空間與適合的對頻環境；地球及其存在宇宙中的生物體都是依著自己的意識維度與基因設定造化出不同的生存空間與環境和生態體系與不可避免的遭遇，然而在人類特有的先天覺性心學系統功能啟動下，在內心精神面上不斷自我升級的人類必然會在意識維度的提升下，去到更具有擴張力和充份資源的超現實心靈知識空間，進入內太空的平行宇宙。

不知迴返內在太空意識界升級的人類自然會在原地打轉萎縮或往更下層的窄化空間移動，這正是意識創造實相的量子力學，意識維度越低將造成內部意識系統的狹窄化，使環境體現各種意想不到的生存威脅與困難；昆蟲世界處處危機就是這個原因；地球上的生態體系與食物鏈就是不同生物意識維度高低的一種體現；然而同樣身為人類的我們在同樣的意識維度下所要面對的人生威脅感卻各有不同，原因就在內心重力所產生的塌陷程度有所不同，這跟體重和貧富與長相無關，只跟五感六意被凡塵俗世控制的程度有關，越貪著於名利、物化之心、世

俗之念越重的人，內在塌陷就會越嚴重，人生的感脅感就會跟著水漲船高，有趣的是這種威脅不一定真的存在，純屬自我的一種自困感覺；被害妄想症、疑心病或憂鬱症和精神相關性疾病及莫名恐慌、排除不了的壓力…。合理的懷疑大部份就是從內心塌陷所產生來的一種心因性疾病，它就是自困心牢的效應。

　　至於超級人類將會在內心的覺性心學系統的作用中繼續使自己的心智擴張，能量化在第三化的精神性次第空間三之三、三之四、三之五以此類推不斷在內太空的宇宙意識中升級，最終達到第三之十一的意識維度。在宇宙審查假說（Cosmic censorship hypothesis）上，它也是宇宙最高的意識維度：「無為」，即是個體生命的究竟母體 (本體)，祂也同時融構著其它十維的意識空間無所不為。

　　而超級人類的貨幣很可能已不再是實體或虛擬，是以個體的精神能量指數做為存在價值的度量，超人類在往內省察、探尋與覺悟的進化過程中明白，只要看穿物質的本質就是一種能量力學的存在，它是從現象五感思考和本位思考的從物 (以物質為主要訴求)、從眾 (以群眾集體意識為導向) 和從意 (以習慣個性經驗為主體思見) 的迷失之中進一步走上了卓越的本質思考，看透了事物的根本屬性，和問題的關聯性及因果關係，與現象底層的邏輯性，帶領五感掙脫形體事物的時空限制和本位心理的設限，超驗的進入第三化精神性空間，在能量態中充

滿創造力。

　　綜觀人類演化史不難發現，人生根本的問題就是將五感當成存在的真實性，以缺乏流動力的本位立場為中心，使心思困頓在形體事物的現象上，脫離微觀世界平行宇宙超流體力學的本質，不知生命這個電磁場需要的只是物質形態的本質『能量』；我們以食為生，吃的就是它的能量，並不是食物本身。

　　超心理行為管理學說明：人類追求的在心靈與精神訴求上一直都是能量，根本不是任何可見的物質，因為只有能量可以滿足生命電磁場的需要，也只有以宇宙能量和心靈做為背景的大腦具有創造力和自然療癒力，可以真正滿足精神的渴望。物質本身只是宇宙能量的殘餘，這就是物質帶給人的快樂與滿足總是如此短暫的原因，可惜一般人無法從本質思考的大用進入超本位的微觀世界意會這件超人類才知道的事。

　　現代物理學（（Modern physics）早已揭示：『物質源自能量 Matter originates from energy』，我們這個世界上所有物質都是由微觀旋轉粒子(Particles) 組成的現象，我們的身體和各種形態的生命也是如此，您的存在本質只是具有意識與信息的能量，並不是您所以為的那個可見的自己，您真正需要的也只是能量，並不是您所以為的什麼東西。

　　只要可以超越五感，關閉本位的阻隔，穿透相對意識，

自然可以獲得宇宙能量，對於一直想要而不需要的物質就會大
量的減少，人生問題也會大幅度的降低，因為人類長久下來的
問題就是能量不足、慾望太大，使自己掉入弱能量、強物量的
內心坍塌所造成的缺稀窮化生態。

顯然**強能量而心滿意足的低物量就是超人化精神文明
的一種象徵**，屆時任何人的社會階層、身份地位也會以精神
經濟 (意識能量維度) 的高低指數做為一種權衡；當然那時人
類會在生化科技的發展與升級來的意識被不斷的基因優生，在
高端化的生命存在下發展出不再那麼需要充滿不真實和謊話的
語言，只需連結微觀生化量子與超奈米科化環境生態系統，就
能在高度的意念網絡上對頻連線，同時自設生活所需的各種內
建子系統功能及強大的疾病抗體，成為超級人類生存的基本配
備。

回歸當代現實從社會觀察中不難發現，那些憑藉努力才能
與堅持和運氣而擁有大財大富的人，起始點都是因為在信念的
推動與過程中超意識的靈感直覺將精神力產品化，在符合市場
的需求下所獲取來的結果，任何具有市場價值的產品都是透過
當事者理想信念化的精神力經大腦超續航力表現所造化，這即
是卓越成功的真相，他們表現的是個體能力，更是一種宇宙的
能量。

《哈利波特 Harry Potter》作者 Jk 羅琳 (Joanne Rowling) 就

是靠著她的筆下魔法精神力所展衍來的表現，個體化的大腦在
當下只是高維度宇宙意識的藉體，經由神經元發揮出豐富的想
像力，將它轉換成無數的奇幻歡樂，滿足成千上萬自我設限的
人，超越現實框限的自由希望，最後也成功的為自己帶來品牌
價值達到十億美金以上的產值，成為英國最富有的女性。

社會上不同領域的卓越成功者不約而同的告訴我們：靠勞
力賺取的只是工資；不斷複利所倍增來的財富，靠的是信念與
超驗靈感來的直覺連續性編織與執行；這種形而上的超越性的
腦力表現起源點並不在大腦，是在高維度內太空的精神力表
現，它就是宇宙的能量。

JK 羅琳所撰寫的哈利波特小說是來自她在一班從曼徹斯特
(City of Manchester) 開往倫敦 (London) 誤點列車上，在穿透大
腦意識屏障所出現的靈感。無智在深靜的心中進入內太空與高
維度意識接軌的人，大腦所能表現的層次只是一種生存性與侷
限而相對化的聰明，不可能會有任何獨特與卓越為自己帶來真
正幸福的演出，高維度的精神力在人類世界中一直扮演著掙脫
經驗框架和超現實創造新知識的主角；它也是貨幣演化的母體，
內太空的第三化精神力就是實質貨幣的本體；我認為精神次第
能量 (意識維度的次第) 很可能會被有效量化成未來超級人類
用來兌換有價物質的貨幣。

超級人類的領袖可能會是精神能量體次第指數，也就是內

太空心意識振動頻率均值數最高的那個人；他將以無限賽局思惟面對有限的人生，在超物的文化管理下帶領世界不斷的在精神進化中超相對的進步在內太空量子疊加的平行宇宙生態下，依意識維度的次第自然安排社會身份與地位和群體中的階級，形成一種身心協調得之所配的人生，以精神量能指數為貨幣和超越相對思惟的個體存在所形成的世界與社會體制和群體，將可為世界帶來真正的和平，根本性的消滅貧窮。

因為**貧窮的本質只是對物化與自我存在的相對渴求，**在內心的重力下所產生的塌陷意識型態，它就是貧窮意識；只要活出超現實的精神性，貧窮意識自然會消失在無窮的意識之中，也會在高維度的智慧下超越相對思維製造出無害的精神性文明。

將貨幣回歸母體化會成就出近乎沒有窮人和社會弊端的新人類世界，它是內在進化大於外在進步的精神性文明世界，進化所產生來的安樂與不再受控低層次自我和現實空間的內心自由才是萬物之靈真正的心之所向、身之所往；引頸期盼的希望也許那時任何人不再屬於任何國家的人民，而是宇宙公民的身份，因為那是個超越地球生態的星際化世代，它就是人類新文明的誕生。

也許所謂高度文明的外星人有部分可能就是過去曾經在地球上往內太空升級上去的超級人類，然後再透過平行宇宙投胎

轉生的方式，回到地球引領困頓在相對思惟中的人類往內太空宇宙化的升級；東西方在每個世代都會出現極少數超凡思惟的人，他們存在世上的目的就是為了刺激人類的意識升級將有限的人生無限生命化；可惜現行人類在人生目的化與重物的心思下，只是導向對電腦與科技不斷升級卻讓心智定型化的降級，使精神量能不足呈現在物化文明上的焦慮與不安、無法沉靜下來，在內心中有效決定自己的情緒與思惟動向，使心思完全受控於名利、物慾，在有限賽局的焦慮與不安和急躁中，不能自己的製造出各種前所未有的問題。

這些都是人類在往外進步中使內部退化的一種文明缺陷，也是一種生存危機，用著無限賽局的心態批判性的往內省察與探尋、在動態中靜心中與高維度的宇宙意識連結，或許是突破相對思惟、超越現行科學，為世界帶來新秩序、新文明的途徑。

The Birth of
New Civilization

超級人類 新文明的誕生
Übermensch The birth of New Civilization

The Birth of
New Civilization

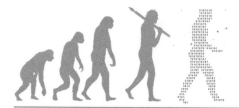

參考文獻

一、中文部份

大衛霍金斯 (David Hawkins) 著 蔡孟璇譯（2012）。心靈能量；藏在身體裡的大智慧。
台北市：方智出版社有限公司

卡爾榮格 (Carl G. Jung) 莊仲黎譯 (2019)。榮格論自我與無意識

Die Beziehungen zwischen dem Ich und dem Unbewussten。台北市：商周出版

卡爾榮格 (Carl G. Jung) 韓翔中譯 (2020)。榮格論心理學與宗教

Psychology and Religion。台北市：商周出版

卡爾榮格 (Carl G. Jung) 莊仲黎譯 (2017)。榮格論心理類型 Psychologische Typen。台北市：
商周出版

米哈里・契克森米哈伊 (Mihaly Csikszentmihalyi) 張瓊懿譯 (2019)。心流：高手都在研究
的最優體驗心理學（繁體中文唯一全譯本）。台灣：行路出版社

老子。道德經全書 (2018)。台北市：旭昇圖書有限公司

高談文化編輯部。論語。新北市：九韵文化

張雪珠。康德論自由：道德自由、法權自由與人的尊嚴 Kant on Freedom: Moral Freedom,
Juridical Freedom and Human Dignity。台北市：國立台灣大學出版中心

（古希臘）歐幾里得 (Euclid)(張卜天譯。幾何原本（上下）。上海：商務印書館

藍晟 。孟子。台北市：台灣東方出版社

藍晟 。周易。台北市：台灣東方出版社

戴維・玻姆 (David・Bohm)(2013) 簡體中文。整體性與隱纏序：卷展中的宇宙與意識。上海：上海科技教育出版社

麥爾坎・葛拉威爾 (Malcolm・Gladwell) 廖月娟譯 (2015)。超凡與平凡的界線在哪裡？。台北：時報出版文化出版企業股份有限公司

陶德・卡什丹 (Todd kashdan) 譚秀敏譯 (2016)。好奇心的幸福力量 Curious?: Discover the Missing Ingredient to a Fulfilling Life。台北：橡實文化

李嗣涔、鄭美玲 (2000)。難以置信－科學家探尋神祕信息場。台北：張老師文化

麥可・羅區格西 (Geshemichael Roach), 克莉絲蒂・麥娜麗喇嘛項慧齡吳茵茵譯 (2009)。當和尚遇到鑽石（增訂版）：一個佛學博士如何在商場中實踐佛法。台北：橡樹林

佚名 黃寶生 (2017)。奧義書：生命的究竟奧祕 Upani ad。新北市：自由之丘 (木馬文化)

丹尼爾席格（Dan Siegel）宋偉航譯 (2017)。心腦奇航：從神經科學出發，通往身心整合之旅 Mind: A Journey to the Heart of Being Human。台北：心靈工坊

卡爾・馬克思 (Karl Marx) 中共中央馬克思恩格斯列寧斯大林著作編譯局 (2017)。資本論（全 3 卷，改變人類歷史、震撼世界之思想鉅著，出版 150 週年，臺灣唯一正式授權繁體中文典藏紀念版）。台北：聯經出版社

理查・道金斯 (Richard Dawkins)。趙淑妙譯 (2020)。自私的基因 The Selfish Gene。台北：天下文化。

李淼。上帝不擲骰子：量子物理簡史 (2018)。北京：北京聯合出版公司。

卡蘿・葛拉罕。幸福經濟學 (2013)。台北：漫遊者文化事業股份有限公司

謝恭正 / 註譯。新譯朱子治家格言。臺南市；文國書局

492

馬庫斯·圖利烏斯·西塞羅 (Marcus Tullius Cicero)。徐學庸譯 (2016)。論目的 De Finibus Bonorum et Malorum。新北市：聯經出版公司。

加來道雄 (Michio Kaku)。郭兆林譯 (2005)。愛因斯坦的宇宙。台北市：時報文化。

尼采 Friedrich Wilhelm Nietzsche。文竹譯 (2021)。查拉圖斯特拉如是說 Also sprach Zarathustra。新北市：布拉格文創社。

阿德勒 Alfred Adler, Heinz L. Ansbacher, Rowena R. Ansbacher。黃孟嬌, 鮑順聰, 田育慈, 周和君, 江孟蓉譯 (2017)。阿德勒個體心理學 The Individual Psychology of Alfred Adler。新北市：張老師文化。

湯米 (2022)。哈佛大學一項耗時 25 年的研究顯示：決定一個人命運的，並非是出身。上網日期：2021 年 01 月 25 日，檢自：https://kknews.cc/n/vnvj8p2.html

西剛志 (2021)。自我控制力高的人，學習能力 智商偏高，社經地位亦偏高》腦科學家：3 個方法幫助孩子自然養成自控力。上網日期：2021 年 01 月 25 日。檢自 https://futureparenting.cwgv.com.tw/family/content/index/21791

維基百科。邊緣效應。上網日期：2021 年 01 月 25 日。檢自：https://zh.wikipedia.org/zh-tw/%E5%90%8C%E7%90%86%E5%BF%83

池秉聰; 白紀齡 (2014)。神經經濟學專書。上網日期。：2021 年 01 月 25 日。檢自：https://zh.wikipedia.org/zh-tw/%E8%BE%B9%E7%BC%98%E6%95%88%E5%BA%94

范思立 (2021)。不斷擴大的貧富差距成為全球最大挑戰。上網日期：2021 年 01 月 25 日。檢自 https://kknews.cc/world/yxyvazj.html

劉淇晴 (2021)。瑞信全球財富報告：新西蘭人「全球第四富」。上網日期：2021 年 01 月 26 日。檢自 https://www.epochtimes.com/b5/21/6/27/n13050116.htm

做家名著明言集錦 (2018)。上網日期：2021 年 02 月 01 日。檢自：https://kknews.cc/zh-tw/culture/z594jyg.html

中文百科。德里克·阿馬托。上網日期：2021 年 02 月 01 日。檢自：https://www.newton.
com.tw/wiki/ 德里克·阿馬托 /5515410

周慧心 (2016)。「愛」能提升人體免疫力 讓癌症遠離你。上網日期：2021 年 02 月 01 日。
檢自：https://www.epochtimes.com/b5/16/12/5/n8561459.htm

維基百科 (2021) 埃德蒙德·胡塞爾 (Edmund Gustav Albrecht Husserl，1859 年 4 月 8 日－
1938 年 4 月 26 日）。上網日期：2021 年 02 月 14 日。檢自：https://zh.wikipedia.org/zh-
tw/ 埃德蒙德·胡塞爾

維基百科。同理心。上網日期：2021 年 02 月 17 日。檢自：https://zh.wikipedia.org/zh-
tw/%E5%90%8C%E7%90%86%E5%BF%83

高淑清。質性研究的 18 堂課—首航初探之旅 (2008)。高雄市：麗文文化。

高淑清。質性研究的 18 堂課—揚帆再訪之旅 (2008)。高雄市：麗文文化。

新聞看點李沐陽 (2021)。中共官員人人自危！北京調查螞蟻，馬雲被限離境，李強被調
查？習近平無可信之人！導遊放狠話：孩子沒死就得購物；印度疫情雙破紀錄，新人穿
防護服完婚；人性中的善【新聞看點 李沐陽 04/29】。上網日期：2021 年 4 月 30 日。檢自：
https://www.youtube.com/watch?v=4vRoETbg_TM

楊定一 (2006)。心臟智慧 調節情緒的核心。上網日期：2021 年 05 月 03 日。檢自：
https://veryhelp.tw/ 心臟智慧 - 調節情緒的核心 /

維基百科。大腦。上網日期：2021 年 05 月 03 日。檢自：https://zh.wikipedia.org/zh-
tw/%E5%A4%A7%E8%84%91

元氣周報 (2014)。好勝、易怒、有敵意 心血管疾病愛找你。上網日期：2021 年 05 月 04
日。檢自：https://health.udn.com/health/story/5977/348494

十分專題 (2010)。睡多睡少 健康風險指標。上網日期：2021 年 07 月 05 日。檢自：
http://series888.blogspot.com/2010/12/blog-post_28.html

許俊偉 (2019)。民調／逾 4 成受訪者 去年一整年沒看過書。上網日期：2021 年 04 月 30
日。檢自：https://vision.udn.com/vision/story/12844/3693732

Gene(2017)。【GENE 思書軒】天分、好運，還是一萬小時的練習？事實上，成功需
要的是。上網日期：2021 年 04 月 30 日。檢自：https://news.readmoo.com/2017/10/02/
gene171002-peak/

每日頭條 (2018)。哈佛教授：沒有危機感，就是你最大的危機。上網日期：2021 年 04
月 30 日。檢自：https://kknews.cc/zh-tw/science/9lg2m3l.html

維基百科 (2022)。愛因斯坦的宗教觀。上網日期：2021 年 06 月 17 日。檢自：https://
zh.wikipedia.org/wiki/　因斯坦的宗教

維基百科 (2022)。正向心理學。上網日期：2021 年 06 月 17 日。檢自：https://
zh.wikipedia.org/wiki/ 正面心理學

維基百科 (2022)。集體潛意識。上網日期：2021 年 06 月 17 日。檢自：https://
zh.wikipedia.org/wiki/ 集体潛意

維基百科 (2022)。歐幾里得。上網日期：2021 年 06 月 18 日。檢自：https://zh.wikipedia.
org/wiki/　几里得

維基百科 (2022)。量子力學。上網日期：2021 年 06 月 18 日。檢自：https://zh.wikipedia.
org/wiki/ 量子力学

維基百科 (2022)。學者症候群。上網日期：2021 年 06 月 18 日。檢自：https://
zh.wikipedia.org/wiki/ 學者症候群

維基百科 (2022)。邊際效用。上網日期：2021 年 06 月 18 日。檢自：https://zh.wikipedia.

org/wiki/ 边际效用

壹讀 (2021)。全球約 10 億人患有精神疾病 新冠疫情令抑鬱症患者激增。上網日期：
2022 年 01 月 05 日。檢自：https://read01.com/AzLPKN5.html#.Ykpoz3FBxPZ

Yahoo 新聞 (2022)。「燒腦」是真的！「大腦」僅佔人體總重 2%，卻消耗身體 20% 的
能量。上網日期：2022 年 01 月 30 日。檢自：https://tw.news.yahoo.com/ 燒腦 - 是真的 -
大腦 - 僅佔人體總重 2- 卻消耗身體 20-094701849.html

現象學。上網日期：2022 年 05 月 21 日。檢自：https://zh.wikipedia.org/zh-tw/ 現象學 #

Yahoo 新聞 (2022)。為什麼我們會感覺精神疲勞？研究揭秘：用腦過度容易導致
有毒物質累積。上網日期：2022 年 06 月 30 日。檢自 https://tw.news.yahoo.com/ne
ws/%E7%82%BA%E4%BB%80%E9%BA%BC%E6%88%91%E5%80%91%E6%9C%8
3%E6%84%9F%E8%A6%BA%E7%B2%BE%E7%A5%9E%E7%96%B2%E5%8B%9E-
%E7%A0%94%E7%A9%B6%E6%8F%AD%E7%A7%98-%E7%94%A8%E8%85%A6%E9%8
1%8E%E5%BA%A6%E5%AE%B9%E6%98%93%E5%B0%8E%E8%87%B4%E6%9C%89%E
6%AF%92%E7%89%A9%E8%B3%AA%E7%B4%AF%E7%A9%8D-040000843.html

維基百科 (2023)。富流感。上網日期：2022 年 09 月 18 日。檢自：https://www.wikiwand.
com/zh-tw/%E5%AF%8C%E6%B5%81%E6%84%9F

關鍵評論 (2018)。為什麼失敗經驗不一定能促進下一次的成功？。上網日期：2023 年
01 月 13 日。檢自：https://www.thenewslens.com/article/92635

中華民國經濟部 (2022)。藥品及醫用化學製品製造業今年產值可望突破千億元。
上 網 日 期：2023 年 01 月 28 日。 檢 自：moea.gov.tw/Mns/populace/news/News.
aspx?kind=1&menu_id=40&news_id=102229

維 基 百 科 2023。 心 理 會 計 學。 上 網 日 期：2023 年 02 月 23 日。 檢 自：https://
zh.wikipedia.org/zh-tw/%E5%BF%83%E7%90%86%E7%BB%9F%E8%AE%A1%E5%AD
%A6

維基百科。宇宙審查假說。上網日期：2023 年 05 月 23 日。檢自：https://zh.wikipedia.org/zh-tw/%E5%AE%87%E5%AE%99%E5%AE%A1%E6%9F%A5%E5%81%87%E8%AF%B4

維基百科。現代物理學。上網日期：2023 年 05 月 23 日。檢自：https://zh.wikipedia.org/zh-tw/%E7%8F%BE%E4%BB%A3%E7%89%A9%E7%90%86%E5%AD%B8

維基百科。粒子物理學。上網日期：2023 年 05 月 23 日。檢自：https://zh.wikipedia.org/zh-tw/%E7%B2%92%E5%AD%90%E7%89%A9%E7%90%86%E5%AD%B8

維基百科。奈米科技。上網日期：2023 年 05 月 23 日。檢自：https://zh.wikipedia.org/zh-tw/%E7%BA%B3%E7%B1%B3%E6%8A%80%E6%9C%AF

維基百科。尼采超人說。上網日期：2023 年 06 月 03 日。檢自：https://zh.wikipedia.org/zh-tw/%E8%B6%85%E4%BA%BA%E8%AA%AA

維基百科。社會達爾文主義。上網日期：2023 年 06 月 03 日。檢自：https://zh.wikipedia.org/zh-tw/%E7%A4%BE%E4%BC%9A%E8%BE%BE%E5%B0%94%E6%96%87%E4%B8%BB%E4%B9%89

維基百科。從眾效應。上網日期：2023 年 06 月 05 日。檢自：https://zh.wikipedia.org/zh-tw/%E5%BE%9E%E7%9C%BE%E6%95%88%E6%87%89

維基百科。系統。上網日期：2023 年 06 月 05 日。檢自：https://zh.wikipedia.org/zh-tw/%E7%B3%BB%E7%B5%B1

維基百科。研究。上網日期：2023 年 06 月 05 日。檢自：https://zh.wikipedia.org/zh-tw/%E7%A0%94%E7%A9%B6

維基百科。理論心理學。上網日期：2023 年 06 月 06 日。檢自：https://zh.wikipedia.org/zh-tw/%E7%90%86%E8%AE%BA%E5%BF%83%E7%90%86%E5%AD%A6

維基百科。啟發法。上網日期：2023 年 06 月 08 日。檢自：https://zh.wikipedia.org/zh-tw/%E5%90%AF%E5%8F%91%E6%B3%95

維基百科。認知偏誤。上網日期：2023 年 06 月 08 日。檢自：https://zh.wikipedia.org/zh-tw/%E8%AA%8D%E7%9F%A5%E5%81%8F%E8%AA%A4

維基百科。思想。上網日期：2023 年 06 月 08 日。檢自：https://zh.wikipedia.org/zh-tw/%E6%80%9D%E6%83%B3

維基百科。前額葉皮質。上網日期：2023 年 06 月 09 日。檢自：https://zh.wikipedia.org/zh-tw/%E5%89%8D%E9%A1%8D%E8%91%89%E7%9A%AE%E8%B3%AA

維基百科。重力奇異點。上網日期：2023 年 06 月 09 日。檢自：https://zh.wikipedia.org/zh-tw/%E5%BC%95%E5%8A%9B%E5%A5%87%E7%82%B9

每日頭條。貧窮的本質。上網日期：2023 年 06 月 14 日。檢自：https://zh.wikipedia.org/zh-tw/%E5%BC%95%E5%8A%9B%E5%A5%87%E7%82%B9

維基百科。虛時間。上網日期：2023 年 06 月 15 日。檢自：https://zh.wikipedia.org/zh-tw/%E8%99%9A%E6%97%B6%E9%97%B4

維基百科。地球公民意識。上網日期：2023 年 06 月 17 日。檢自：https://zh.wikipedia.org/zh-tw/%E5%85%A8%E7%90%83%E5%85%AC%E6%B0%91%E6%84%8F%E8%AD%98

維基百科。鐘擺效應。上網日期：2023 年 06 月 19 日。檢自：https://zh.wikipedia.org/zh-tw/%E9%90%98%E6%93%BA%E6%95%88%E6%87%89

維基百科。宏觀與微觀。上網日期：2023 年 06 月 19 日。檢自：https://zh.wikipedia.org/zh-tw/%E5%AE%8F%E8%A7%80%E8%88%87%E5%BE%AE%E8%A7%80

維基百科。潘朵拉的盒子 (Pandora's box)。上網日期：2023 年 06 月 23 日。檢自：https://zh.wikipedia.org/zh-tw/%E6%BD%98%E6%9C%B5%E6%8B%89%E7%9A%84%E7%9B%92%E5%AD%90

維基百科。希臘神話 (Greek mythology)。上網日期：2023 年 06 月 23 日。檢自：https://zh.wikipedia.org/zh-tw/%E6%BD%98%E6%9C%B5%E6%8B%89%E7%9A%84%E7%9B%92%E5%AD%90

The Birth of
New Civilization

超級人類 新文明的誕生
Übermensch The birth of New Civilization

The Birth of
New Civilization

Write down what you think

Write down what you think

_____

_____

_____

_____

_____

_____

_____

_____

_____

_____

_____

_____

_____

_____

_____

_____

_____

_____

_____

Write down what you think

Write down what you think

_____

_____

_____

_____

_____

_____

_____

_____

_____

_____

_____

_____

_____

_____

_____

_____

_____

_____

_____

Write down what you think

Notebook

Write down what you think

_____

_____

_____

_____

_____

_____

_____

_____

_____

_____

_____

_____

_____

_____

_____

_____

_____

_____

Notebook

Write down what you think

Write down what you think

國家圖書館出版品預行編目資料

超級人類 新文明的誕生／歐青鷹 著. --初
版.--臺中市：白象文化事業有限公司，2023.12
　　面；　公分.）

ISBN 978-626-364-158-7（平裝）
1.CST: 自我實現
192.1　　　　　　　　　　　112017077

超級人類 新文明的誕生

作　　者　歐青鷹
封面設計　歐青鷹
內頁排版　歐青鷹
版　　權　歐青鷹、彙整系統企業有限公司
發 行 人　張輝潭
出版發行　白象文化事業有限公司
　　　　　412台中市大里區科技路1號8樓之2（台中軟體園區）
　　　　　出版專線：（04）2496-5995　　傳真：（04）2496-9901
　　　　　401台中市東區和平街228巷44號（經銷部）
　　　　　購書專線：（04）2220-8589　　傳真：（04）2220-8505
出版編印　林榮威、陳逸儒、黃麗穎、陳婷婷、李婕、林金郎
設計創意　張禮南、何佳諠
經紀企劃　張輝潭、徐錦淳、張馨方、林尉儒
經銷推廣　李莉吟、莊博亞、劉育姍、林政泓
行銷宣傳　黃姿虹、沈若瑜
營運管理　曾千熏、羅禎琳
印　　刷　基盛印刷工場
初版一刷　2023 年 12 月
定　　價　490 元